农业科技人员评价探索与实践

◎ 龚 殿 主编

中国农业科学技术出版社

图书在版编目（CIP）数据

农业科技人员评价探索与实践 / 龚殿主编 . —北京：中国农业科学技术出版社，2019. 11

ISBN 978-7-5116-4531-9

Ⅰ. ①农… Ⅱ. ①龚… Ⅲ. ①农业技术-科研人员-评价-研究-中国 Ⅳ. ①F324. 3②G316

中国版本图书馆 CIP 数据核字（2019）第 263620 号

责任编辑 李 雪 徐定娜
责任校对 贾海霞

出 版 者 中国农业科学技术出版社
北京市中关村南大街 12 号 邮编：100081
电 话 (010)82105169(编辑室) (010)82109702(发行部)
(010)82109709(读者服务部)
传 真 (010)82106650
网 址 http://www.castp.cn
经 销 者 各地新华书店
印 刷 者 北京建宏印刷有限公司
开 本 710mm×1 000mm 1/16
印 张 17. 25
字 数 291 千字
版 次 2019 年 11 月第 1 版 2019 年 11 月第 1 次印刷
定 价 58. 00 元

《农业科技人员评价探索与实践》
编写人员

主　　编： 龚　殿

副 主 编： 黄得林　蚁秀清　廖子荣

编写人员：（按姓氏笔画排序）

王思俊　吴胜英　张昊冉　蚁秀清

黄得林　龚　殿　彭宝丰　韩玉娜

韩汉博　谢惠如　谢　翔　廖子荣

前　言

党的十八大以来，以习近平同志为核心的党中央高度重视人才队伍建设，站在党和国家事业全局的战略高度，从“尊重人才、关爱人才”，到“育才、引才、聚才、用才”，再到多次强调“不拘一格降人才”，提出一系列人才事业发展重要论述，为做好新时代人才工作，加快建设世界科技强国提供人才保障指明了方向。

人才评价是人才发展体制机制的重要组成部分，是人才资源开发管理和使用的前提。在中国科学院第十九次院士大会、中国工程院第十四次院士大会上，习近平同志指出，“人才评价制度不合理，唯论文、唯职称、唯学历的现象仍然严重，名目繁多的评审评价让科技工作者应接不暇，人才‘帽子’满天飞，人才管理制度还不适应科技创新要求、不符合科技创新规律”。在全国科技创新大会上，习近平同志强调，“要改革科技评价制度，建立以科技创新质量、贡献、绩效为导向的分类评价体系”。习近平同志的重要讲话道出了广大科技人员的心声，建立科学的人才评价机制，对于树立正确用人导向、激励引导人才职业发展、调动人才创新创业积极性、加快建设人才强国具有重要作用。

我国是一个传统农业大国，农业农村农民的发展关乎着我国的经济发展和综合国力的增强。乡村振兴作为新时代国家战略之一，是“三农”工作的重中之重，无论是农业强、农村美还是农民富，都离不开科技力量的支撑。农业科技人员肩负着强农之本、创新之源、发展之基的重要使命，其评价长期以来总体趋于静态评价，以“帽子”论英雄，贴“永久牌”的不良评价倾向比较突出，不仅阻碍了农业科技人才的培养与利用，更不利于农业科研工作的深入开展，一定程度上影响了科技服务乡村振兴的效率。

农业科技人员评价是一项实践性较强的工作，除了要满足人才评价的共性要求外，还需要遵循科研规律、符合农业领域特性。近年来，中国热带农业科学院在人才、项目、经费和现代院所管理中坚持深化“放、管、服”改革，不断创新评价机制，逐步建立起以创新能力、质量、贡献为导向的农业科技人员评价体系，在构建有利于科技人才潜心研究和创新的评价制度方面进行了积极有益的探索。

本书以党和国家关于人才评价改革的导向和要求为指导，以现行农业科研机构的相关人才评价制度和做法为参考，以中国热带农业科学院人才评价改革探索与实践为案例，力争在总结经验的基础上，探索适应新时代农业科技人员评价的方式方法。在编写过程中，得到了中国热带农业科学院各级领导、广大人才工作者和农业科技人员的大力支持，得到了中国热带农业科学院院本级中央科研院所基本科研业务费项目“农业科技人员评价探索与实践（项目编码：1630012019003）”的支持，在此一并表示衷心感谢。由于编者的水平和经验有限，书中难免有疏漏之处，敬请广大读者批评指正。

编　者

2019 年 9 月

目　录

绪 论

第一节 研究背景

人才评价作为“指挥棒”和“风向标”，决定着人才发现和培养的导向，影响人才使用和激励的效果。怎样识别人才，如何评价人才，不仅关系着人才资源的开发和使用，而且关系着创新战略的实施。人才评价，是人才发现、引进、培养、选拔、使用、激励的依据，是人才辈出的基石。但在人才工作实践中，人才评价是一项复杂的系统工作，一直未能尽如人意，甚至让人才“爱恨交织”。比如，当前人才评价机制还存在一些不科学、不精准、不适应的问题，在人才评价中把学历、论文、资历作为“硬杠杠”。有的重学历、轻能力，认为学历越高，人才的层次越高；有的重资历、轻业绩，只看在岗位干了多长时间，不看取得多少实绩；有的重论文，轻贡献，不管其从事什么岗位、作出多大贡献，只要没有论文，就挡在评职晋级的门外。这些问题制约了人才评价的可持续性和人才资源的开发利用。

科技人员评价是人才评价的重要组成部分，是科研管理工作的重要内容，是促进科技人才资源开发和管理的重要手段，也是调动激发科技人员创新热情和创造活力的关键要素。十八大以来，中国大力推进科技人员评价改革，积极探索适应新时代的科技人员评价方法和评价指标，但在工作实践中，尚未完全形成符合科技创新规律、科技人才成长规律的科学评价体系，难以实现激发科技人才创造热情和活力、促进科技人员提升创新能力的目标。农业科技人才是引领和推动我国农业科技自主创新和科技进步的中坚力量，代表农业科技发展的核心竞争力。如何打造一支数量充足、质量上乘的创新型农业科研领军人才，正确引导科研人才发展方向和合理配置创新资源，已受到各级科研管理者的关注。在实施科教兴国战略、创新驱动发展战略、乡村振兴战略的大前景下，加快构建行之有效的科技人员评价体系，有利于调动科技人员创新积极性，更好地贯彻实施创新驱动发展战略。

一、习近平总书记关于人才评价的重要论述

党的十八大以来，习近平总书记多次就人才评价作出系列重要论述，为做好新时代人才评价工作指明了方向。

综合国力竞争归根到底是人才竞争。哪个国家拥有人才上的优势，哪个国家最后就会拥有实力上的优势。走创新发展之路，首先要重视集聚创新人才。要充分发挥好现有人才作用，同时敞开大门，招四方之才，招国际上的人才，择天下英才而用之。各级党委和政府要积极探索集聚人才、发挥人才作用的体制机制，完善相关政策，进一步创造人尽其才的政策环境，充分发挥优秀人才的主观能动性。——2012 年 12 月 7—11 日，习近平总书记在广东考察工作时的讲话

要用好用活人才，建立更为灵活的人才管理机制，打通人才流动、使用、发挥作用中的体制机制障碍，最大限度支持和帮助科技人员创新创业。要深化教育改革，推进素质教育，创新教育方法，提高人才培养质量，努力形成有利于创新人才成长的育人环境。人才资源是第一资源，也是创新活动中最为活跃、最为积极的因素。要把科技创新搞上去，就必须建设一支规模宏大、结构合理、素质优良的创新人才队伍。我国一方面科技人才总量不少，另一方面又面临人才结构性不足的突出矛盾，特别是在重大科研项目、重大工程、重点学科等领域领军人才严重不足。解决这个矛盾，关键是要改革和完善人才发展机制。要用好用活人才，建立更为灵活的人才管理机制，完善评价这个指挥棒，打通人才流动、使用、发挥作用中的体制机制障碍，统筹加强高层次创新人才、青年科技人才、实用技术人才等方面人才队伍建设，最大限度支持和帮助科技人员创新创业。——2013 年 9 月 30 日，习近平总书记在中共中央政治局第九次集体学习时的讲话

我们要着力完善人才发展机制，最大限度支持和鼓励科技人员创新创造。要不拘一格、慧眼识才，放手使用优秀青年人才，为他们奋勇创新、脱颖而出提供舞台。——2014 年 1 月 6 日，习近平总书记会见探月工程嫦娥三号任务参研参试人员代表时的讲话

择天下英才而用之，关键是要坚持党管人才原则，遵循社会主义市场经济规律和人才成长规律，着力破除束缚人才发展的思想观念，推进体制机制改革和政策创新，充分激发各类人才的创造活力，在全社会大兴识才、爱才、敬才、用才之风，开创人人皆可成才、人人尽展其才的生动局面。——2014 年 5 月 13 日，习近平总书记在《中央人才工作协调小组关于二〇一三年工作情况的报告》上的批示

创新的事业呼唤创新的人才。实现中华民族伟大复兴，人才越多越好，本事越大越好。知识就是力量，人才就是未来。我国要在科技创新方面走在世界前列，必须在创新实践中发现人才、在创新活动中培育人才、在创新事业中凝聚人才，必须大力培养造就规模宏大、结构合理、素质优良的创新型科技人才。要把人才资源开发放在科技创新最优先的位置，改革人才培养、引进、使用等机制，努力造就一批世界水平的科学家、科技领军人才、工程师和高水平创新团队，注重培养一线创新人才和青年科技人才。要按照人才成长规律改进人才培养机制，“顺木之天，以致其性”，避免急功近利、拔苗助长。要坚持竞争激励和崇尚合作相结合，促进人才资源合理有序流动。要广泛吸引海外优秀专家学者为我国科技创新事业服务。要在全社会积极营造鼓励大胆创新、勇于创新、包容创新的良好氛围，既要重视成功，更要宽容失败，完善好人才评价指挥棒作用，为人才发挥作用、施展才华提供更加广阔的天地。——2014 年 6 月 9 日，习近平总书记在出席中国科学院第十七次院士大会、中国工程院第十二次院士大会上的讲话

科学发现是有规律的，要容忍在科学问题上的“异端学说”。不要以出成果的名义干涉科学家的研究，不要动辄用行政化的“参公管理”约束科学家。很多科学研究要着眼长远，不能急功近利，欲速则不达，还可能引发学术不

端。有的科研人员戏言，现在“不是在开会，就是在开会的路上”。组织科学家们参加国家重大专项、计划、基金项目是必要的，但不要用这些东西把科学家捆死了。用好人才，重点是科技人员。科学家毕竟是少数，数量庞大的科研人员是创新的主力军。用好科研人员，既要用事业激发其创新勇气和毅力，也要重视必要的物质激励，使他们“名利双收”。名就是荣誉，利就是现实的物质利益回报，其中拥有产权是最大激励。——2014 年 8 月 18 日，习近平总书记在中央财经领导小组第七次会议上的讲话

要深化科技、教育、文化体制改革，深化人才发展体制改革，加快形成有利于知识分子干事创业的体制机制，放手让广大知识分子把才华和能量充分释放出来。——2016 年 4 月 26 日，习近平总书记在知识分子、劳动模范、青年代表座谈会上的讲话

要加大改革落实工作力度，把《关于深化人才发展体制机制改革的意见》落到实处，加快构建具有全球竞争力的人才制度体系，聚天下英才而用之。要着力破除体制机制障碍，向用人主体放权，为人才松绑，让人才创新创造活力充分迸发，使各方面人才各得其所、尽展其长。要加快构建更加科学高效的人才管理体制，遵循社会主义市场经济规律和人才成长规律，转变政府人才管理职能，保障和落实用人主体自主权，健全市场化、社会化的人才管理服务体系，更好激发人才创新创造活力。要强化问题导向、注重精准施策，创新人才培养、评价、流动、激励、引进、保障机制，着力解决人才管理中行政化、“官本位”问题，解决人才评价中唯学历、唯职称、唯论文问题，解决科研成果转化难、收益难问题，让人才有成就感、获得感。——2016 年 5 月 6 日，习近平总书记就深化人才发展体制机制改革作出的指示

要为广大知识分子工作学习创造更好条件，加快形成有利于知识分子干事创业的体制机制，遵循知识分子工作特点和规律，让知识分子把更多精力集中于本职工作，把自己的才华和能量充分释放出来。——2017 年 3 月 4 日，习近平总书记在看望参加政协会议的民进、农工党、九三学社委员并参加联组会时

的讲话

要大兴识才爱才敬才用才之风，改革人才培养使用机制，借鉴运用国际通行、灵活有效的办法，推动人才政策创新突破和细化落实，真正聚天下英才而用之，让更多千里马竞相奔腾。——2017 年 3 月 5 日，习近平总书记参加十二届全国人大五次会议上海代表团审议时的讲话

牢固确立人才引领发展的战略地位，全面聚集人才，着力夯实创新发展人才基础。功以才成，业由才广。世上一切事物中人是最可宝贵的，一切创新成果都是人做出来的。硬实力、软实力，归根到底要靠人才实力。全部科技史都证明，谁拥有了一流创新人才、拥有了一流科学家，谁就能在科技创新中占据优势。当前，我国高水平创新人才仍然不足，特别是科技领军人才匮乏。人才评价制度不合理，唯论文、唯职称、唯学历的现象仍然严重，名目繁多的评审评价让科技工作者应接不暇，人才“帽子”满天飞，人才管理制度还不适应科技创新要求、不符合科技创新规律。要创新人才评价机制，建立健全以创新能力、质量、贡献为导向的科技人才评价体系，形成并实施有利于科技人才潜心研究和创新的评价制度。要注重个人评价和团队评价相结合，尊重和认可团队所有参与者的实际贡献。要完善科技奖励制度，让优秀科技创新人才得到合理回报，释放各类人才创新活力。要通过改革，改变以静态评价结果给人才贴上“永久牌”标签的做法，改变片面将论文、专利、资金数量作为人才评价标准的做法，不能让繁文缛节把科学家的手脚捆死了，不能让无穷的报表和审批把科学家的精力耽误了！

创新之道，唯在得人。得人之要，必广其途以储之。要营造良好创新环境，加快形成有利于人才成长的培养机制、有利于人尽其才的使用机制、有利于竞相成长各展其能的激励机制、有利于各类人才脱颖而出的竞争机制，培植好人才成长的沃土，让人才根系更加发达，一茬接一茬茁壮成长。要尊重人才成长规律，解决人才队伍结构性矛盾，构建完备的人才梯次结构，培养造就一大批具有国际水平的战略科技人才、科技领军人才、青年科技人才和创新团队。要加强人才投入，优化人才政策，营造有利于创新创业的政策环境，构建有效的引才用才机制，形成天下英才聚神州、万类霜天竞自由的创新局

面！——2018 年 5 月 28 日，习近平总书记在中国科学院第十九次院士大会、中国工程院第十四次院士大会上的讲话

要深化人才发展体制机制改革，最大限度把广大人才的报国情怀、奋斗精神、创造活力激发出来。要完善人才培养机制，改进人才评价机制，创新人才流动机制，健全人才激励机制。——2018 年 7 月 3 日至 4 日，习近平总书记在全国组织工作会议上的讲话

二、十八大以来有关人才评价改革的重要政策

为更好发挥人才评价的“指挥棒”作用，把人才的创造性活动从不合理的人才评价中解放出来，党和国家一直高度重视人才评价体制机制改革创新。党的十八大以来，党和国家从战略高度，就科技人才评价工作出台了一系列改革措施，明确了改革重点、方向和内容。2016 年 3 月，中共中央印发《关于深化人才发展体制机制改革的意见》，提出创新人才评价机制，突出品德、能力和业绩评价。坚持德才兼备，注重凭能力、实绩和贡献评价人才，克服唯学历、唯职称、唯论文等倾向，不将论文等作为评价应用型人才的限制性条件。2017 年 1 月，中办、国办印发《关于深化职称制度改革的意见》指出，要克服“唯学历、唯资历、唯论文”倾向，要向基层倾斜，要突出用人主体在职称评审中的主导作用。2018 年 2 月，中办、国办出台《关于分类推进人才评价机制改革的指导意见》明确，遵循人才成长规律，突出品德、能力和业绩评价导向，分类建立体现不同职业、不同岗位、不同层次人才特点的评价机制，科学客观公正评价人才，让各类人才价值得到充分尊重和体现。2018 年 7 月出台的《关于深化项目评审、人才评价、机构评估改革的意见》提出，遵循科技人才发展和科研规律，科学设立评价目标、指标、方法，引导科研人员潜心研究、追求卓越。

（一）《关于深化人才发展体制机制改革的意见》

2016 年 3 月，中共中央印发了《关于深化人才发展体制机制改革的意见》（以下简称《意见》），并发出通知，要求各地区各部门结合实际认真贯彻落实。《意见》着眼于破除束缚人才发展的思想观念和体制机制障碍，解放和增

强人才活力，形成具有国际竞争力的人才制度优势，聚天下英才而用之，明确深化改革的指导思想、基本原则和主要目标，从管理体制、工作机制和组织领导等方面提出改革措施，是当前和今后一个时期全国人才工作的重要指导性文件。《意见》的颁布实施，对于全面贯彻党的十八大和十八届三中、四中、五中全会精神，深入贯彻习近平总书记系列重要讲话精神，加快建设人才强国，最大限度地激发人才创新创造创业活力，把各方面优秀人才集聚到党和国家事业中来，为实现“两个一百年”奋斗目标提供有力人才支撑，具有十分重要的战略意义和现实意义。《意见》要求深化人才发展体制机制改革。

（1）要突出市场导向。充分发挥市场在人才资源配置中的决定性作用和更好发挥政府作用，加快转变政府人才管理职能，保障和落实用人主体自主权，提高人才横向和纵向流动性，健全人才评价、流动、激励机制，最大限度激发和释放人才创新创造创业活力，使人才各尽其能、各展其长、各得其所，让人才价值得到充分尊重和实现。

（2）要体现分类施策。根据不同领域、行业特点，坚持从实际出发，具体问题具体分析，增强改革针对性、精准性。纠正人才管理中存在的行政化、“官本位”倾向，防止简单套用党政领导干部管理办法管理科研教学机构学术领导人员和专业人才。

《意见》对如何深化人才发展体制机制改革提出了具体途径。

（1）完善符合人才创新规律的科研经费管理办法。改革完善科研项目招投标制度，健全竞争性经费和稳定支持经费相协调的投入机制，提高科研项目立项、评审、验收科学化水平。进一步改革科研经费管理制度，探索实行充分体现人才创新价值和特点的经费使用管理办法。下放科研项目部分经费预算调整审批权，推行有利于人才创新的经费审计方式。完善企业研发费用加计扣除政策。探索实行哲学社会科学研究成果后期资助和事后奖励制。

（2）促进青年优秀人才脱颖而出。破除论资排辈、求全责备等陈旧观念，抓紧培养造就青年英才。建立健全对青年人才普惠性支持措施。加大教育、科技和其他各类人才工程项目对青年人才培养支持力度，在国家重大人才工程项目中设立青年专项。改革博士后制度，发挥高校、科研院所、企业在博士后研究人员招收培养中的主体作用，有条件的博士后科研工作站可独立招收博士后研究人员。拓宽国际视野，吸引国外优秀青年人才来华从事博士后研究。

（3）改革职称制度和职业资格制度。深化职称制度改革，提高评审科学化水平。研究制定深化职称制度改革的意见。突出用人主体在职称评审中的主导作用，合理界定和下放职称评审权限，推动高校、科研院所和国有企业自主评审。对职称外语和计算机应用能力考试不作统一要求。探索高层次人才、急需紧缺人才职称直聘办法。畅通非公有制经济组织和社会组织人才申报参加职称评审渠道。清理减少准入类职业资格并严格管理，推进水平类职业资格评价市场化、社会化。放宽急需紧缺人才职业资格准入。

（二）《关于深化职称制度改革的意见》

2017年1月，中共中央办公厅、国务院办公厅印发了《关于深化职称制度改革的意见》（以下称《改革意见》）。《改革意见》指出，深化职称制度改革，要以职业分类为基础，以科学评价为核心，以促进人才开发使用为目的，健全职称制度体系，完善职称评价标准，创新职称评价机制，促进职称评价和人才培养使用相结合，改进职称管理服务方式。要突出品德、能力、业绩导向，克服"唯学历、唯资历、唯论文"倾向，科学客观公正评价专业技术人才，让专业技术人才有更多时间和精力深耕专业，让作出贡献的人才有成就感和获得感。要向基层倾斜，对在艰苦偏远地区和基层一线工作的专业技术人才、急需紧缺的特殊人才等，要有一些特殊政策。深化职称制度改革要坚持以下几点原则。

（1）坚持遵循规律、科学评价。遵循人才成长规律，以品德、能力、业绩为导向，完善评价标准，创新评价方式，克服唯学历、唯资历、唯论文的倾向，科学客观公正评价专业技术人才，让专业技术人才有更多时间和精力深耕专业，让作出贡献的人才有成就感和获得感。

（2）坚持问题导向、分类推进。针对现行职称制度存在的问题特别是专业技术人才反映的突出问题，精准施策。把握不同领域、不同行业、不同层次专业技术人才特点，分类评价。

（3）坚持以用为本、创新机制。围绕用好用活人才，创新人才评价机制，把人才评价与使用紧密结合，促进专业技术人才职业发展，满足各类用人单位选才用才需要。

《改革意见》对如何深化职称制度改革明确了具体途径。

（1）科学分类评价专业技术人才能力素质。以职业属性和岗位需求为基础，分系列修订职称评价标准，实行国家标准、地区标准和单位标准相结合，注重考察专业技术人才的专业性、技术性、实践性、创造性，突出对创新能力的评价。合理设置职称评审中的论文和科研成果条件，不将论文作为评价应用型人才的限制性条件。对在艰苦边远地区和基层一线工作的专业技术人才，淡化或不作论文要求；对实践性、操作性强，研究属性不明显的职称系列，可不作论文要求；探索以专利成果、项目报告、工作总结、工程方案、设计文件、教案、病历等成果形式替代论文要求；推行代表作制度，重点考察研究成果和创作作品质量，淡化论文数量要求。对职称外语和计算机应用能力考试不作统一要求。确实需要评价外语和计算机水平的，由用人单位或评审机构自主确定评审条件。对在艰苦边远地区和基层一线工作的专业技术人才，以及对外语和计算机水平要求不高的职称系列和岗位，不作职称外语和计算机应用能力要求。

（2）突出评价专业技术人才的业绩水平和实际贡献。注重考核专业技术人才履行岗位职责的工作绩效、创新成果，增加技术创新、专利、成果转化、技术推广、标准制定、决策咨询、公共服务等评价指标的权重，将科研成果取得的经济效益和社会效益作为职称评审的重要内容。取得重大基础研究和前沿技术突破、解决重大工程技术难题、在经济社会各项事业发展中作出重大贡献的专业技术人才，可直接申报评审高级职称。对引进的海外高层次人才和急需紧缺人才，放宽资历、年限等条件限制，建立职称评审绿色通道。对长期在艰苦边远地区和基层一线工作的专业技术人才，侧重考察其实际工作业绩，适当放宽学历和任职年限要求。

（3）丰富职称评价方式。建立以同行专家评审为基础的业内评价机制，注重引入市场评价和社会评价。基础研究人才评价以同行学术评价为主，应用研究和技术开发人才评价突出市场和社会评价，哲学社会科学研究人才评价重在同行认可和社会效益。对特殊人才通过特殊方式进行评价。鼓励有条件的地区单独建立基层专业技术人才职称评审委员会或评审组，单独评审。采用考试、评审、考评结合、考核认定、个人述职、面试答辩、实践操作、业绩展示等多种评价方式，提高职称评价的针对性和科学性。

（4）促进职称制度与用人制度的有效衔接。用人单位结合用人需求，根据职称评价结果合理使用专业技术人才，实现职称评价结果与各类专业技术人才聘用、考核、晋升等用人制度的衔接。对于全面实行岗位管理、专业技术人才学术技术水平与岗位职责密切相关的事业单位，一般应在岗位结构比例内开展职称评审。对于不实行岗位管理的单位，以及通用性强、广泛分布在各社会组织的职称系列和新兴职业，可采用评聘分开方式。坚持以用为本，深入分析职业属性、单位性质和岗位特点，合理确定评价与聘用的衔接关系，评以适用、以用促评。健全考核制度，加强聘后管理，在岗位聘用中实现人员能上能下。

（三）《关于分类推进人才评价机制改革的指导意见》

2018 年 2 月，中共中央办公厅、国务院办公厅印发了《关于分类推进人才评价机制改革的指导意见》，旨在以科学分类为基础，以激发人才创新创业活力为目的，加快形成导向明确、精准科学、规范有序、竞争择优的科学化社会化市场化人才评价机制，建立与中国特色社会主义制度相适应的人才评价制度。

1. 分类健全人才评价标准

实行分类评价。以职业属性和岗位要求为基础，健全科学的人才分类评价体系。根据不同职业、不同岗位、不同层次人才特点和职责，坚持共通性与特殊性、水平业绩与发展潜力、定性与定量评价相结合，分类建立健全涵盖品德、知识、能力、业绩和贡献等要素，科学合理、各有侧重的人才评价标准。加快新兴职业领域人才评价标准开发工作。建立评价标准动态更新调整机制。

突出品德评价。坚持德才兼备，把品德作为人才评价的首要内容，加强对人才科学精神、职业道德、从业操守等评价考核，倡导诚实守信，强化社会责任，抵制心浮气躁、急功近利等不良风气，从严治理弄虚作假和学术不端行为。完善人才评价诚信体系，建立诚信守诺、失信行为记录和惩戒制度。探索建立基于道德操守和诚信情况的评价退出机制。

科学设置评价标准。坚持凭能力、实绩、贡献评价人才，克服唯学历、唯资历、唯论文等倾向，注重考察各类人才的专业性、创新性和履责绩效、创新成果、实际贡献。着力解决评价标准“一刀切”问题，合理设置和使用论文、专著、影响因子等评价指标，实行差别化评价，鼓励人才在不同领域、不同岗位作出贡献、追求卓越。

2. 改进和创新人才评价方式

创新多元评价方式。按照社会和业内认可的要求，建立以同行评价为基础的业内评价机制，注重引入市场评价和社会评价，发挥多元评价主体作用。基础研究人才以同行学术评价为主，加强国际同行评价。应用研究和技术开发人才突出市场评价，由用户、市场和专家等相关第三方评价。哲学社会科学人才评价重在同行认可和社会效益。丰富评价手段，科学灵活采用考试、评审、考评结合、考核认定、个人述职、面试答辩、实践操作、业绩展示等不同方式，提高评价的针对性和精准性。

科学设置人才评价周期。遵循不同类型人才成长发展规律，科学合理设置评价考核周期，注重过程评价和结果评价、短期评价和长期评价相结合，克服评价考核过于频繁的倾向。探索实施聘期评价制度。突出中长期目标导向，适当延长基础研究人才、青年人才等评价考核周期，鼓励持续研究和长期积累。

畅通人才评价渠道。进一步打破户籍、地域、所有制、身份、人事关系等限制，依托具备条件的行业协会、专业学会、公共人才服务机构等，畅通非公有制经济组织、社会组织和新兴职业等领域人才申报评价渠道。对引进的海外高层次人才和急需紧缺人才，建立评价绿色通道。完善外籍人才、港澳台人才申报评价办法。

促进人才评价和项目评审、机构评估有机衔接。按照既出成果、又出人才的要求，在各类工程项目、科技计划、机构平台等评审评估中加强人才评价，完善在重大科研、工程项目实施、急难险重工作中评价、识别人才机制。深入推进项目评审、人才评价、机构评估改革，树立正确评价导向，进一步精简整合、取消下放、优化布局评审事项，简化评审环节，改进评审方式，减轻人才负担。避免简单通过各类人才计划头衔评价人才。加强评价结果共享，避免多头、频繁、重复评价人才。

3. 改革科技人才评价制度

对主要从事基础研究的人才，着重评价其提出和解决重大科学问题的原创能力、成果的科学价值、学术水平和影响等。对主要从事应用研究和技术开发的人才，着重评价其技术创新与集成能力、取得的自主知识产权和重大技术突破、成果转化、对产业发展的实际贡献等。对从事社会公益研究、科技管理服务和实验技术的人才，重在评价考核工作绩效，引导其提高服务水平和技术支持能力。

实行代表性成果评价，突出评价研究成果质量、原创价值和对经济社会发展实际贡献。改变片面将论文、专利、项目、经费数量等与科技人才评价直接挂钩的做法，建立并实施有利于科技人才潜心研究和创新的评价制度。

注重个人评价与团队评价相结合。适应科技协同创新和跨学科、跨领域发展等特点，进一步完善科技创新团队评价办法，实行以合作解决重大科技问题为重点的整体性评价。对创新团队负责人以把握研究发展方向、学术造诣水平、组织协调和团队建设等为评价重点。尊重认可团队所有参与者的实际贡献，杜绝无实质贡献的虚假挂名。

完善青年人才评价激励措施。破除论资排辈、重显绩不重潜力等陈旧观念，重点遴选支持一批有较大发展潜力、有真才实学、堪当重任的优秀青年人才。加大各类科技、教育、人才工程项目对青年人才支持力度，鼓励设立青年专项，促进优秀青年人才脱颖而出。探索建立优秀青年人才举荐制度。

尊重用人单位主导作用，支持用人单位结合自身功能定位和发展方向评价人才，促进人才评价与培养、使用、激励等相衔接。合理界定和下放人才评价权限，推动具备条件的高校、科研院所、医院、文化机构、大型企业、国家实验室、新型研发机构及其他人才智力密集单位自主开展评价聘用（任）工作。防止人才评价行政化、“官本位”倾向，充分发挥学术委员会等作用。对开展自主评价的单位，人才管理部门不再进行资格审批，通过完善信用机制、第三方评估、检查抽查等方式加强事中事后监管。

（四）《关于深化项目评审、人才评价、机构评估改革的意见》

2018 年 7 月，中共中央办公厅、国务院办公厅印发《关于深化项目评审、人才评价、机构评估改革的意见》，要求深化“三评”改革，激发科研人员积极性、创造性，构建科学、规范、高效、诚信的科技评价体系，推进分类评价制度建设，发挥好评价指挥棒和风向标作用。

“三评”改革是推进科技评价制度改革的重要举措。意见从进一步优化科研项目评审管理机制、改进科技人才评价方式、完善科研机构评估制度、加强监督评估和科研诚信体系建设、加强组织实施确保政策措施落地见效等五个方面提出具体要求。使科技资源配置更加高效，科技创新和供给能力大幅提升，科技进步对经济社会发展作出更大贡献。意见强调：聚焦“三评”工作中存在的突出问题，从破除体制机制障碍入手，找准突破口，更加注重质量、贡献、绩效，树立正确评价导向，增强针对性，突出实招硬招，提高改革的含金量和实效性。针对自然科学、哲学社会科学、军事科学等不同学科门类特点，建立分类评价指标体系和评价程序规范。基础前沿研究突出原创导向，以同行评议为主；社会公益性研究突出需求导向，以行业用户和社会评价为主；应用技术开发和成果转化评价突出企业主体、市场导向，以用户评价、第三方评价和市场绩效为主。

1. 统筹科技人才计划

加强部门、地方的协调，建立人才项目申报查重及处理机制，防止人才申报违规行为，避免多个类似人才项目同时支持同一人才。指导部门、地方针对不同支持对象科学设置科技人才计划，优化人才计划结构。

2. 科学设立人才评价指标

突出品德、能力、业绩导向，克服唯论文、唯职称、唯学历、唯奖项倾向，推行代表作评价制度，注重标志性成果的质量、贡献、影响。把学科领域活跃度和影响力、重要学术组织或期刊任职、研发成果原创性、成果转化效益、科技服务满意度等作为重要评价指标。在对社会公益性研究、应用技术开发等类型科研人才的评价中，SCI（科学引文索引）和核心期刊论文发表数量、论文引用榜单和影响因子排名等仅作为评价参考。注重个人评价与团队评价相结合，尊重和认可团队所有参与者的实际贡献。引进海外人才要加强对其海外教育和科研经历的调查验证，不把教育、工作背景简单等同于科研水平。注重发挥同行评议机制在人才评价过程中的作用。探索对特殊人才采取特殊评价标准。对承担国防重大工程任务的人才可采用针对性评价措施，对国防科技涉密领域人才评价开辟特殊通道。

3. 树立正确的人才评价使用导向

坚持正确价值导向，不把人才荣誉性称号作为承担各类国家科技计划项目、获得国家科技奖励、职称评定、岗位聘用、薪酬待遇确定的限制性条件，使人才称号回归学术性、荣誉性本质，避免与物质利益简单、直接挂钩。鼓励人才合理流动，引导人才良性竞争和有序流动，探索人才共享机制。中西部、东北老工业基地及欠发达地区的科研人员因政策倾斜因素获得的国家级人才称号、人才项目等支持，在支持周期内原则上不得跟随人员向东部、发达地区流转。合理发挥市场机制作用，逐步建立高层次人才流动的培养补偿机制。

4. 强化用人单位人才评价主体地位

坚持评用结合，支持用人单位健全科技人才评价组织管理，根据单位实际建立人才分类评价指标体系，突出岗位履职评价，完善内部监督机制，使人才发展与单位使命更好协调统一。按照深化职称制度改革方向要求，分类完善职称评价标准，不将论文、外语、专利、计算机水平作为应用型人才、基层一线人才职称评审的限制性条件。落实职称评审权限下放改革措施，支持符合条件的高校、科研院所、医院、大型企业等单位自主开展职称评审。选择部分国家临床医学研究中心试点开展临床医生科研评价改革工作。不简单以学术头衔、人才称号确定薪酬待遇、配置学术资源。

5. 加大对优秀人才和团队的稳定支持力度

国家实验室等的全职科研人员及团队不参与申请除国家人才计划之外的竞争性科研经费，由中央财政给予中长期目标导向的持续稳定经费支持。推动中央部委所属高校、科研院所完善基本科研业务费的内部管理机制，切实加强对青年科研人员的倾斜支持。

此外，2011 年 3 月，着眼于为发展现代农业、推进社会主义新农村建设提供强有力的人才支撑，中共中央组织部、农业部（2018 年 3 月更名为农业农村部）、人力资源和社会保障部、教育部、科学技术部联合制定了《农村实用人才和农业科技人才队伍建设中长期规划（2010—2020 年）》，指出当前和今后一个时期，农村实用人才和农业科技人才队伍建设必须紧紧围绕走中国特色农业现代化道路的总体要求，按照国家中长期人才发展规划纲要的总体部署，明确任务，突出重点。纲要明确：

要突出培养农业科研人才。适应现代农业发展对科技创新的迫切要求，以培养农业科研领军人才为重点，着力打造科研创新团队，带动农业科技人才队伍全面发展。采取合作共建等方式，支持高等农业院校根据产业发展需求调整优化学科结构，为农业发展输送更多合格的专业人才。通过院士推荐、各类专家选拔、中华农业英才奖评选等方式，大力促进领军人才涌现；将领军人才选拔与人才梯队建设相结合，充分发挥领军人才在培养创新人才、打造创新团队中的核心作用，不断优化人才队伍结构。充分发挥现代农业产业技术体系、转基因重大专项、行业科研专项等重大项目凝聚人才、发现人才、培养人才的重要作用，在创新实践中不断增强科研人员的创新能力。继续深化农业科技体制改革，进一步明确农业科研院所的性质定位，增加创新编制数量，稳定和壮大农业科研创新人才队伍。鼓励农业科研院所建立面向社会的科研信息发布和资源共享平台，拓展服务功能。引导农业企业加大科研投入，集聚和培养研发人才，逐步成为农业科技创新主体。落实相关待遇，创造良好条件，以学科建设和产业发展急需紧缺人才为重点，加大海外高层次人才引进力度；有计划地推荐和选拔有国际竞争力、年富力强的农业科学家竞选国际科技组织的领导职务。

要创新人才工作机制。遵循人才成长规律，不拘一格选拔人才、培育人才、使用人才，盘活人才存量，加速人才成长，激发人才活力，努力构建人才辈出、人尽其才、才尽其用的人才工作机制。以能力和业绩为导向，完善人才评价标准，改进人才评价方式，拓宽人才评价渠道，在生产实践中发现人才，以贡献大小评价人才，把评价人才与发现人才结合起来，建立科学化、社会化的人才评价发现机制。农业科技人才的评价重在业内和社会认可，把对产业发展的贡献作为重要指标，完善评价标准体系；按照国家职称制度改革的总体方向和要求，深化农业技术人员职称制度改革；完善考核方式，规范考核程序，不断提高考核的科学化水平。引导和鼓励科技人才面向农业生产一线开展研究、加强服务、创业兴业；创造良好环境，鼓励科研人员潜心研究。对作出突出贡献的中青年人才，要打破条条框框限制，在职称晋升、科技奖励、项目申报等方面予以鼓励和支持。完善工资待遇、职务职称晋升等政策，鼓励人才向基层和生产一线流动。

第二节 研究目的和意义

一、研究目的

多年来，与科研人员评价相关的研究和实践非常丰富，从不同角度、不同层面都进行了大量有益的探索和研究，主要包括评价主体、评价对象、评价目的、评价指标和评价方法五个基本要素。科学合理对科研人员评价，关键要遵循分类评价原则，根据各类型评价对象的不同特点和成长规律，采取不同的特征性评价指标和评价标准，适用不同的评价流程和评价方法。因此，有必要在对现有科研人员分类评价研究和实践进行梳理和总结，在此基础上，进一步贯彻国家“三评”改革的总要求，以推进分类评价制度建设为抓手，探索适合农业科技人才的分类方式、评价指标及评价形式。

二、研究意义

（一）理论研究意义

科研人员评价研究属于人才学范畴。2019 年是中国人才学创立 40 周年。中国的人才学产生于改革开放初期，其发展树立了人才观念，更新了人事人才的工作理念，对于从传统人事管理向现代人才资源开发转变具有里程碑式的意义。人才学的最早研究方向是个体成才、人才流动和人才市场问题，逐渐向人才素质研究、整体性人才资源开发、企事业人事制度改革创新拓展。40 年来，中国的人才学研究始终注意紧密结合经济建设和社会发展实际，研究的热点、重点问题都是经济建设和社会发展亟待解决的问题，始终立足于中国基本国情和发展需要。近年来，人才学对人才优先发展、人才评价方法、人才环境优化等众多问题已经作了大量研究，例如指出对专业技术人才的评价重在业内认可的观点，在国家中长期人才发展规划纲要编制、《关于分类推进人才评价机制改革的指导意见》《关于深化项目评审、人才评价、机构评估改革的意见》均有不同程度的体现。

现代人力资源管理学起源于西方国家，起步较早，无论研究深度还是广度，成果都比较丰富。我国的相关研究是在改革开放后从西方国家引入并发展起来的，其研究成果还难以满足人才事业发展需要。加快我国农业科技人员分类评价机制的探索实践，既可为我国人才学研究注入新的生机与活力，更是为建设中国特色社会主义相适应的人才制度作出重要贡献的集中体现。

（二）现实研究意义

1. 顺应时代发展趋势

随着人类社会走向知识经济新时代，无论是国际间，还是国内各地区各用人主体间的人才竞争已经愈演愈烈。科学技术的迅猛发展使人才的合理开发和正确使用日益重要，对尊重人才成长规律和个性，健全科学的人才分类评价体系有了更高、更迫切的要求。习近平总书记多次在不同的会议上强调，科技创新是提高社会生产力和综合国力的战略支撑，必须摆在国家发展全局的核心位置。建设创新型国家，是党中央在综合分析国内实力和国际发展形势的基础上提出的目标任务，是推动我国经济社会发展转入科学发展轨道的正确选择。创新的事业呼唤创新的人才。我国要在科技创新方面走在世界前列，必须在创新实践中发现人才、在创新活动中培育人才、在创新事业中凝聚人才，必须大力培养造就规模宏大、结构合理、素质优良的创新型科技人才。要把人才资源开发放在科技创新最优先的位置，改革人才培养、引进、使用等机制，努力造就一批世界水平的科学家、科技领军人才、工程师和高水平创新团队，注重培养一线创新人才和青年科技人才。

2. 适应研究对象发展需求

本书的主要研究对象——中国热带农业科学院（简称“中国热科院”）是隶属于农业农村部的国家级科研机构，创建于1954年，前身是设立于广州的华南特种林业科学研究所，1958年迁至海南，1965年升格为华南热带作物科学研究院，1994年更为现名。

中国热科院建院60多年来，老一辈革命家周恩来、朱德、邓小平、叶剑英、董必武、王震等；新一代党和国家领导人习近平；胡锦涛、江泽民等亲临视察，为热作事业发展倾注了殷切期望和关怀。中国热科院不负重托，面向热区经济社会建设和国家农业对外合作的主战场，扛起了当好带动热带农业科技创新的“火车头”、促进热带农业科技成果转化应用的“排头兵”、培养优秀热带农业科技人才的“孵化器”和加快热带农业科技走出去的“主力军”的职责和重任，铸就了“无私奉献、艰苦奋斗、团结协作、勇于创新”的精神。先后承担了“863”计划、“973”计划、国家科技支撑计划、国家重点研发计划、国家重大科技成果转化等一批重大项目和FAO、UNDP、国际原子能机构等国际组织重点资助项目，主导天然橡胶、木薯、香蕉等3个国家产业技术体系建设，取得了包括国家发明一等奖、国家科技进步一等奖在内的近50项国家级科技奖励成果及省部级以上科技成果1 000多项，培育优良新品种300多个，获得授权专利1 600多件，获颁布国家和农业行业标准500多项，开发科技产品300多个品种，推动了重要热带作物产量提高、品质提升、效益增加，为保障国家天然橡胶等战略物资和工业原料、热带农产品的安全有效供给，促进热区农民脱贫致富和服务国家农业对外合作作出了突出贡献。

中国热科院围绕热带经济作物、南繁种业、热带粮食作物、热带冬季瓜菜、热带饲料作物与畜牧、热带海洋生物六大创新领域，设有作物学、植物保护和农业工程等17个一级学科、51个二级学科。现有在职职工4 000多人，高级专业技术人员700多人，博士400多人，享受政府特贴专家、国家级突贡专家、中央联系专家、新世纪百千万人才工程国家级人选、国家“万人计划”人选及中华农业英才奖获得者等高层次人才180多人次，面向海内外聘请了130多位知名专家学者。

目前，中国热科院已建立了较为健全的人才评价体系，覆盖了人才招聘、评审晋升、岗位聘用、绩效考核、人才遴选等人才培养选拔的各个方面。进入新时代，中国热科院需要以习近平总书记对农业科技“三个面向”的要求为统领，落实农业农村部韩长赋部长对中国热科院“四个一流”的要求，面向国际国内两个热区，大力提升科技创新和推广应用能力，打造一支专业的高素质人才队伍。面临当前农业科技人才队伍竞争与发展的严峻形势，中国热科院现行的人才评价体系需要升级换代，特别是要聚焦国家创新驱动发展战略和国家热带农业科学中心建设目标，优化人才发展环境，发扬科学家精神，夯实自主创新基础，大力培养引进一批具有国际水平的热带农业科技战略人才、领军人才、青年人才和高水平创新团队，注重发挥国家队优势，积极为热区培养一大批懂农业、爱农村、爱农民的“三农”干部人才队伍。

三、研究述评

综上所述，国内外学者对农业科技人才评价的研究比较成熟，也涌现出许多有价值的研究成果。尤其在科技人才的绩效评价指标的研究方面，更为成熟。现在较为普遍采用的科技人才绩效评价指标可归纳为以下三种：①定性指标，即从科研人员的素质、行为、能力等方面，对科技人才的绩效进行定性评价；②定量指标，即选用科研成果价值、经济指标等可量化的指标，如论文、专利、利润、市场份额等，对科技人才的绩效进行定量测评；③定性指标与定量指标相结合，即选取多个指标对科技人才的绩效进行综合评价。

在农业科技人才分类评价方面，尤其是在分类评价人才指导意见出台后，目前尚未有研究成果建立出完整齐全又合理有效的评价体系，可以说还有比较大的空白。目前的研究成果，指导性思想多，实操性办法少。本书以中国热科院为研究重点，以农业科技人才为研究对象，既对中国热科院的农业科技人才评价体系的现状和问题进行全方位的分析，又提出具有建设性和参考价值的解决建议，是对农业科技人才评价体系较为系统完善的研究。

第三节　概念界定、理论基础及研究方法

一、概念界定

（一）农业科技人才

1. 农业科技人才的含义

科技人才，是指具有创新意识和创新能力，拥有丰富的科学知识，能采用科学的思维方法，借助于一定的设施设备，通过探索、交流和应用等手段，去发现客观规律或发明改进产品，为社会经济发展创造极大的经济效益或社会效益的人才。科技人才是现代社会人才的标志，他们在现代社会人才队伍中具有较高的科技研发和创新能力，是科技进步的主要力量，也是人才竞争的核心。科技人才一般都要经过高等院校培养，或者经过专门的培训，掌握专业知识技能，能够以自己的科技活动为社会和经济的发展作出相应贡献。

农业科技人才是指在农业科学技术领域中，具有良好的思想以及具备从事农业科学技术活动所需要的专业知识技能，并能根据当前社会需要和现代农业发展迅速调整自己，同时利用这些知识与技能进行农业生产发展各环节工作，为农业科学技术水平的进步作出贡献的人。

2. 农业科技人才的分类

在我国，较为权威的对农业科技人才的分类来源于延安大学武忠远教授，他在《农业现代化的必然选择》（2008）一书中，将农业科技人才划分为农业

科技研究型人才、农业科技推广型人才和农业科技实用型人才三大类。此后大部分学者对农业科技人才的分类，大多借鉴了武忠远教授的分类方法。

（1）农业科技研究型人才。是指在农业科学技术研究与推广领域，运用农业科学相关的理论基础知识，对农业科技的发展进行探索研究、体系构建、理论完善的人才资源。农业科技研究型人才主要集中在农业院校及科研院所，是农业科技创新事业的主力军和排头兵。

（2）农业科技推广型人才。是指在农业科学技术研究与推广领域，将农业科技研究的最新理论成果与前沿的研究动态，通过各种途径和形式进行全方位推广的农业科技人才资源。农业科技推广型人才主要包括省级以下研究所、技术服务中心、技术推广站以及一些中介机构中专门从事农业科技推广的人员，能够在连接农业实践和科技理论之间起到非常重要的作用。

（3）农业科技实用型人才。是指在农业科学技术研究与推广领域，将最新的研究动态和科研成果结合到具体的农业经济的生产、经营、销售的过程之中，即将知识成果转化为实际效益，促进农业经济快速发展的农业科技人才资源。我国农业科技实用型人才目前主要构成是农民，是农业科技创新成果的检验员。

在实际工作中，三类农业科技人才的边界不是绝对清晰的。比如研究型人才会兼顾推广工作，实用型人才会因带动辐射推广而身份有所转变。一般来说，主要从事哪类工作，就归为哪类人才。

本书所指的农业科技人才，是指在农业科研院所、高等院校从事农业科技活动的工作人员。

3. 农业科技人才的特点

在农业科研院所、高等院校从事农业科技活动的农业科技人才，从外在客观要求和内在主观需求出发，一般具有以下特点。

（1）具备过硬的专业素质。由于单位性质的特殊性，在农业科研院所、高校从事农业科技活动的工作人员，一般要求具有大学本科甚至硕士研究生及以上的学历，并且能够结合所学的理论知识指导工作中的实践操作。因此，在工作实践中，农业科技人才一般拥有足够的农业科技知识储备和丰富的实践经验。

（2）具备优异的创新能力。农业的根本特点是经济再生产与自然再生产交织在一起，受生物的生长繁育规律和自然条件的制约，具有强烈的季节性和地域性；生产时间与劳动时间不一致；生产周期长，资金周转慢；产品大多具有鲜活性，不便运输和储藏，单位产品的价值较低。为了克服农业生产中的种种困难，农业科技人才必须不断提高创新能力，提高科技供给，以满足农业各个产业的科学技术需求。因此，在工作中，农业科技人才具备优异的创新能力，不断寻求产业研究的新突破。

（3）具备强烈的协作意识。由于农业科技创新工作需要多学科相互交叉、融合发展，无论是申报项目、整合成果还是资源共享方面，都需要农业科技人才开展团队合作，由组成小团队到组建大团队，开展学术上的交流和联合。因此，在工作中，农业科技人才具有强烈的协作意识，并主动寻求合作契机。

（二）评价

1. 评价的基本含义

评价是从特定的目的出发，根据一定的标准，通过特定的程序对已经完成或正在从事的工作进行检测，找出反映工作进程的质量或成果水平的资料或数据，进而对工作的质量或成果的水平作出合理的判断。

评价标准，又称评判标准，是指人们在评价活动中应用于对象的价值尺度和界限。评价标准是评价活动方案的核心部分，是人们价值认识的反映，它表明人们重视什么、忽视什么，具有引导被评价者向何处努力的作用。

评价的客观性因素是评价标准具有科学性的重要依据，是指相对于评价准则所规定的方面，所确定的优良程度的要求，它是事物质变过程中量的规定性。

2. 农业科技人员评价

农业科技人员评价，是指在农业科研机构或者农业行业中，对科技人员的知识、品德、能力、业绩等方面进行综合评价。一般来说，包含两方面的内容：一是对其业绩成果的绩效评价，称为定量评价，常用方法有科学计量法等；二是对思想道德等方面的评价，称为定性评价，常用方法有上级（同级）评议法等。

以中国热科院为例，现行农业科技人员评价机制主要分为四大部分：人才引进、年度考核、职称评审、岗位聘用。

（1）人才引进。主要包括年度公开招聘和柔性人才引进两种方式。

公开招聘坚持德才兼备的用人标准，贯彻“按需设岗、民主公开、竞争择优、按岗聘用”的原则，招录人员上岗后与招聘单位建立人事关系。由招聘单位设置招聘岗位的任职条件，通过考试、考察、拟聘、审批等程序后方可聘用。

柔性人才引进指在不改变人才的人事劳动关系、户籍社保等关系的前提下，通过聘为特聘研究员、高级顾问、“候鸟型专家”和项目合作专家等方式，吸引凝聚优秀学者、专家、杰出人才和高端智慧为热科院科技创新、成果转化、人才培养、国际合作和运行管理提供支撑服务。中国热科院对拟引进柔性人才有明确的条件规定和级别分类，经过推荐、审核、评议、审批等程序后方可聘任。

（2）年度考核。农业科技人员的年度考核由中国热科院所属的具体用人单位自行组织，考核指标与权重由单位确定。考核结果排序后，用人单位上报的优秀档次建议人数不得超过实际参加考核人数的20%（只舍不入），年度考核等次将作为职称晋升、人才遴选的重要评判标准之一。结合年度考核，同时开展中国热科院年度先进个人评选工作。

（3）职称评审。专业技术职称评审贯彻民主、公开、竞争、择优的要求，以品德、能力、业绩为评价重点，根据“干什么、评什么”的原则，把人才评价和使用紧密结合，实施分类评价，并向一线专业技术人员倾斜。根据人才分类评价有关要求，中国热科院现行具体参评对象包括主要从事基础与应用基础研究、应用技术研发、信息软科学研究、检验检测、科研管理、实验技术、成果转化应用及推广、大田试验等8类工作的专业技术人员，基本涵盖了全体农业科技人才。

（4）岗位聘用。岗位聘用主要通过各单位设置各等级专业技术岗位的资历、业绩条件，组织符合条件人员进行岗位竞聘。聘用后，具体用人单位对聘期内人员形成可量化、可评价、易于鉴定成效的工作任务，并与其签订包含岗位职责、聘期目标、中期目标、年度目标在内的《岗位目标责任书》。聘期目标包含聘期内应完成的全部工作任务，中期目标和年度目标是通过分时间段对聘期目标的具体分解。中国热科院根据农业科技人员承担的主要任务侧重点不同，分五类明确科技人员不同的聘期目标：基础科学和前沿技术研究人员侧重于学术水平与影响力提升，对关键技术研究与应用示范的指导作用，个人创新思维和研究能力提升等；应用研究和技术开发人员侧重于形成自主知识产权、行业和地方标准规范，产出具有转化前景的成果，取得经济社会效益，个人技术创新与应用能力提升等；信息软科学研究人员侧重于增强对“三农”工作和产业发展的指导、服务和支撑作用，增强为事业发展和管理决策提供技术支持能力等；实验技术和科研条件保障人员侧重于保障科研活动顺利开展，条件建设与资源共享水平提升，个人专业技术能力与水平提升等；科研管理和科技服务人员侧重于管理服务水平与效率提升，工作方法与措施有效，取得经济社会效益等。考核的具体形式分为年度考核、中期考核、聘期考核和阶段性考核等，考核结果分为优秀、合格、基本合格和不合格四个等次，考核结果及排名作为动态调整的依据。根据岗位情况，可适时启动阶段性考核。按照相关性、重要性、可比性及系统性原则，采取定量与定性相结合的办法制定岗位考核指标，按照不同类型人员任务要求，按需选择岗位职责履行、科研进度完成、科研产出与影响力、成果转化与贡献、国际合作与交流、产业发展支撑能力、管理决策咨询能力、条件建设与资源共享、管理服务水平与效率、学术诚信等内容开展评价。

3. 现行农业科技人员评价机制存在问题

中国热科院现行的农业科技人员评价机制，存在问题主要集中在以下几个方面。

第一，评价指标较为复杂。定性与定量按 3 : 7 的比例确定，在“量化”考核上进行数量的加减乘除繁杂计算，忽视“质性”的评价如学术道德、科研诚信等等。评价过程集中在短短一两周内，过程封闭、静态，而且容易激化被评价群体间的矛盾以及被评价者与评价者间的矛盾。以每年的年度考核为例，对科研人员的定量考核指标包括：科研项目指标、取得科研成果、授权知识产权、发表论文与著作、科技成果转化、科技推广与服务、科技条件建设、人才培养与引进、科技交流合作等方面。指标体系的日益庞大，并未将科研人员打造成“全能多面手”，而是让他们在为每年如何多争取考核分中绞尽脑汁、消耗心力。每年的年度考核工作对评价者和被评价者来说都是极大的负担。

第二，评价周期不合理。一般来说，科研项目执行年限一般为 2~4 年。年度考核作为最常见的评价方式，考核周期的设置不符合农业科学的发展规律。

第三，缺乏对个性的认同。对所有的科技人员采用同一套评价体系，虽然以岗位调整系数来弱化岗位等级间的基础实力差异，但对于不同研究领域的科技人员却没有给予个性的认同。

第四，评价客体单元不合理。现行评价客体大多以个人为单元，导致科技人员在“评优争先”的过程中往往产生同质化竞争，消耗和分散了科技资源。

第五，评价结果运用不充分。对科技人员进行评价，目的不是单纯为了考核科技人员的业绩情况，更多地是为了促进其提高自身能力，纠正科研方向的偏差，从而促进科技人员的成长和单位的未来发展。但在工作实践中，在每年度的考核评价结束后，仅仅是把科技人员的考核等次记录在案，对优秀等次人员进行惯例性的表彰、奖励，缺乏对科研人员进行深度结果反馈，评价结果运用不够充分。

第六，评价者缺乏第三方的参与。现行评价主体一般为科技人员的上级（单位领导）和部分同级（考核小组），客观的第三方评价相对较为缺乏。第三方是跳出个人情感的评价方，可以在较大限度内不受平日印象、人情世故的影响，因此评价结果较为客观公正。

（三）分类评价

1. 分类评价的含义

以职业属性和岗位要求为基础，根据不同职业、不同岗位、不同层次人才特点和职责，坚持共通性与特殊性、水平业绩与发展潜力、定性评价与定量评价相结合，建立健全涵盖品德、知识、能力、业绩和贡献等要素，科学合理、各有侧重的人才评价方式。

2. 分类评价的目的

以往的评价方式，一是以自上而下的评价为主，被评价者处于消极的被评价地位，忽视同级、自下而上以及多源评价；二是过分强调终结性评价结论，忽视各个时期个体的进步状况，因此不能起到很好的过程引导作用；三是忽视科学化地进行结果反馈，因此对促进发展作用有限。

分类评价的目的，是为促进科技人员的进步，促进单位发展，使评价过程成为促进发展与提高的过程，而不是单纯地为了评价而评价或为了选拔而评价。分类评价着力解决评价标准“一刀切”问题，合理设置和使用论文、专著、影响因子等评价指标，克服唯学历、唯资历、唯论文等倾向，注重考察各类人才的专业性、创新性和履责绩效、创新成果、实际贡献，实行差别化评价，鼓励人才在不同领域、不同岗位作出贡献、追求卓越。

二、研究理论基础

（一）目标设置理论

目标设置理论是强调设置目标的特点会影响激励水平和工作绩效的理论。目标设置理论是过程型激励理论之一，由美国学者洛克（EdwinLocke）于1967年提出。认为设置的目标应满足“SMART”原则，即挑战性的目标、具体的目标、在目标设置过程中让员工参与，以及对于过去员工完成目标的情况的反馈等具有激励作用。对实践的指导意义在于，为员工设置具体、具有挑战性的目标是改善绩效的有效激励手段。美国马里兰大学管理学兼心理学教授洛克（E. A. Locke）和休斯在研究中发现，外来的刺激（如奖励、工作反馈、监督的压力）都是通过目标来影响动机的。目标能引导活动指向与目标有关的行为，使人们根据难度的大小来调整努力的程度，并影响行为的持久性。于是，在一系列科学研究的基础上，他于1967年最先提出“目标设定理论”（Goal Setting Theory），认为目标本身就具有激励作用，目标能把人的需要转变为动机，使人们的行为朝着一定的方向努力，并将自己的行为结果与既定的目标相对照，及时进行调整和修正，从而能实现目标。这种使需要转化为动机，再由动机支配行动以达成目标的过程就是目标激励。目标激励的效果受目标本身的性质和周围变量的影响。许多学者作了进一步的理论和实证研究，如尤克尔（G1A1Yukl）（1978）和莱瑟姆（G1P1Latham）（1978）认为，目标设置应与组织成员参与、注意个别差异和解决目标艰巨性等因素结合运用，并提出了目标设置的综合模式；班杜拉（A1Bandura）和洛克等则认识到目标对动机的影响受自我效能感等中介变量的影响；德韦克（C1S1Dweck）（1988）及其同事在能力理论基础上，区分了目标的性质，并结合社会认知研究的最新成果，提出了动机的目标取向理论等。

洛克和莱瑟姆设计了一种个体目标设置与绩效的复杂模型，该模型的基本观点是把目标看作一种激励因素，因为它可以让人们对目前的绩效与期望达到的目标进行比较。从某种程度上说，人们一般会认为，如果他们目前的水平还达不到目标的要求，他们就不会感到满足。但只要他们相信，通过努力是可以达到目标的，他们就会努力工作并实现目标。制定了目标能够提高自己的绩效水平，因为目标可以使所期望的绩效类型和水平变得更加明确。目标设置的必要条件主要有两个：①职工必须觉察目标和知道用什么行动去达到目标；②职工必须接受目标，即他愿意用必要的行动去完成目标。

自洛克 1967 年提出目标设定理论，既有的研究已经有力地证明了从目标设定的观点来研究激励是有效的。在这个领域已经取得了很多有意义的成果，这些理论成果也已应用到实际管理工作中去，给实际工作带来了很大帮助。但是，在目标设定理论中还存在很多问题需要进一步的研究。

（1）目标设定与内部动机之间的关系。一般认为，设定掌握目标（Mastery Goal）比绩效目标（Performance Goal）更能激起内部动机，但这个过程也受到很多其他中介因素的影响，如被测试者成就动机的高低等等。

（2）目标设定与满意感的关系。如前所述，目标设定与满意感之间呈现一种复杂的关系。困难目标比容易目标容易激起更高的绩效，但却可能导致更低的满意感。

（3）一般认为反馈可以促进绩效的提高，但不同的反馈方式对绩效的作用也不一样，因此需要研究清楚如何进行反馈是最有效的。

（4）目标设置难度大的负作用。照理论来说，目标设置的难度应该与职员的实际能力相适应，既不要过低又要有挑战性，但在实际运用中设定实施的往往都是难度较大的目标，而这就会造成单位内部的弄虚作假、恶性竞争、内部凝聚力的涣散等弊病。实践证明，这往往是目标设置与绩效考核过程中需要关注且极难解决的问题。

（5）目标设置困难。组织内许多目标难以定量化、具体化；许多团队工作在技术上不可分解；组织环境的可变因素越来越多，变化越来越快，组织的内部活动日益复杂，使组织活动的不确定性越来越大。这些都使得组织的许多活动制定数量化目标是很困难的。

（6）偏重短期目标。在目标管理方式的实施中，组织似乎常常强调短期目标的实现而对长期目标不关心。这种观念若深深组织所有成员的脑海中，对组织的长远发展的有害的。

（7）缺少灵活性。目标管理要取得成就，就必须保持其明确性和肯定性，目标一旦确定就不能轻易改变，这使组织运作缺乏弹性，无法通过权变来适应变化多端的外部环境。

（二）公平理论

公平理论是研究工资报酬分配的合理性、公平性对职工工作积极性影响的理论，由美国心理学家亚当斯（1967）提出。该理论认为：职工对收入的满意程度能够影响职工工作的积极性，而职工对收入的满意程度取决于一个社会比较过程，一个人不仅关心自己的绝对收入的多少，而且关心自己相对收入的多少。每个人会把自己付出的劳动和所得的报酬与他人付出的劳动和所得的报酬进行社会比较，也会把自己现在付出劳动和所得报酬与自己过去所付出的劳动和所得的报酬进行历史比较，职工个人需要保持一种分配上的公平感，如果当他发现自己的收支比例与他人的收支比例相等，或现在的收支比例与过去的收支比例相等时，他就会认为公平、合理，从而心情舒畅，努力工作，如果当他发现自己的收支比例与他人的收支比例不相等，或现在的收支比例与过去的收支比例不相等时，会产生不公平感，内心不满，工作积极性随之降低。在国外，企业依据公平理论的基本观点，采取种种措施，如单独秘密发放奖金等，努力使职工产生一种主观上的公平感，从而调动职工积极性。公平理论指出：人的工作积极性不仅与个人实际报酬多少有关，而且与人们对报酬的分配是否感到公平更为密切。人们总会自觉或不自觉地将自己付出的劳动代价及其所得到的报酬与他人进行比较，并对公平与否做出判断。公平感直接影响职工的工作动机和行为。因此，从某种意义来讲，动机的激发过程实际上是人与人进行比较，做出公平与否的判断，并据以指导行为的过程。公平理论研究的主要内容是职工报酬分配的合理性、公平性及其对职工产生积极性的影响。

公平理论认为，当员工感到不公平时，你可以预计他们会采取以下六种选择中的一种。

（1）改变自己的投入。

（2）改变自己的产出。

（3）歪曲对自我的认知。

（4）歪曲对他人的认知。

（5）选择其他参照对象。

（6）离开该领域。

公平理论还指出，以下四种做法与报酬的不公平性有关。

（1）如果根据时间计酬，感到报酬过高的员工会比感到报酬公平的员工有更高的生产率。

（2）如果根据产量计酬，感到报酬过高的员工会比感到报酬公平的员工产量低但质量高。

（3）如果根据时间计酬，感到报酬过低的员工的产量更低，质量也更差。

（4）如果根据产量计酬，感到报酬过低的员工会比感到报酬公平的员工产量高而质量低。

我们看到，公平理论提出的基本观点是客观存在的，但公平本身却是一个相当复杂的问题，这主要是由于下面几个原因。

（1）它与个人的主观判断有关。上面公式中无论是自己的或他人的投入和报偿都是个人感觉，而一般人总是对自己的投入估计过高，对别人的投入估计过低。

（2）它与个人所持的公平标准有关。上面的公平标准是采取贡献率，也有采取需要率、平均率的。例如，有人认为助学金应改为奖学金才合理，有人认为应平均分配才公平，也有人认为按经济困难程度分配才适当。

（3）它与绩效的评定有关。我们主张按绩效付报酬，并且各人之间应相对均衡。但如何评定绩效？是以工作成果的数量和质量，还是按工作中的努力程度和付出的劳动量？是按工作的复杂、困难程度，还是按工作能力、技能、资历和学历？不同的评定办法会得到不同的结果。最好是按工作成果的数量和质量，用明确、客观、易于核实的标准来度量，但这在实际工作中往往难以做到，有时不得不采用其他的方法。

（4）它与评定人有关。绩效由谁来评定，是领导者评定还是群众评定或自我评定，不同的评定人会得出不同的结果。由于同一组织内往往不是由同一个人评定，因此会出现松紧不一、回避矛盾、姑息迁就、抱有成见等现象。

公平理论为组织管理者公平对待每一个职工提供了一种分析处理问题的方

法，对于组织管理有较大的启示意义。

1. 不完全信息往往使“比较”脱离客观实际

公平理论的核心是与他人比较，所以比较的结果是否符合客观实际，取决于人们对比较对象的投入和产出情况是否具有完全信息。而在现实中，人们往往不能够对比较对象的投入和产出情况有足够的了解，往往把自己的实际情况和他人的不完全信息进行比较。于是，对本来客观合理的现实，主观上也可能感到不公平。人们往往有“看人挑担轻松”的知觉心理，过高地评价自己的成绩，低估他人的成绩，甚至只比拿钱多少，不比贡献大小。

2. “主观评价”易使“比较”失去客观标准

既然公平感是一种主观感受，那么，主观认识就会极大地受认知主体的价值观念、知识经验、意识形态、世界观等的影响。所以，不同个体对同种报酬的效用、同种投入的价值的评价都有可能不同。如有的人把工资（奖金）看得比晋升更重要，而有的人却把晋升看得更重要；有的人认为学历更重要，而有的人则认为经验更重要等等。这就使“比较”失去了客观标准，即便两个人的投入产出比完全相当，但两个人均可能感到不公平。

3. “投入”和“产出”形式的多样性使“比较”难以进行

按照公平理论，投入和产出均具有很多具体表现形式。在现实生活中，各人投入的具体形式不尽相同，即不同个体在年龄、性别、所受教育、经验、技能、资历、职务、努力程度、对组织的忠诚度等方面不可能完全相同。比如甲的优势是高学历，而乙的优势是资历。那么是高学历重要还是资历重要呢？况且，经验、努力程度、忠诚等因素实在难于比较，即使是学历也有不同专业、不同学校、不同年代之分，同样会引起认识上的分歧。

在工作中，人们的公平感首先取决于所得报酬的绝对值。人们之所以希望得到报酬，是为了满足一定的需要、实现一定的目标。如果所得报酬能满足这种需要，则发挥了很好的激励作用，人们就会感到公平。反之，则不能发挥激励作用，人们就会感到不公平。如某人在组织里的投入产出比尽管与别人的相当，但因为其家庭负担重，薪酬水平甚至不能养活家人（不能满足需要），他依然感到强烈的不公平。而另外一些人则由于负担轻，薪酬水平已经足够满足需要，自然感到公平。

其次，人们的公平感还取决于期望值。人们在加盟新组织或接受一项新任务（新工作）时，总有一定的预期，期望自己的投入能得到一定的报酬。在以后影响人们公平感的也可能是这种期望值的大小，而不是通过对比得来的相对值。如果实际得到的报酬等于预期得到的报酬时，员工就感到公平；如果实际得到的报酬大于或小于预期得到的报酬时，员工就感到不公平。

人们的公平感最终来自“认同感”。作为组织中的个人是否感到公平，最终取决于员工对自己在这个组织中所处的位置是否认同。关于什么叫“认同感”，厉以宁教授举了一个很好的例子：比如一个家庭有三个孩子，第一个孩子上学时家庭困难，家里只能供他读到中学毕业；第二个孩子上学时家庭条件好些了，家里供他上大学；第三个孩子上学时家庭富裕了，可以供他出国留学。三个孩子对这个家庭是认同的，他们会觉得家庭对自己是公平的，因为他们对家庭历史状况是谅解的。20 世纪 70 年代，往往是老大穿新衣服，老二穿旧衣服，老三穿补丁的衣服，老四穿补了又补的衣服。但孩子决不会认为父母对自己不公平，因为他们对家庭状况是谅解的，是认同的。同样，组织中的个人如果对组织有认同感，即便报酬低一点，投入多一点也就无所谓了，更不会产生不公平感。也就是说，本来不公平的现实，也因为这种认同使人们并没有感到不公平。相反，如果组织中的个人对组织不认同，那么无论报酬有多高，员工也会感到不公平。

（三）强化理论

强化理论是美国的心理学家和行为科学家斯金纳、赫西、布兰查德（1948）等人提出的一种理论，也称为行为修正理论或行为矫正理论。最早提出强化概念的是俄国著名的生理学家巴甫洛夫。在巴甫洛夫经典条件反射中，强化指伴随于条件刺激物之后的无条件刺激的呈现，是一个行为前的、自然的、被动的、特定的过程。而在斯金纳的操作条件反射中，强化是一种人为操纵，是指伴随于行为之后以有助于该行为重复出现而进行的奖罚过程。这种理论观点主张对激励进行针对性的刺激，只看员工的行为和结果之间的关系，而不是突出激励的内容和过程。该理论认为人的行为是其所获刺激的函数。如果这种刺激对他有利，则这种行为就会重复出现，若对他无利，这种行为就会减弱直至消逝。所谓强化是指增强某人前面的某种行为重复出现次数的一种权变措施。现代的 S-R 心理学家不仅用强化来解释操作学习的发生，而且也用强化来解释动机的引起。人类从事的众多有意义的行为都是操作性强化的结果，例如步行上学、读书写字、回答问题等等。斯金纳强化理论认为，在操作条件作用的模式下，如果一种反应之后伴随一种强化，那么在类似环境里发生这种反应的概率就增加。而且，强化与实施强化的环境一起，都是一种刺激，人们可以以此来控制反应。因此，管理人员就可以通过强化的手段，营造一种有利于组织目标实现的环境和氛围，以使组织成员的行为符合组织的目标。

根据强化的性质和目的，可把强化分为正强化和负强化。在管理上，正强化就是奖励那些组织上需要的行为，从而加强这种行为；负强化就是惩罚那些与组织不兼容的行为，从而削弱这种行为。正强化的方法包括奖金、对成绩的认可、表扬、改善工作条件和人际关系、提升、安排担任挑战性的工作、给予学习和成长的机会等。负强化的方法包括批评、处分、降级等，有时不给予奖励或少给奖励也是一种负强化。强化的具体方式有四种。

（1）正强化。通过奖励那些符合组织目标的行为，以便使这些行为得以进一步的加强、重复出现。

（2）惩罚。当员工出现一些不符合组织目标的行为时，采取惩罚的办法，可以约束这些行为少发生或不再发生。惩罚是力图使所不希望的行为逐渐削弱，甚至完全消失。

（3）负强化。负强化强调的是一种事前的规避。俗语“杀鸡儆猴”形象说明了惩罚与负强化之间的联系与区别。对出现了违规行为的“鸡”加以惩罚，意欲违规的“猴”会从中深刻地意识到组织规定的存在，从而加强对自己行为的约束。

（4）忽视。对已出现的不符合要求的行为进行“冷处理”，从而达到“无为而治”的效果。

斯金纳的强化理论和弗隆的期望理论都强调行为同其后果之间关系的重要性，但弗隆的期望理论较多地涉及主观判断等内部心理过程，而强化理论只讨论刺激和行为的关系。强化的主要功能，就是按照人的心理过程和行为的规律，对人的行为予以导向，并加以规范、修正、限制和改造。它对人的行为的影响，是通过行为的后果反馈给行为主体这种间接方式来实现的。人们可根据反馈的信息，主动适应环境刺激，不断地调整自己的行为。

应用强化理论时要注意以下几点。

（1）要依照强化对象的不同采用不同的强化措施。人们的年龄、性别、职业、学历、经历不同，需要就不同，强化方式也应不一样。

（2）小步子前进，分阶段设立目标，并对目标予以明确规定和表述。对于人的激励，首先要设立一个明确的、鼓舞人心而又切实可行的目标，只有目标明确而具体时，才能进行衡量和采取适当的强化措施。同时，还要将目标进行分解，分成许多小目标，完成每个小目标都及时给予强化，这样不仅有利于目标的实现，而且通过不断的激励可以增强信心。如果目标一次定得太高，会使人感到不易达到或者说能够达到的希望很小，这就很难充分调动人们为达到目标而做出努力的积极性。

（3）及时反馈。所谓及时反馈就是通过某种形式和途径，及时将工作结果告诉行动者。要取得最好的激励效果，就应该在行为发生以后尽快采取适当的强化方法。一个人在实施了某种行为以后，即使是领导者表示“已注意到这种行为”这样简单的反馈，也能起到正强化的作用。如果领导者对这种行为不予注意，这种行为重复发生的可能性就会减小以至消失。所以，必须利用及时反馈作为一种强化手段。

（4）不固定时间和频率间隔的强化效果好。因为有机体在强化到来之前的反应率有所提高。在这样的强化程序下，个体不知道什么时候会出现强化，但总有一种强化即将出现的期待。长此以往自然会形成习惯。也就是说，全部强化的结果，如果不继续强化，反应就消失了。反过来，部分强化的，即使后来不强化时，反应仍不会减弱。显然不强化竟会起积极作用。用拟人的话来表达，不强化会起着警戒作用，即遇到没有强化的条件时，强化会使人学习到，一时没有结果以后还是有结果的。所以不强化同样可以收到学习的效果。全部强化，没有失败的教训，遇到挫折便不会继续努力了，反而引到消极。

（5）正强化比负强化更有效。负强化及惩罚可以引起一定副作用。斯金纳通过系统的实验观察得出了一条重要结论：惩罚就是企图呈现消极强化物或排除积极强化物去刺激某个反应，仅是一种治标的方法，它对被惩罚者和惩罚者都是不利的。他的实验证明，惩罚只能暂时降低反应率，而不能减少消退过程中反应的总次数。在他的实验中，当白鼠已牢固建立按杠杆得到食物的条件反射后，在它再按杠杆时给予电刺激，这时反应率会迅速下降。如果以后杠杆不带电了，按压率又会直线上升。所以，在强化手段的运用上，应以正强化为主；同时，必要时也要对坏的行为给以惩罚，做到奖惩结合。

三、研究方法

本书分为五章，第一章对评价方式、人员分类、评价标准等评价要素的国内外研究进展进行总体梳理，奠定本书的理论基础；第二章对评价政策制度进行调研分析，主要采用定量分析的方法解读最新人才评价政策文件，并阐述现行评价体系存在的问题；第三章通过对有关农业科研机构和高校的调研，通过大量分析评价实践案例和问卷调查结果，提出推进分类评价的建议；第四章对人才评价的方式和指标展开详实的论述，为广大农业科研院所、高校探索人才评价设计提供思路；第五章围绕人才评价结果在科技资源配置、薪酬待遇制度、人才遴选中的实践运用展开，为实现人才评价的核心目的提供借鉴。在阅读大量文献和开展调查研究后，以中国热科院为研究对象，深入分析在当前发展过程中，农业科技人员评价的现状及存在的问题，并提供切实可行的解决方案。具体研究方法如下。

（一）文献研究法

收集、整理、分析现有的研究成果与调查资料。通过对文献的大量阅读，梳理现有对农业科技人才评价的研究成果，在前人的基础上更好更扎实地进行研究。通过对人才评价政策制度的文本分析，了解农业科技人才评价体系的发展现状。

（二）访谈法和问卷调查法

通过走访向同类型的农业科研院所、高校，向相关专家学者进行咨询和访谈，并在不同类型人员中开展问卷调查，听取各方的意见建议，为研究解决现行农业科技人才评价机制存在问题积累经验和思路。

（三）统计分析法

根据所得样本，运用统计分析法，对所得数据进行定量分析，从而挖掘问题的本质。

第一章　相关研究进展

“三农”问题一直是社会关注的重点问题，中国农业已经步入新的历史阶段，发展农业科技是实现农业现代化的重要途径。在这一过程中，农业科技人才发挥着重要作用，是一支不容忽视的力量。

党的十九大报告提出要培养造就一支懂农业、爱农村、爱农民的“三农”工作队伍，为实施乡村振兴战略提供人才保障。为促进农业科技发展选拔优秀的农业科技人才已是当务之急，对农业科技人才的评价也随之成为一项重要的研究课题。

目前的研究资料显示，有关人才、科技人才评价问题的研究成果不多，针对专门的农业科技人才评价的相关研究更为贫乏。人才是具有一定的知识或技能，能够进行创造性劳动，为推进社会主义物质文明、政治文明、精神文明建设，建设中国特色社会主义伟大事业中作出积极贡献的人；科研人才是指有品德、有科技才能、有某种科技特长，掌握知识或生产工艺技能的人，包含了文化知识或职业技能两方面的资格条件，科研人才是人才的重要组成。根据学科专业与研究领域的不同，科研人才也有不同的区分，农业科研人才是科研人才的重要组成。

农业科研人才评价与人才、科研人才的评价既存在共性，也有着自己独有的特点。本文主要对目前人才、科研人才以及农业科研人才评价的研究现状进行分析，通过现有的有关人才、科研人才评价的研究成果，试图为探索建立农业科研人才评价模式提供依据。

第一节　评价体系与激励研究

一、科技人才需要特征研究

中国有关学者对于需要及激励理论和实践的研究开始于 20 世纪 80 年代。

鉴于把握知识型员工的需要对实施有效激励的重要性，国内有关学者在知识型员工的需求特征研究上倾注了相当多的精力，在充分地借鉴了西方激励理论的基础上提出了新的观点。从我国目前对需要理论的研究上看，几乎都同意需要是分层次的，而且不同类型的员工需要也存在差异。王飞绒（2003）认为人才从事科技活动的特征决定了科技人才不同于其他工种的特殊个性特征和需求特征，提出了强化科技人才激励的5项对策，包括自主环境的创造和多种激励方式的组合等；陈云娟（2005）提出知识型员工的需要主要表现在工作自主性需要、学习与发展需要、工作成就需要、金钱财富需要和尊重信任的需要这几方面；樊印龙（2006）指出，知识型员工的主要需要可以概括为内在满足、个人成长、肯定与尊重和物质报酬四个方面；唐莉（2008）提出我国知识型员工的需求特征与国外知识型员工的需求特征有所不同，主要为物质财富的需要、职业生涯发展的需要、个人成就与社会尊重的需要、幸福感的追求。我国属于发展中国家，经济收入还是知识型员工生活质量提高的最基本也是最有效的保障，物质财富的需要摆在了首要位置。

科技人才作为高层次的知识工作者，是具有自我驱动能力与独创性的个体。他们除了要有系统的基础知识，良好的基本训练和专业理论知识，以及进行科学实验的实际操作能力外，还具有其特有的特征。主要表现为以下几点。

（1）专业基础扎实，学习能力强。农业科技人才由于学历高，多具有较为扎实的专业理论基础和较丰富的农业实践经验，具有较强的理论概括能力；求知欲强，不断学习和探索农业科学的奥秘，具有丰富的想象力和敏锐的洞察力，以及广泛的知识面等其他方面的能力素养。

（2）具有独特的价值观，有较强的成就动机。科技工作对于科技人才不仅仅是一种谋生的手段，更是成就一番事业、实现自身价值的途径。科技人才心中有非常明确的奋斗目标，他们往往把攻克难关看作一种乐趣，具有强烈的实现自我愿望。对他们来说，自我成长和发展空间、成就激励和外界肯定的比重要大于金钱等物质激励。

（3）创新性特征。科技人才创新是在组织中对于新知识和新技能的创意寻求、确立、执行和产出的过程，这一过程既可以增强组织核心竞争力，同时还可以提升个人价值。只有敢于打破成规，向权威挑战的人，才能在科学上有所作为。农业科技人才所从事的工作是富有创新性的脑力思维工作，完全依靠自己的知识储备、灵感应对复杂多变的环境下可能发生的各种情况的创造性工作，是推动农业科学技术的进步和农产品创新的必经途径。

（4）有很强的流动意愿。因为注重自身价值的体现，会因执着于对知识的探索和对发展平台的需求而降低对组织的忠诚度，如果待遇不公或者其他方面未达到他们的期望值，很可能另谋出路。

（5）具有层次性和差异性。由于先天因素、后天学习、成长环境、工作机会和勤奋程度等不同，以及社会的专业分工等原因，使得农业科技人才的知识、能力、创造性等有较大差异，从而构成了具有层次性的科技人才队伍。另一方面，由于人才的个人智力、兴趣、特长等方面的差异性特点和信息化知识的急剧增长、社会分工的日益专业化，使科技人才之间存在知识结构、专业特长等方面的差异。

（6）具有吃苦耐劳的精神。由于农业科研工作需要经常到田间地头，深入农业生产一线，农业科技人才除了日晒雨淋，有些还要对畜禽粪便等农村生产生活中的废弃物进行处理，有些要等待漫长的时间去获得一个抗病植株。这就需要不怕恶臭、不怕苦，耐得住煎熬、守得住寂寞的科学奉献精神。

（7）具有团队协作精神。随着科学技术不断向深度和广度发展，学科不断融合交叉，科学研究工作已经不是单打独斗就能完成的局面，团队合作研究成为了新时代科技研究工作的显著特征。一个重大项目的完成、一篇高水平论文的见刊、一个高价值成果的整合都需要各方面专业人才的相互配合与协作。为了完成共同的目标，每个团队成员都必须具备团队协作精神。

科技人才是流动较为频繁的一类人，其流动主要包括三个方面的动因：首先，从自身因素考虑，人才自身一般接受过高等教育，学习能力、接受新事物的能力强，成就欲望高，重视自身知识的获得与提高，重视个人的发展前景和人力资本的增值；其次，从社会因素考虑，人才流动受所处的地理环境、消费水平、文化背景、地区就业政策、法律法规、用工制度、社会保障体系、劳动力市场发育情况、经济发展状况等因素影响；最后，从机制因素考虑，市场机制对人才流动具有导向作用，人才配置、人才资源、人才结构、人才培训和人才素质等都会影响到人才的流动意向。

美国学者库克针对科技人才的创造力旺盛期的研究提出了“库克”曲线，用曲线表示研究生创造力的增长情况：研究生毕业后参加工作的初期，第一次承担任务的挑战性、新鲜感、新环境的激励，使其创造力快速增长，即创造力的成长期的情况；创造力的成熟期，也即为创造力发挥的峰值区，这一峰值水平大约可保持 1 年左右，是出成果的黄金时期；初衰期，创造力开始下降，持续时间约为 0.5~1.5 年；衰减稳定期，创造力继续下降并稳定在一个固定值，如不改变环境和工作内容，创造力将在低水平上徘徊不前。为了激发研究人员的创造力，应及时变换工作部门和研究课题进行人才交流。库克曲线告诉我们，一个研究人员到一个单位工作创造力较强的时期大约有 4 年。创造力的发挥有一个最佳期，超过了一定年限，雇员的创造力会进入衰减稳定期。为激发员工的创造力，应及时将该岗位上的员工退出，变换工作岗位和环境，或流出企业。

美国学者卡兹针对科研团队的最佳合作期的研究提出“组织寿命”的概念。他通过对科研组织的寿命研究，发现组织寿命的长短与组织内的信息沟通情况有关，与获得成果有关。他通过大量调查统计绘出了一条组织寿命曲线，即卡兹曲线。卡兹曲线表明：在一起工作的科研人员，在 1.5~5 年这个期间里，信息沟通水平最高，获得成果也最多。在不到 1.5 年的时间里，成员信息沟通水平不高，获得成果也不多。这是因为相处不长，组织成员之间还不熟悉；相处超过 5 年，由于大家过于了解和熟悉，在思维上已经形成定势，会导致反应迟钝和认识趋同化，这时组织会呈现出老化和丧失活力。卡兹曲线告诉我们，组织和人一样，有成长、成熟和衰退的过程。组织的最佳年龄区为 1.5~5年，超过 5 年就会出现组织老化，解决的办法是通过人才流动对组织进行改组。卡兹的组织寿命学说从组织活力的角度证明了雇员流动和人才退出的必要性。同时也指出人员流动不易过快，流动间隔应大于 2 年，这是适应组织环境和完成一个项目所需的下限时间。一般而言，人的一生流动 7~8 次是可以的，流动次数过多反而会降低效益。

二、科技人才评价政策体系研究

面对世界范围内科技人才竞争日益激烈的严峻形势，无论是发达国家还是发展中国家，都在抓紧研究和制定本国的人力资源开发政策，争夺科技人才。纵观世界上发达国家在科技人才开发与管理方面的创新，可以归纳为：宽进严出的培养政策；有竞争力的引进政策；高额奖金的激励政策等。国际科技人才政策研究自 20 世纪 60 年代以来已经发展为一个重要研究领域，在英国、美国、法国、荷兰等西方发达国家，科技人才政策研究形成了专业化的研究队伍、学术团体，取得了一大批研究成果，涌现出一批专家学者。

中国关于科技人才评价的研究始于 20 世纪 90 年代，到了 21 世纪，科技人才评价方面的研究不断涌现。但是，大多数研究都基于国外的人才评价理论框架进行应用，本土化的人才评价模型较少。其中，影响比较广泛的是“人才评价系统六大构成要素”：评价主体、评价对象、评价标准、评价方法、评价程序和评价结果的应用，该模型为很多领域的人才评价研究与实践奠定了良好基础。具体研究内容主要聚焦于评价指标设计、评价模式、评价方法和评价标准等，其中关于评价指标设计的研究最多，主要围绕科技人才的个体特点和所处环境这两方面开展。个体特点主要评价人才自身的能力和经历，创新型人才需要评价产品及环境因素。评价个体特点还包括四个方面的技能，即本专业的知识技能、从事科学和技术工作的技能、较高的创造力和多元的思维结构、对科学技术发展和社会进步作出的贡献等。关于科技人才所处的外部环境，以往研究提出既要评价个体胜任能力、创新产出，也要评价外部要素，如任务指标、创新投入等。

现有研究提出的科技人才评价方法包括：定性的同行评议法、定量的科学计量分析法、经济分析法、定性与定量相结合的综合评价方法和心理测评方法。从科技人才评价实践来看，仍以同行评议法和科学计量法为主。同行评议法接受程度高，但争议在于其客观公正性，因为评审专家的主观局限性、评审规则程序的科学化程度都会影响评价结果，“走过场”“权威免检”等现象则暴露出同行评议法的缺陷。科学计量法包括在研项目数、成果数、论文发表数和引用量等等，此方法操作直接，结果具有一定的客观性，是现在比较常用而且被大部分公众认可的评价方法。但科学计量法也存在弊端。一是仅从数量和引用量上判断，不能完全对成果的真正价值进行有效评估；二是数量优于质量的评价方式，容易产生“短平快”的价值导向，使科技人员难以沉下心持续从事研究工作。

目前，关于科技人才评价的研究与实践已取得了一定成绩，但仍存在以下问题。

第一，目前的评价标准对于系统创新的强调不够。尽管不断推出的指导意见明确了创新导向，但还需要进一步的探索和研究，尤其在分类上仍然需要深入探索和实践。

第二，系统的科技人才评价体系应该结合使用评价的管理控制和激励开发两方面的职能。两个方面的平衡很重要，过多的管控，会导致上级侵占下属成果的现象。对激励开发强调不够，则容易导致过度着眼于已经获得的成就，缺乏对长远发展潜力的重视。

第三，尽管科技人才评价内容将品德放在首要位置，但在现有实践中，难以通过评价指标对科技人才进行量化和评判，品德、能力、业绩等指标之间的权重比例也还有很大的探讨空间。团队评价的方式和结果运用、个人在团队中的价值评价等也还需要进一步探索。

因此，构建全面完善、科学性与可操作性兼具的科技人才评价体系，有着理论发展的基础和实践需求的必要性，是新时代的紧迫要求。

三、科技人才激励研究

从 2000 年起，我国学术界开始关注科技人才的激励问题，研究大多集中在以下几个方面。

1. 对激励机制的设计研究

朱建清（2000）从奖励机制建设的需要出发，较早探讨了对科技人才进行有效激励的路径。黄鲁成（2002）从直接物质激励制度设计、间接物质激励制度设计和精神激励制度设计三个方面，指出对科技人才设计激励制度时应该注意的问题。娄伟（2007）等探讨了充分发挥科技人才研发与创新能力的政策设计问题。孙万兰（2007）研究发现我国科研院所普遍推行项目管理模式，但在人员激励、考核方面却无法真正适应这种制度，在如何兼顾短期激励与长期激励方面做得也不够。石研研、赵闰（2019）通过调研发现，农业科研院所人才对于物质激励的总体较为满意，但在以下三个方面仍需改进：一是经济发达地区物质激励与当地消费水平不匹配，尤其是在上海、杭州等经济发达地区；二是绩效工资所占比例较低，难以调动科研积极性；三是科研奖励力度不足，指出科技人才的激励存在“一刀切”的问题，忽视了不同年龄、不同层次和不同学科背景成员的差异，考核评价和激励机制也一味地趋于数量化和等级化。张晓泉、赵闰（2018）通过对农业科学院进行调研，发现职称评审是对科研人才激励的一个重要部分，但现有的评审机制还存在职称任期内缺乏动态管理、信息交流渠道不畅导致职称评审不全面、评审指标僵化无法体现专业特性等问题，并且在现行的科研奖励办法中，没有详细完善的针对科研成果的转化标准和奖励制度，从而导致科研成果的转化率低，研究成果难以得到推广和应用并取得经济效益。

2. 激励策略、方式方法研究

高贤峰（2001）认为人的行为受自我动力和超我动力两大动力体系的驱动，并提出了建立报酬激励、成就激励、机会激励三位一体的自我激励和构造理念共享、远景愿望与憧憬共建的超我激励机制的激励策略。雷卫中（2002）等对中国企业科技创新人才的有效激励办法有：股票期权激励、薪酬激励以及职位和情感激励。许迎（2011）提出要采取全方位、多层次的激励方式来激发科技人员的创造力，特别是对于自我实现和自我激励能力都很高的科技人员来说，正确运用责任激励尤为关键。高于平（2011）提出科技人才声誉激励机制研究。付宇（2019）基于对华为公司人才激励机制的研究，提出要推行物质与精神激励并行的激励政策，重视员工福利保障，正视企业员工的真正需求，使员工得到合理且满意的回报，并实行以绩效为标准的考核机制，将绩效考核纳入日常管理体系中，激励个人在企业创造更大的价值，发挥更大的潜能，对员工价值进行判断和排序，并且敢于淘汰。胥喆（2019）指出要建立核心科技人才的可持续激励机制，探索建立进退有序、动态调整的核心员工跟投平台，以及技术成果协议转让机制、技术成果转化收益奖励等激励模式，进一步丰富、健全中长期激励方式，通过目标精准、导向明确的激励机制，激发核心人才持续干事创业的动能。张修现（2019）以河南省为例，提出科技人才的激励应遵循以下原则：不断满足科技人才合理需求原则，从各个方面掌握科技人才的真正需求，制定相应的激励政策并根据实际情况的变化对激励的形式和内容随时进行调整；科学性与实用性兼备原则，不仅对科技人才群体具有激励作用，还可以带动单位所有工作人员，起到整体性作用；物质激励与精神激励相结合原则，科技人才的需求既有物质层面的也有精神层面的。物质激励能够调动其积极性、创造性和主动性，提高其生活质量、社会地位及社会存在感，精神激励更能激发科技人才对单位的归属感和认同感；适时和适度原则，在激励过程中，可以根据具体问题综合运用事前激励、事中激励、事后激励、及时激励、延时激励等方式，以取得更好的激励效果。

3. 激励机制模式、构成因素方面研究

李国杰（2006）对我国现行人才激励机制存在的问题与对策进行研究，提出薪酬激励、参与激励、目标激励、绩效考评激励、培训激励等五种激励模式。宋歆炜（2010）提出公益性科研院所科研人员激励因素量表可分为成长激励、薪酬激励、工作激励、组织激励、团队激励五个维度，并强调针对不同特性的科研人员要有不同的激励重点。艾树（2012）通过对青年科技人才需求特征研究，提出前 4 个重要的激励因素为：个人发展空间、研究氛围、团队科研项目和经济收入。赵志伟、李亚红（2018）通过研究指出，对于科研人才激励机制，在实施过程中主要包括三个方面的内容：科研项目激励，是发挥项目人员的积极性、创造性和主观能动性的关键，项目顺利进行的有力保障；知识产权激励，对推动科技技术进步，强化科技管理能力，调动广大科技人员的创新积极性和工作热情有至关重要的作用；核心技术人员晋升渠道，职称、职务的晋升意味着给予核心技术人员在内部更受重视，它所带来的激励作用要远大于薪酬、福利等方面的激励。郑康、郑月波（2019）通过研究提出农业科技创新型人才激励机制构建的思路主要包括创新农业科技创新型人才工作理念、创新农业科技创新型人才培养机制、完善农业创新型人才的评价机制、完善农业科技创新型人才的创新机制四个方面的内容。杨静（2018）提出在农业科研人才激励机制的构建过程中，关键需要提高科技人才的薪酬待遇方式来激励科研人员和制度保证来激发科技人员的创新活力。

从现有研究成果可以看出，学者们对科技人才的激励研究集中在开发型或企业性质的科研院所科技人才上，而且大多从宏观角度出发，原则、理论为主，实践为辅。

第二节　评价方式研究

关于人才评价的方式，中共中央办公厅出台的《关于分类推进人才评价机制改革的指导意见》（以下简称《意见》）中提出建立以同行评价为基础，引入社会评价与市场评价的评价机制，发挥多元评价主体作用，丰富评价手段，科学灵活采用考试、评审、考评结合、考核认定、个人述职、面试答辩、实践操作、业绩展示等不同方式，提高评价的针对性和精准性。《意见》指出，要加快改革科技人才评价，实行代表性成果评价，突出评价研究成果质量、原创价值和对经济社会发展实际贡献，注重个人评价与团队评价相结合。适应科技协同创新和跨学科、跨领域发展等特点，进一步完善科技创新团队评价办法，实行以合作解决重大科技问题为重点的整体性评价。

陈伟峰（2018）在《基于社会竞争力视角的人才评价机制改革探索》中提出，人才评价是一门系统性科学，涉及行业多，专业跨度大，需要同时具备统计、心理、管理、行为和岗位专业技术领域等方面的专业知识，对评价主体的专业水平、整体素质和经验累积等有较高需求，因而需要多元评价主体。陈伟峰（2018）对多元评价主体做了阐述，认为多元评价主体是以专业团队、用人单位为主，由行政部门、市场、行业协会共同参与的。以专业团队、用人单位为主，可以体现对专业意见的尊重；行政部门、市场、行业协会共同参与，则体现了市场经济原则和人才评价实效导向原则。

《意见》提出，对不同类型人才要采用不同的评价方式。例如，基础研究人才以同行学术评价为主，应用研究和技术开发人才应该突出市场评价，教学人才突出教学评价，医疗卫生人才突出临床实践评价，农业人才突出引领农民致富评价，技能人才突出工匠精神评价等。在一些重点领域，人才的评价需要更加细致地进行科学分类评价。例如，评价哲学社会科学和文化艺术人才，需要根据人文科学、社会科学、文化艺术等不同学科领域，理论研究、应用对策研究、艺术表演创作等不同类型，对其人才实行分类评价；评价教育人才坚持分类指导和分层次评价相结合，根据不同类型层级的学校、不同岗位教师的职责特点，分类分层次分学科设置评价内容和评价方式；评价创新技术技能人才需要坚持职业能力考核和工作业绩评价、专业评价和企业认可相结合的原则，完善职业资格评价、职业技能等级认定、专项职业能力考核等多元化评价方式，做好评价结果有机衔接。

孙寅生（2019）在《释放人才科学评价的正能量》中提出，在对人才进行评价的时候，要坚持客观公正、公开透明，制定公平的评价规则，规范评价的各个环节，实行“阳光下的评审”，恪守纪律和程序，要积极推行同行评价，并引入国际评价，同时推行评价公示制度，加强对评价过程的监督管理，进一步提高人才评价的公开性和开放性，保证评价工作的独立性和公正性，确保评价结果的科学性和客观性。

赵灵翡、郎丽华（2019）在《高校国际化人才评价体系构建探索—基于AHP模糊综合评判法和主成分分析法的对比研究》中，提出使用AHP方法（层次分析法）并与模糊综合评价法相结合，通过AHP建立了一个综合性、系统性的递阶层次评价体系，依据专家打分为每一个指标赋予权重，获得评价体系指标的权重排序；对调研数据进行处理，并对单项结果赋予权重，计算出评价排名，分析排序结构，模糊综合评价现状。

需要注意的是，对于科研人才评价不是对抽象的人进行评价，而是对具体的科技人才在整个活动中所表现出来的综合素质对照岗位要求进行评价。目前学术界对于科研人才的评价方式较多，根据评价性质的不同，主要有分为定性评估、定量评估、定性与定量相结合评估三种评估方式。

俞立平、潘云涛（2010）在《一种新的客观赋权科技评价方法—独立信息数据波动赋权法DIDF》中指出，定性评价主要是同行评议等方法，定量评价包括单一指标评价与多属性评价两大类。单一指标评价，包括简单指标评价（如CNKI文献量、专利申请量等）和复合指标评价（如H指数、AR指数等）；多属性评价过程中，各评价指标对应着不同的权重，其取值是否合理直接影响着评价结果的科学合理性，包括模糊综合评价法、因子分析法等评价方法。在具体的操作中，学界根据不同的人才评价理论，主要提出了四种科研人才的评价方式，具体如下：

第一种是通过文献计量学的方法来评价科研人才。

邱均平（1988）在《文献计量学》一书中，认为文献计量学是以文献体系和文献计量特征为研究对象，采用数学、统计学等的计量方法，研究文献情报的分布结构、数量关系、变化规律和定量管理，进而探讨科学技术的某些结构、特征和规律的一门学科。使用文献计量学对科研人才进行评价是一种较为普遍的评价方式。邱均平（2007）在《文献计量学在人才评价中应用的新探索—以“h指数”为方法》一文中运用“h指数”对科研人才的绩效进行评价。h指数是一项旨在评价科学家个人绩效的指标，是一个非常简单并且易于理解的复合指标。科研人才发表论文的数量和论文被引的频次本身包含了很多有用的信息，从这些信息中可以获得科学家 n 年发表的论文数量、每篇论文的被引次数。h 指数的定义是一个科学家的分值为 h，不失为一种人才评价的方法。但 h 指数也存在着一定的局限性，正如邱均平在文中所指出的，h 指数基于长期的观察，是累积指标，能测度科研人才的持久绩效，单纯论文数量的增长对该指标不会产生直接的影响，局部的引文增长却可能带来 h 指数的较大变化，从而导致部分曾经有过成就的科学家，可以坐享其成地看到 h 指数的增长。

刘永（2007）在《科研人才评价研究综述》中指出，文献计量学方法是一种定量的评价方式，以科研人才已发表文献被引次数以及排名为依据来对科研人才学术地位和影响进行评价。文献计量学方法有一定的评价标准，易于对“量”进行测量，虽然这种评价方式目前被我国众多高校、科研院所广泛应用，但是存在一定的局限性。

贺德方（2005）在《基于知识网络的科技人才动态评价模式研究》一文中指出，发表文献的被引次数及被引次数在学者群体中的排名成为评价作者学术地位和影响的重要依据，在我国高校和研究所已被广泛应用，但其不可避免存在三点局限性。首先，由于学科特点的不同，不同学科的科研人员研究者人数、发表论文数量等指标有很大差别，只以发表论文数量或被引用率来评价科研人才并不全面。其次，期刊文献等记录存在滞后性，不能反映科研人员当前最新研究成果。最后，一些科研成果或技术创新由于保密等原因并未形成公开发表的文献。

国外学者较早也较多使用文献计量学的方法对科研人员进行评价。在澳大利亚、美国、匈牙利等国，文献计量作为同行评议的重要参考指标应用到学术机构的评价中。例如，澳大利亚研究理事会（Australian Research Council，ARC）采用合作机构的数量、获得横向资金的数量、作者合著和合作申请专利的次数等几个指标来评价学术研究的社会效益。有些外国学者根据网络环境的新变化，在文献计量学方法之下，积极引入网络计量学指标和替代计量学指标。

第二种是通过同行评议的方法来评价科研人才。

刘永（2007）在《科研人才评价研究综述》一文中指出，同行评议法是一种定性的评价科研人才的方法，可以作为审批项目、评价研究成果的主要方式，也是科技人才社会化评价的重要方法。虽然同行评议法自20世纪70年代起就作为我国科技人才评议采用的一种普遍方式，但是也存在一定的局限性。

王松梅（2005）在《我国科技人才评价中存在的问题及对策研究》中提出，由于同行评议基本都是寻找从事某一领域或接近该领域的专家进行的评审，从而导致了同行评议具有保守性，难以保留创新思想和不同观点，尤其是具有革命性的创新观点。在同行评议中还常常出现严重的违反社会规范的“越轨”行为：如同行专家中大同行多、小同行少、鉴定走过场，名人效应，名流免检，评语掺水，“权威”定音，自行预拟鉴定意见，为鉴定会设计，“实惠”等等。针对目前同行评议中存在的缺陷，为规避同行评议方法所带来的风险，她提出必须建立并完善参与评议专家的专家库，随机抽签产生评审专家，可以采取背靠背双盲评议法，力求使同行评议程序规范化，评议结果公开化。为了使科技人才评价的客观性最大化，评价结果最优化，在采用同行评议这种定性的评价方法时要结合定量评议。

刘益东（2015）在《开放式评价：替代同行评议的新方案》中指出，同行评价的根本缺陷在于同行评价是依据同行承认作为硬性标准，而忽视了同行承认的时效性，即只是从长时间尺度看同行承认才是硬通货，而在短时间内同行承认却有较大的不确定性、任意性和主观性，是一种封闭式评价。对此，他提出要以开放式评价法替代同行评议法。开放式评价面向包括同行在内的学术界与社会，规范展示参评成果，由同行专家、评估专家及相关专家共同组成评议组，用规范确认或依据其他程序进行评价，并公开评价程序和结论，其核心是“展示”“定位”“查新”“挑错”“荐优”“比较”“综合”七个要素。开放式评价可以做到客观公正，实现高效合理。开放式评价法可以替代同行评议，尤其适合评价问世不久的成果、评价问世不久的创新性成果，让优秀人才和一流人才及时胜出。

伍军红、汤丽云（2015）在《大数据支撑下的创新同行评议》中指出，传统的同行评议在选择评审专家时，组织者主要依靠熟人网络或规模较小的评审专家库进行遴选，并需建立在熟悉各位专家研究领域及专业水平的基础上，选择范围十分有限，不易遴选完全匹配的审稿人。在评议过程中，由于受到各种不利因素的影响，如审稿人的素质、制度性因素（审稿单等）、审稿方式、人情因素、年龄和阅历、稿件本身质量、编辑部所送稿件与审稿人专业接近程度等，评审人可能会偏离客观、公平、公正的原则。传统的同行评议在组织上通常以通讯评议或会议评议为主，评审过程成本较高且效率低下，并且容易被一些学术不端行为钻空子。对此，他们基于大数据时代的特征，提出利用大数据支撑创新同行评议。通过大数据平台分析建立学者与学科之间颗粒度很细的对应关系，再以学科为媒介，进而建立学者与学者之间的联系，准确构建虚拟的学术圈；大数据可为同行评议提供评议的参考信息，以约束专家的评议行为；在互联网时代，出现了很多采编平台，专家可以及时远程在线审稿，大大提高了期刊审稿的效率和质量，并且在同行评议平台上，期刊和机构在选择评审专家时可以不用过多关注其所处的国家和地域，仅仅考虑其学术水平及在本领域的威望就够了。

第三种是通过经济分析法来评价科研人才。

李思宏、罗瑾琏（2007）在《科技人才评价维度与方法进展》一文中指出，经济分析法综合考虑了“成本—效益”“投入—产出”因素对科研人才进行评价，是一种定量的评价方法，有助于理解科技投入与科技产出因素。但是在实际操作中，容易出现知识、技能等指标难以量化、科技投入与科技产出难以细分等问题。基于此，有部分学者提出了与经济分析法相类似的科研人才评价方法。

邱均平、朱少强（2006）在《“金牌优先”法则应用于科研人才评价的思考》中，从奥运金牌榜中获得灵感，提出了基于“金牌优先”法则的科研人才评价方法，即以一段时期内科研人员最高水平的著作等成果作为代表，评价其工作业绩和学术水平，而除此以外的其他要素，如工作是否勤勉、论著数量、课题级别和经费多少，只能在同等情况下作为“银牌”和“铜牌”来予以考虑。“金牌优先”法则符合科研人才评价的目的，以一段时期内科研人员最高水平的著作等成果作为代表，评价其学术水平和工作成绩，必然激励科研人员苦下功夫提高学术质量，从而纠正长期以来的“重数量轻质量”的倾向，扭转当前急功近利、盲目浮躁的学术风气；也决定了科研人才评价的内容十分明确，即主要是科研人员作出学术贡献的真实能力与水平；同时也符合人们的一贯认识和事物的固有规律，与经济学中所谓“边际效用递减”规律也极为相似，与刻意追求形式统一、操作简便，而毫不顾及内在差别的所谓“客观量化考核”相比，更能达到客观、公正的目的。

一些学者所持观点、态度与“金牌优先”法则不谋而合。中国社会科学院陈力丹（2003）教授认为，人文社会科学成果的评估，应只以论著本身作为评估对象，课题来源的级别、核心刊物与否、是否获奖、是否被媒体报道等，均不应与学术研究相关，不能作为评估依据，可以试行代表作评审制，发表的成果数量仅作为参考。中国社会科学院卜卫（2003）等人主持的一项关于社会科学成果价值评估的研究课题，最后确立的评价方法，也体现了“金牌优先”的法则：首先从程序上，论著的数量多少或取得的科研经费多少并未在考虑范围内，而是要求被评人员自己选三篇代表作提交学术委员会，根据其“代表作”的平均分和排序，作为科研质量或科研水平指标；其次在指标分数合成方面，若一项成果在多个方面有学术价值与贡献，则得分最高的那个方面在分数合成时起决定作用。

第四种是通过模糊综合评价法来评价科研人才。

阮小葭（2018）在《基于模糊综合评价法的高职院校科研团队建设评价》一文中提出，“模糊综合评价法是应用模糊数学对受到多种因素约束的事物或对象做出一个总体评价，具有结果清晰，系统性等的特点，能更好地解决模糊的、难以量化的问题，同时能对评价对象蕴藏信息呈现模糊性的资料作出比较科学、合理、贴近实际的量化。”模糊综合评价法是将定性和定量相结合来评价科研人才的一种方式，是一种相对较为科学严谨的评价方式。

北京高校新闻与文化传播研究会理事长铁铮（2018）指出，运用定性与定量相结合的评价方式时要处理好定性和定量的关系，能量化的尽量进行量化，避免主观性、片面性。对于难以量化的内容，则需要进行必要定性的分析和评价。凭感觉、凭印象，显然是不科学的，但只靠几个指标、用一张表打个分了事也是不负责的。刘永（2007）在《科研人才评价研究综述》一文中认为，由于科技人员的劳动复杂程度较高，难以全部量化，有些方面简单量化后，可能会失去一些重要信息；而很多方面也不能仅仅用“好”与“差”等一些定性概念来描述，它们之间都存在着一些“模糊”的性质。模糊综合评价法是一种将主观评价与客观评价相结合的评价方式，将各评价因素有机地结合起来，根据评价实际需要确定评价参数，不仅能全面地考虑整体指标，还有利于评价科技人才的特长与能力。

除了以上 4 种主流的科研人才评价方式，部分学者在继承的基础上大胆创新，还提出了其他一些科研人才评价的方法。

杨月坤（2018）在《创新型科技人才多元评价系统的构建与实施》中，就目前科研人员评价存在的问题提出了对创新型科研人才评价方法，认为既要注重参考和运用大数据、云计算等现代信息工具的分析手段应用于创新型科研人才评价，借助各种先进的评价模型和测评软件，逐步建立人才评价数据系统，以实现评价方法的科学化，提高人才评价的针对性和实效性。同时，又要强化评价机制设计，不断创新评价方式，根据评价对象的不同特点，坚持定性评价与定量评价相结合、当前评价和长远评价相补充、同行评价和社会评价相协调、过程评价与结果评价相衔接、个人评价与组织评价相配套，以解决评价方式的多样化问题，提高人才评价结果的科学性和公信力。

雷莉（2018）在《基于DEA和AHP方法的科技人才绩效评价》中提出了AHP（The Analytic Hierarchy Process的简称）和DEA（Data envelopment analysis的简称）的评价方法。AHP是指层次分析法，计算评价方法较为简单，可操作性较高，但其评价结果准确度不适用于精密评价过程。DEA是指数据包络分析法，运用DEA进行评价计算时，过程较为简便，无需设计AHP中需要用到的权重与指标，但其忽略了主观评价因素。因为AHP和DEA方法皆存在部分缺点，若将二者进行结合，可以有效提高科研人才的评价水平。因此，他提出在设计好科研人才评价的各项指标之后，利用AHP方法，将各级指标权重数值进行计算，并将加权平均算法融入其中，计算综合权重数值，随即将数据整理，运用极值算法促使数据标准化。然后利用DEA方法计算，并对数据进行观察，如果效率值为1的数目大于一个，则需利用DEA方法加强计算。将DEA与AHP方法进行结合，发挥出其优势，可有效构建准确且完善的评价模型与体系，实现科技人才评价的权威性与准确性。

王炼（2008）在《评价交叉科学研究人员的新思路》中认为，目前对科研人才的评价是基于学科分类的评价方法，即基于某一个学科对其进行评价的，但就整体而言不同研究和不同评价实践往往采用不同的学科分类标准，这就带来各研究和评价之间的可比性问题，并且基于学科分类的评价方法客观上有利于专业研究人员，而不利于交叉学科或研究领域较多、跨度较大的科研人才。对此，他提出了对涉及到交叉学科科研人才的评价时，引进学科扩散因子这一指标的评价方法，并将学科扩散因子与被引次数结合起来，可以将前者看作是影响的“广度”的反映，后者看作是影响的“深度”的反映。

国外学者在开展科研评价研究时多使用统计学方法，如双标图法、重心图等，使得研究结果更具说服力与可信度。当然，也有学者对采用统计学方法开展科研评价存在不同的看法，如 Jesper. W. Schneider（2013）在《Caveats，for using statistical significance tests in research assessments》中指出，研究评估中使用统计学方法存在不可避免的缺点，因此应谨慎使用。

第三节　人才分类研究

人力资源管理理论将各种职业工作者都看作是一种人才资源。由于社会分工的不同，以及受教育程度、社会环境等方面存在着千差万别，不同的职业工作者的工作内容、数量和质量必然存在差异。对不同的职业工作者进行评价时，如采用同一标准、同一尺度，不仅不公平，在实践层面也不可行。因此，对人才进行科学分类，不仅是开展科学评价工作的基础，也是评价工作实践的必然要求。

中共中央《关于分类推进人才评价机制改革的指导意见》中强调要实行分类评价，以职业属性和岗位要求为基础，健全科学的人才分类评价体系。根据不同职业、不同岗位、不同层次人才特点和职责，坚持共通性与特殊性、水平业绩与发展潜力、定性与定量评价相结合，分类建立健全涵盖品德、知识、能力、业绩和贡献等要素，科学合理、各有侧重的人才评价标准。2003 年《中共中央关于进一步加强人才工作的决定》将人才划分为党政人才、企业经营管理人才、专业技术人才三类。2010 年《国家中长期人才发展规划纲要》将人才划分为党政人才、企业经营管理人才队伍、专业技术人才、高技能人才、农村实用人才、社会工作人才六类。2016 年《关于深化人才发展体制机制改革的意见》将人才划分为九类，其将《国家中长期人才发展规划纲要》中的专业技术人才细分为战略科学家与创新型科技人才、哲学社会科学人才、基础研究人才、应用研究与技术开发人才。由此可见，国家不断加强人才分类工作，推动人才分类的科学化。可以说，人才的分类越来越受到党和国家层面的重视，人才的分类越来越细化、精准。

杨月坤（2018）在《创新型科技人才多元评价系统的构建与实施》中，从横向和纵向两个角度将人才分为两大类。第一类是根据人才进行实践的领域进行横向分类，其中按教育类别分为社会科学、自然科学、人文科学、工程与技术科学、农业科学、医药科学和其他科学 7 种类别人才；按产业和行业类别分为三大次产业 16 个行业人才；按依托环境类别分为体制内人才和体制外人才；按知识和技术应用类别分为工程技术领域人才和科研领域人才。第二类是根据人才进行实践的难度、复杂度和内在素质进行纵向分类，按才能高低和贡献大小分为杰出人才、领军人才、拔尖人才和一般人才；按人才成长过程分为准人才、潜在人才和显在人才；按人才年龄分为青年人才（35 周岁及以下）、中年人才（36~60 周岁）和老年人才（61 周岁以上）。

周晓新、全立云（2018）在《新时代国有企业人才分类评价体系构建与应用》中研究并列举了一些国有企业在人才分类上的做法，例如中国银行将人才分为经营管理人才、专业技术人才和技能人才，其中经营管理人才又分为初、中、高 3 个层级，专业技术人才分为初、中、高、资深和首席 5 个层级，技能人才分为 6 个层级。

上述分类是基于全社会各类人才层面而言。科技人员作为全社会人才资源中主要从事科技创新工作的一类人才，由于具体工作实践的不同，有必要对其作进一步的细化分类。目前，科技人员分类并没有统一的分类体系，往往会根据人们在实践中的不同需要采用不同的分类标准，从而形成不同的科研人员类型。2018 年中共中央办公厅、国务院办公厅出台的《关于分类推进人才评价机制改革的指导意见》中，将科技人才细分为基础研究人才、应用研究和应用开发人才、社会公益研究、科技管理服务和实验技术人才，对每一类科技人才的评价侧重点均按照“干什么，评什么”的原则提出了不同要求。目前，学术界主要从以下几个角度对科研人员进行分类。

第一，从科研人员主要从事的活动来分类。张雨鑫、吴小艳（2013）在《科技人才分型管理与经济运行》中，将科技人才划分为科技研究人才、技术研发人才、工程开发人才、产业化支撑人才和科技公共服务人才。

科技研究人才以发现和认识自然规律为己任，注重对科学原理的研究，其工作成果是进行一些科技活动的源泉，是科技创新的内在动力。

技术研发类人才一是为发展科技研究成果确定其可能用途，二是为达到某预定的、具体的目的而进行的技术探索。这类人才的工作成果直接作用于某具体领域、问题或情况，具有很强的实用性，是技术革新的动力。

工程开发类人才综合运用多种学科知识，直接对应工业生产，将技术系统运用于工业领域。

产业化支撑人才为产业发展过程中提供方向引导、技术支撑和服务等，能够促进产业结构调整优化、实现产业集聚，使产业成为经济发展强力引擎。

技术管理人才是各种科技人才从事科技活动的指挥者、调整者，他们的有效运筹，使科技活动系统进行，有逻辑，有阶段，有目标。

技术服务人才提供专业的中介服务，以国家和政府为主体，运用市场调节功能，以科技创新需求为导向，优化创新环境，加速科技成果产业化，这类人才的科技活动内容的调整影响了科技研究人才、技术研发人才、工程开发人才的产业选择，间接调整产业结构。

第二，从创新链理论来分类。冯雪（2017）在《河北省科技人才分类评价》一文中提出将科研人员划分为科技管理人才、基础研究型人才、产业化人才、产业支撑人才，并对这四类科技人员的划分标准进行了一一阐述。

科技管理人才本身应当是复合型人才，既进行科研管理，也进行科学研究，对该类人才的评价是科研管理能力和科学研究能力的综合评价。

基础研究型人才是科技创新的智力支持，这类人才大多学历较高，能够综合运用自身的理论知识进行理论探索。这类人才的评价较为客观，目前已经形成了较为成熟的评价体系。

产业化人才是指将基础研究型人才的研究成果进行产业化生产的人才。这类人才一方面要有理论知识支撑，另一方面也要有高技术才能够将科学研究应用于生产。这类人才需要从申报专利数量、论文著作情况、参与项目情况、工程组织能力等方面进行多维评价。

产业支撑人才是指将产品生产并推向市场的人才。这类人才需要综合能力，有多个评价维度，如市场敏感度、参与项目情况、创业实践能力、市场意识、营销能力等。

第三，从科教融合的角度来划分。张连和（2018）在《基于科教融合的新型科研机构人才分类评价研究》中提出在科教融合背景下的科研人员，既承担教书育人的使命，还要服务区域经济社会发展。因此，他依据科技人才在教学科研不同环节中的使命，以及各类科技人才的特长，把科研人才分为教学型人才、教学科研综合型人才、科研型人才、创新创业型人才这四类。

教学型人才以教学为主要任务，充分发挥其教学经验足、学生满意度高、知识传播能力强等优势，承担在校学生的课程讲授。

教学科研综合型人才既具备丰富的教学经验和能力，同时对开展相关科学研究、承担横纵向课题研究任务具有浓厚的兴趣和能力，两者能够兼顾。

科研型人才是以开展基础研究与应用研究为主，能够探索科技活动中的逻辑规律，在新发现、新产品与新结构等方面有所突破和收获的研究人员。

创新创业型人才是以将科研成果应用到实践中为核心，能够广泛开展成果转化，产生一定的经济效益，或者具有创办科技型企业的能力，形成自主知识产权成果的科技人才。

此外，还有一些学者从科技人员的参与程度将科技人员划分为核心人才、延伸人才和潜在人才。核心人才是指从事科学技术研究的个人及其团队，包括科学技术领域的学者、专家、项目负责人等；延伸人才是指为科学技术传送、促进、传播和应用活动进行协调和服务的人；潜在人才是指已具备一定素质，准备进入科学技术领域成为核心人才和延伸人才的人才。

党的十九大报告基于国家创新体系建设，将科技人员划分为战略科技人才、科技领军人才和青年科技人才。李乃胜（2018）在《把握战略科技人才特质 为建设科技强国造就优质人才》中对战略科技人才进行了科学的解释：具有鲜明的国家民族意识，具有文理兼通的知识积淀，具有良好的战略思维习惯，从事重大战略问题研究，讨论国计民生的重大科学问题，关心未来科技人才的培育，探索可持续发展的共性紧迫问题，追求国家科技事业的发展、科技创新能力的提升和未来领跑世界的可能性。这些战略科技人才有思想、有情怀、有责任、有担当，能够坚守国家意识、科学精神、人民宗旨，自觉将科技事业融入民族振兴的伟大事业中。

韩文玲、陈卓（2011）在《关于科技领军人才的概念、特征和培养措施研究》中提出，科技领军人才专指高科技领域，如在信息技术、生物技术、环保技术、航空航天技术、新材料技术等自然科学和技术领域，能够紧跟国际最新发展，具有原始创新能力的高端技术专家。科技领军人才首先是学有专长、术有专攻的学科带头人，对科技项目具有“专”与“博”两方面的知识，并熟悉所选定的方向和目标，有很强的预见能力；既要善于沟通，也能“领兵打仗”，既会分工布阵，也会统领出击；正处于风华正茂、思维敏捷的时期；必须具有跨学科、多学科、大尺度的融合性学习能力；要有较高的文化艺术修养；要有“十年磨一剑”的毅力。

梁瑞瑞（2019）在《浅谈科研院所青年科技人才的激励机制》中认为，青年科技人才是指科技人才队伍中较年轻的，主要是指45岁以下的具有扎实专业知识和科技才能，且长期参与科学研究工作，为科学技术研究发展有贡献作用、产生一定社会价值的科技人才。青年科技人才队伍的主要特征是受过高等教育、具有较强研究能力和拥有一定相关科研经验，并且注重学习交流和科研合作。

基于以上对于科技人员的不同划分，部分学者对从事农业科研的科研人员的分类开展了更加具体的研究。吴孔明（2014）院士在接受《科学》杂志采访中提出，农业科学人才分两种，一种是搞基础研究的，在实验室里就能做出成果来，可以以发表论文为主；另一种是从事应用技术研究的人才，要根据产业的需要，服务生产一线，应该以专利、社会效益、成果应用规模来评价。从事应用技术研究的农业科学人才不应该把论文看得太重，应几十年如一日，更多地出现在田间地头，到野外搞研究。

孙洪武（2019）在《分类评价解放农业科研人才》中指出，对于农业科研人员，要根据其职业特点，按照工作属性和岗位要求进行科学分类，可将农业科技人才分为科技创新类、科技服务类、科技管理类和科技支撑类四类。他认为这四类农业科技人员的工作都有所侧重，科技创新类人才重点在解决重大科学问题并形成标志性成果、产生经济和社会影响力，淡化论文数量要求，推行代表作制度；科技服务类人才，重点在于立足农业生产和实践，推广新技术，转化新品种，产生经济效益、挽回经济损失；科技管理和科技支撑人才重点评价其在科技管理理论、实务层面的创新举措，将能体现系统性、先进性的调研报告或工作方案以及服务对象的评价作为主要评价指标。在对上述四类人员开展专业技术职称评审时，要突出四类人员职称评审条件的差异性和内在关联，注重每一类别之间指标的递进关系，按照从直接认定、破格、正常晋升递减难度设计指标，以名次、等级、数量三个变量调整不同具体指标的难度系数；区分晋升年限，坚持以科技创新和科技服务为主体，适当延长科技管理和科技支撑的职称申报时间。

武忠远（2006）在《关于农业科技人才分类的探讨》一文中提出，农业科研人员依据其所从事工作的实际情况，并考虑其学历状况，可将农业科技人员划分为农业科技理论研究人才、农业科技推广人才和农业科技实用人才。他认为农业科技理论研究人才包括农业科学基础理论研究、应用研究及技术创新研究方面的专门人才，这类人才主要集中在农业院校及科研院所，他们是农业科技创新的主力军，其主要时间和精力用于研究工作。农业科技理论研究人才一般要具有大学本科及以上学历或相当于大学本科及以上的学历，且从发展的趋势看，从事农业科技理论研究人员的学历要求将越来越高。农业科技推广人才主要指省级以下研究所、技术服务中心、技术推广站及一些中介机构中专门从事农业科技推广的人员和有可能进入上述机构的潜在的农业科技推广人员。农业科技推广人员要求具有大专及以上的学历或相当于大专及以上的学历，从发展的趋势看，农业科技推广人员的学历要求也在不断提高。农业科技实用人才主要指的是具有中等及以上文化程度或学历的、运用农业科技发展生产的农业从业人员。在我国，这部分人才绝大多数是农民。我国的农业人口数量较多，潜在的农业科技实用人才资源十分丰富，加强潜在农业科技实用人才的开发工作，是提升我国农业科技应用水平的关键所在。

第四节　评价标准研究

2018 年 2 月出台的《关于分类推进人才评价机制改革的指导意见》中强调要按照不同职业、不同岗位、不同层次人才的特点和职责，建立各有侧重的人才评价标准，实行差别化评价。按照这一指导意见，各地区结果本地区的实际情况，在细化分类评价标准上进行了大量有益的探索。

在《湖南省推进六类重点领域人才评价机制改革》的实施方案中明确了以下 6 类人才的评价标准：对于科技人才，要建立健全以科研诚信为基础，以创新能力、质量、贡献、绩效为导向的科技人才评价标准；对于哲学社会科学，要坚持德艺双馨，做到思想水平、业务水平、道德水平相统一，建立健全中国特色的哲学社会科学人才评价标准；对于教育人才，要坚持立德树人，把教书育人作为教育人才评价核心内容，分类建立高校、职业院校、中小学专业技术人才评价标准；对于医疗卫生人才，要完善涵盖医德医风、临床实践、科研带教、公共卫生服务等要素的评价指标体系，建立符合全科医生岗位特点的评价机制和基层医疗卫生人才评价机制；对于技术技能人才，健全以职业能力为导向、以工作业绩为重点、注重职业道德和知识水平的技能人才评价标准；对于社会人才，要建立与产业发展需求、经济结构相适应的企业人才评价机制，健全企业经营管理人才评价体系，建立社会化的职业经理人评价制度，建立完善社会工作专业人才职业水平评价制度。

北京高校新闻与文化传播研究会理事长铁铮（2018）指出，对于大学内部同一职业类型，实行统一的评价标准，而对于不同岗位则应有不同的要求，按照现代大学组织结构中不同职业类型和岗位职能、特点以及专业要求，区分不同类型、不同层次的人才，确定不同的评价重点，制定不同的评价指标体系，分别进行评价，实现人才评价的专业化取向。

2018 年 7 月中共中央办公厅、国务院办公厅印发的《关于深化项目评审、人才评价、机构评估改革的意见》中指出，要科学设立人才评价指标，突出品德、能力、业绩导向，克服唯论文、唯职称、唯学历、唯奖项倾向，推行代表作评价制度，注重标志性成果的质量、贡献、影响。把学科领域活跃度和影响力、重要学术组织或期刊任职、研发成果原创性、成果转化效益、科技服务满意度等作为重要评价指标。在对社会公益性研究、应用技术开发等类型科研人才的评价中，SCI（科学引文索引）和核心期刊论文发表数量、论文引用榜单和影响因子排名等仅作为评价参考。注重个人评价与团队评价相结合，尊重和认可团队所有参与者的实际贡献。引进海外人才要加强对其海外教育和科研经历的调查验证，不把教育、工作背景简单等同于科研水平。探索对特殊人才采取特殊评价标准。对承担国防重大工程任务的人才可采用有针对性的评价措施，对国防科技涉密领域人才评价开辟特殊通道。

对于科研人员评价标准问题的研究，目前学术界已经有了一定的研究基础，但并没有形成较为统一的评价标准。

李思宏、罗瑾琏（2007）在《科技人才评价维度与方法进展》中提出，对科技人才的评价集中在科研绩效评价和科技人才自身评价两个方面，而且单一维度的评价指标已被多维度、多层次评价指标体系代替。他认为，科技绩效评价反映科技人才在科学技术领域取得的工作成绩和获得的工作积累；科技人才（团队）自身评价内容应从价值观、道德、人格、团队、自我发展和推动五个方面进行分解。

杨月坤、路楠（2019）在《基于知识价值的创新型科技人才评价模型构建》一文中，基于胜任力模型理论和知识价值理论，提出了创新型科技人才知识价值“三位一体”评价模型，也就是集隐性知识价值（职业道德）维度、显性知识价值（能力素质）维度和流通知识价值（业绩贡献）维度为一体的评价模型。其中隐性知识价值（职业道德）维度包括了科研人员的职业规范、责任诚信和科学品质，显性知识价值（能力素质）维度包括了科研人员心理素质、知识创新和社会实践，流通知识价值（业绩贡献）维度包括了科研人员绩效成果和效益转化。通过调查研究，他们把职业道德、能力素质和业绩贡献作为科技人才评价指标体系的一级指标。职业道德是对科技人才道德素质的本质要求，具体指创新型科技人才应具有良好的职业操守，自觉遵守社会公德和职业道德，勇担责任和风险，既具有实事求是和开拓创新的科研精神，又有百折不挠的意志力和耐受力。能力素质是科技人才个人发展和事业成功的关键影响因素，也是科技人才区别于其他普通劳动者的核心素质。业绩贡献反映了科技人才的整体科研能力和成果转化能力。在现实中，业绩贡献通常被认为是衡量成果转化类创新型科技人才的重要指标。这三个一级指标与知识价值“三位一体”评价模型存在相应的映射关系，即“隐性知识价值”映射“职业道德”“显性知识价值”映射“能力素质”“流通知识价值”映射“业绩贡献”。

赵伟、林芬芬（2012）在《创新型科技人才评价理论模型的构建》中，同样基于胜任力理论，并结合已有的人才评价指标体系，提出了创新型科技人才评价冰山模型，主要包括创新知识、创新技能、影响力、创新能力、创新动力、管理能力六大要素。创新知识是指被人们所理解、吸收并以文字、数字等来表达的客观且形式化的知识。创新技能主要是指运用一定的知识技能和已有的实践经验来实现技术创新的技巧或能力，并主要从申请和拥有专利等知识产权，以及知识产权的实际应用转化效果的角度进行评价。影响力一般是指使用一种为别人所乐于接受的方式，改变他人思想和行动的能力，主要从其学术影响力角度来反映，包括同行认可、学术交流、荣誉奖励等方面。创新能力是指人们在日常工作生活中发现新问题、提出新的解决方案或者新思想，通过一定方法创造新事物的能力。创新动力包括内部动力和外部动力，内部动力主要是通过对工作的热爱、工作的挑战性和趣味性等因素来激发个体的工作欲望，外部动力主要是通过薪酬、市场效应等与工作结果相关的因素而形成个体的工作欲望。管理能力是指负责为团队提供指导，为团队制定长远目标，在适当的时候代表团队处理与组织内其他部门关系的角色。在上述六大要素中，前三种要素有利于对科研人员开展客观量化评价，后三种要素侧重于考察科研人员的内在素质和心理因素。

陈艾华（2008）在《创新型工程科技人才的特征与培养途径》中指出，创新型工程科技人才应具有合理的知识结构、良好的专业素质和较强的综合能力，其中专业素质包括专业知识、专业技术、专业能力和专业态度，综合能力包括自我学习能力、实践能力、创新能力、社会适应能力、整合能力和竞争能力。

廖志豪（2010）在《创新型科技人才素质模型构建研究——基于对 87 名创新型科技人才的实证调查》中，通过对 87 名创新科技人才进行调研，探索性地构建了创新型科技人才素质模型，其中包括了知识要素、思维要素、个性要素、能力要素四大要素。科技创新需要充分的知识作为支撑，知识要素是形成创造力的前提，没有宽厚的知识功底与合理的知识结构，就难以进行转化和重新整合从而形成新的创新的知识体系。思维要素是与科技创新密切相关的核心素质。它是科技人才在创新实践过程中，通过选择、突破和重新建构已有的知识、经验和信息，以新的认知模式把握事物发展的内在本质和规律而运用的多种思维方式所构成的体系。个性要素是科技创新型人才的创新精神和创新意识的集中体现，是推进创新进程的动力之源。能力要素与思维要素、人格要素密切相关，在一定意义上可以说是思维要素、人格要素的外化和体现，在实现科技创新过程中发挥重要的机制作用。

连娜（2018）在《科研院所科技人才综合指标评价体系建设研究》中提出，要建立一套科学的、具有可操作性的科技人才综合评价体系，设立三个一级指标，分别为：基本素质、学术水平、科研业绩。在学术水平下设立了学术造诣、专业技能两个二级指标，在科研业绩下设立了科研课题、成果专利、论文论著三个二级指标，在二级指标下又分别设立了细化的三级指标，并且每一级的每个指标都占有不同的权重。经过对各个指标进行科学计算，能够综合全面反映科技人才的基本素质、学术水平、科研业绩等。

此外，一些学者对国外有关科研人员的评价标准进行了研究，以期总结国外的先进经验，为我国建立起完善且有效的科研人员评价标准提供借鉴。方阳春、贾丹（2016）在《科技人才任职资格评价标准及方法研究：基于国内外先进经验的借鉴》中总结了美国、英国、德国等国的科研人员评价标准，其中，英国科技人才评价标准主要参照“国家职业资格证书制度”，它是以国家职业标准为导向，以实际工作表现为考评依据的新型职业资格证书制度。这个等级制度要求科研人员应当具有分析能力、实践能力、专业技能知识、责任感与个人自主权。德国科技人才评价标准包含专业技能知识、团队合作、实践经验、商务与管理能力、人际交往与沟通能力、终生学习能力等要素。

在对农业科研人才评价标准的研究上，郭婷、程金花（2018）在《基于因子分析的农业科技人才评价指标体系研究》中基于因子分析法的客观赋权，构建了农业科技人才的评价指标体系，包括学术生产力、学术影响力、学术卓越性、学术创新力 4 类，构建了囊括文献量、引证指数、影响因子、荣誉称号数、获奖数、基金数等 44 个指标，最后通过加权计算对农业科技人才进行综合评价。因子分析法是在综合评价方法中应用较为普遍的一种方法，因子分析法是从研究变量内部相关的依赖关系出发，把一些具有错综复杂关系的变量归结为少数几个综合因子的一种多变量统计分析方法，其目的在于用少数几个因子去描述许多指标或因素之间的联系，即将相关比较密切的几个变量归在同一类中，每一类变量就成为一个因子，以较少的几个因子反映原资料的大部分信息。

林海明、刘照德（2019）在《因子分析综合评价应该注意的问题》中指出，因子分析法的优点在于因子之间不相关，每个因子中都能反映变量之间的关系，有助于更客观地描述多个变量对样品的联系性影响，因子方差贡献率生成的信息量权数，比人为确定权数工作量少些，有助于提高客观性。

郑康、郑月波（2019）在《农业科技创新型人才激励机制构建研究》中提出，在对农业科技人才评价中，要注重加强对农业科技创新型人才的科研质量、创新能力和创新成果应用的评价，积极构建按岗评价、按农业科技创新成果的转化率评价、按项目管理水平评价、按服务农业实际成效评价、按农民满意程度评价等多维度评价农业科技创新型人才的评价标准。

李剑蓓、冯锐（2015）在《对农业科技人才科学评价的思考》中指出，评价标准的科学性是衡量人才评价是否科学有效的重要标志，直接影响人才评价的效度和信度，所以制定评价标准要注重针对性，对于不同类型的农业科技人才，确立不同的评价标准。例如，科学研究类人才应以科技创新为主要工作目标，将项目、论文、奖项和品种作为主要评价指标；技术服务类人才以解决生产中的关键技术问题为主要工作目标，将项目、奖项、标准和专利作为主要评价指标；推广类人才以成果转化推广应用为主要工作目标，将转化效益、奖项和推广面积作为主要评价指标。

杨建军、单丽丽（2014）在《农业科技创新性人才激励与评价的分析思考》中提出，要根据不同领域、不同类型的人才特征，针对科学研究、技术推广、行政管理、保障支持、科辅工勤、企业等各类人员，建立分类管理和符合创新人才发展规律的多元化考核评价体系。

第二章　评价政策制度分析

第一节　现行人才评价实践分析

为直观了解当前我国农业科技人才评价的主要做法，查找评价工作实践中存在的不足，探索总结人才评价规律，本节主要对国内部分农业高校和科研机构有关人才评价实践中的具体制度和做法进行分析。

一、取　样

收集湖南农业大学、华南农业大学、江苏省农科院、中国农业科学院、云南农业大学、广东省农科院等多个农业高等院校和农业科研机构的有关人才评价制度，合计28份。具体制度清单如下。

湖南农业大学：①《湖南农业大学专业技术职务评聘实施办法》；②《湖南农业大学博士后管理工作实施办法》；③《湖南农业大学拔尖人才实施办法》；④《湖南农业大学人才引进实施办法》。

华南农业大学：①《华南农业大学青年教授副教授聘用办法》；②《华南农业大学校内聘用教授遴选办法》；③《华南农业大学专业技术职务评审办法》。

江苏省农科院：①《江苏省农科院经济作物所专业技术八级至十三级岗位工作职责和聘用要求》；②《江苏省农业科研系列专业技术资格条件》；③《关于进一步加强人才队伍建设的意见》；④《关于进一步将强青年拔尖人才培养的实施意见》；⑤《江苏省农科院2010—2015年科技创新人才发展纲要》；⑥《江苏省农科院三级重点人才建设实施方案》；⑦《江苏省农科院年

度考评实施办法》（纸质版）。

云南农业大学：①《优秀中青年教师职称评审特别规定》；②《云南农业大学教师专业技术职务评审办法》。

广东省农业科学院：①《广东省农业科学院人才引进与管理暂行办法》；②《广东省农业科学院优秀中青年人才培养暂行办法》。

中国农业科学院：①《中国农业科学院柔性人才引进办法》；②《中国农业科学院“青年英才计划”管理办法》。

海南大学：①《海南大学国际人才、高层次人才直接认定高级职称暂行办法》；②《海南大学专业技术资格评审办法（试行）》；③《海南大学高校教师专业技术资格条件（暂行）》。

华中农业大学：①《华中农业大学各级各类人才平台主要支持政策与申报基本条件》；②《华中农业大学讲座教授岗位聘任暂行办法》；③《华中农业大学引进海外高层次人才实施办法》；④《华中农业大学人才引进暂行办法（修订）》。

其他：《云南省高等学校教师职称评审条件》。

二、主要方法

按照人才评价的各要素对上述 28 份制度进行梳理，主要包括评价主体、评价对象、评价内容、评价作用、评价方法、评价时期、主要评价环节，专家构成、评价周期等。其中，评价方法是指采用的主要评价方法，包括定性评价、定量评价、定性与定量相结合；评价时期是指事前评价、事中评价、事后评价，以及不同时期的评价相结合；专家构成是指专家的组织遴选过程以及评审专家的构成情况。在此基础上构建分析数据库，对相关内容进行定量的统计分析。按照定量统计分析结果，可以较容易地找出不同涉农科研院所和高等院校在人才评价实践中的“共性”内容，即各个涉农科研院所和高等院校在人才评价实践中的相近做法，或者说是不同涉农科研院所和高等院校采用得较为普遍的评价方法。通过对涉农科研院所和高等院校采用的较为普遍评价方法的优缺点进行分析后，提出有针对性的改进完善意见建议，可以对人才评价实践提供重要的参考。

三、定量分析

1. 分析方法

通过对上述涉农科研院所和高等院校 28 份人才评价制度进行初步分析，我们选取了 8 项相对较受关注的内容作为评价要素，进一步分析。这 8 项评价要素分别是评价内容、评价目的、评价方法、专家遴选程序、专家构成、专家评议方式、结果应用、对外语的要求。在具体分析时，根据农业科技人才的评价内容，再将每一项评价要素细化为数量不等的评价指标。为了以定量的方式进行统计分析，使分析结果更为直观，我们假定上述 28 份评价制度中，如果涉及到某一项具体的评价指标，则标记为“1”，代表着某一项具体评价指标出现的次数为 1 次。

2. 主要分析结果

（1）评价内容。在评价实践中，一般而言，农业科技人才的“评价内容”主要包括“研究质量与学术水平”“成果转移转化”“产出成果与影响”“学术地位与影响”等几项评价指标。

通过定量统计分析，上述 28 项人才评价制度中，各项评价指标出现次数见图 2-1 所示。

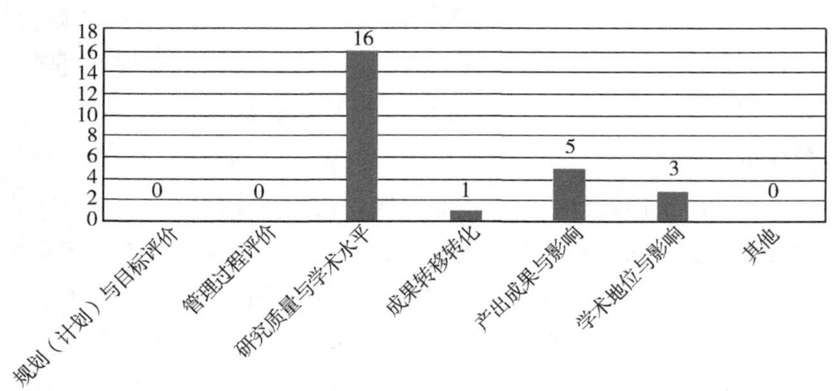

图 2-1　不同评价内容出现次数

从图 2-1 可以看出，“研究质量与学术水平”涉及的次数最多，为 16 份；

“产出成果与影响”次之，为 5 份；其他依次为“学术地位与影响”“成果转移转化”。不难看出，在上述涉农科研院所和高等院校中，在对农业科技人才进行评价时，主要关注的是人才的学术水平、学术地位与研究影响等内容。需要说明的是，在分析中评价内容出现次数总和小于总分析样本数 28，是由于一些人才评价制度中并未具体明确有关的评价指标。对于此类情况，我们视同为该项评价指标未出现，不对其进行统计分析，以下其他评价要素分析也采用同一做法。

（2）评价目的。就人才评价目的而言，一般的农业科技人才评价目的主要有“规范管理、激励/鼓励、选拔和培养人才、遴选项目”等。从图 2-2 中可以看出，在我们分析的人才评价制度中，大多数涉农科研院所和高等院校的人生评价目的聚焦于“激励/鼓励”和“选拔和培养人才”。其中，超过一半（18 份）的人才评价目的都涉及“选拔和培养人次”，其次是“激励/鼓励”，共有 8 份涉及。此外，仅有少数涉及“规范管理”，而“遴选项目”没有涉及。

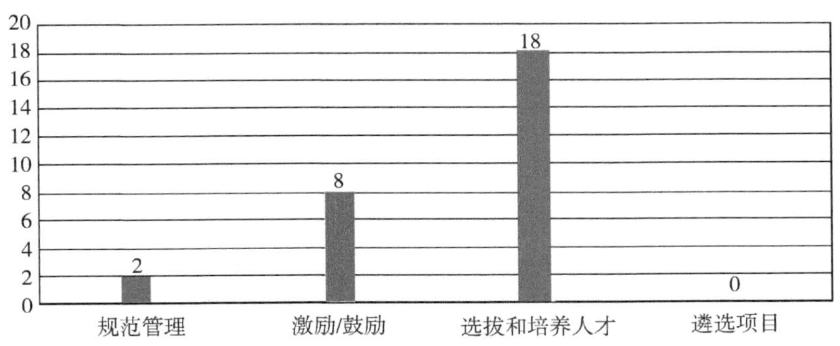

图 2-2　不同评价作用出现次数

（3）评价方法。科技人才评价的方法主要分为“定性评价”和“定性与定量相结合”。从图 2-3 可以看出，在对不同涉农科研院所和高等院校采用的人才评价方法中，采用定性评价方法的涉及 23 份，采用定性与定量相结合评价方法的涉及 5 份，也就是说，上述有关单位农业科技人才评价实践中，主要采用了定性评价为主。

（4）专家遴选程序。在开展人才评价的专家遴选方式上，主要有“被评对象或所在单位推荐”“主管部门确定”两种方式。其中，有 13 个制度中明确由主管部门确定评价的专家，有 3 个制度则规定由被评对象或所在单位推荐评价的专家（图 2–4）。

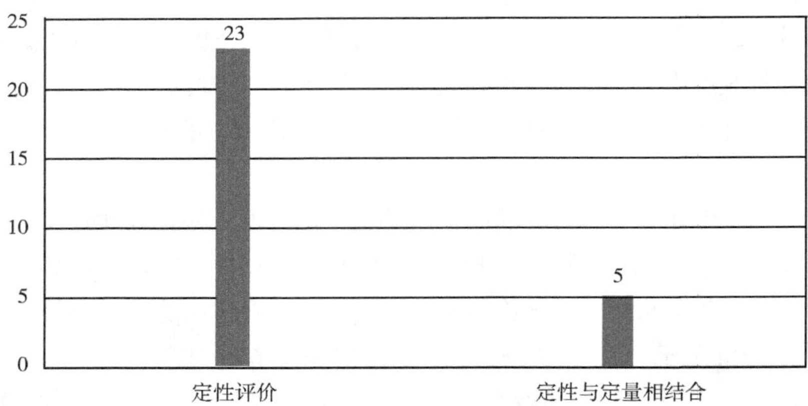

图 2–3　不同评价方法出现次数

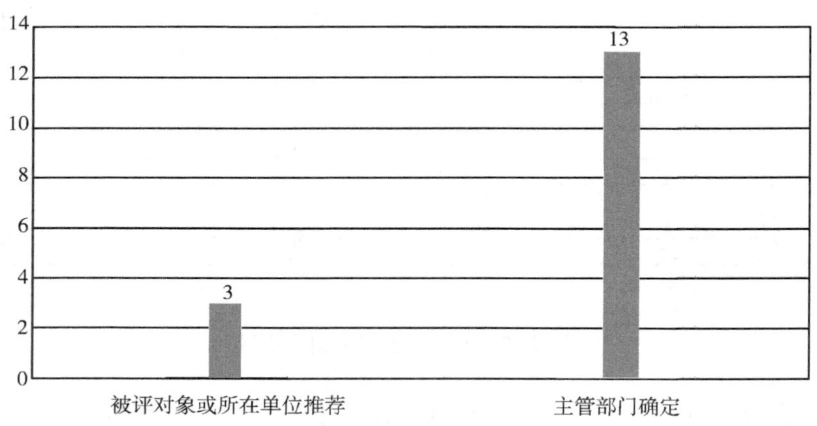

图 2–4　不同专家遴选程序出现次数

（5）专家构成。在以定性评价为主的科技人才评价实践中，承担评价职责的专家是最为关键的因素。一般而言，科技人才评价中的专家主要由同行专家、上级主管领导和服务对象组成。在我们分析的制度中，涉及同行专家和上级主管领导的较多，其中，同行专家有 11 份，上级主管领导有 13 份，服务对象仅 1 份（图 2–5）。

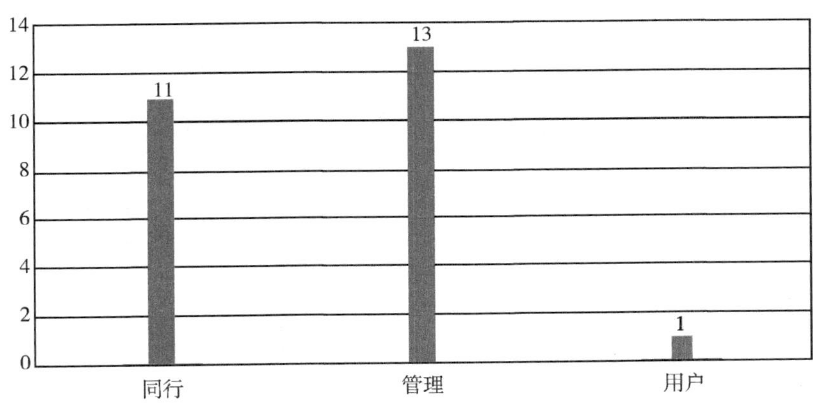

图 2–5　不同专家构成出现次数

（6）专家评议方式。专家评议方式主要有“现场评价”“会评”和“函评”三种。其中，会议评价涉及份数最多，有 18 份；函评次之，为 9 份；现场评价的份数最少，仅 1 份（图 2–6）。

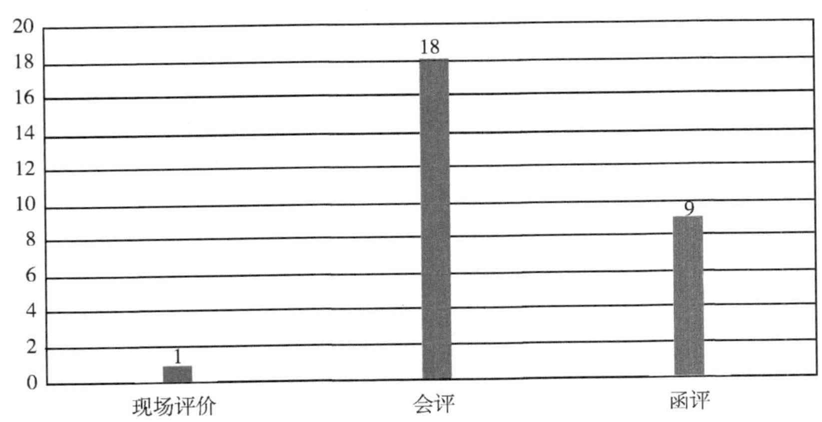

图 2–6　不同专家评议方式出现次数

（7）结果应用。科技评价的结果应用一般有“绩效管理”“经费分配”“荣誉或奖励”等几种情况。从图 2–7 中可以看出，分析的 28 项人才评价制度中，“荣誉或奖励”是最主要的结果应用，涉及 17 份；用于“经费分配”次之，为 9 份，用于“绩效管理”则较少，仅为 2 份。

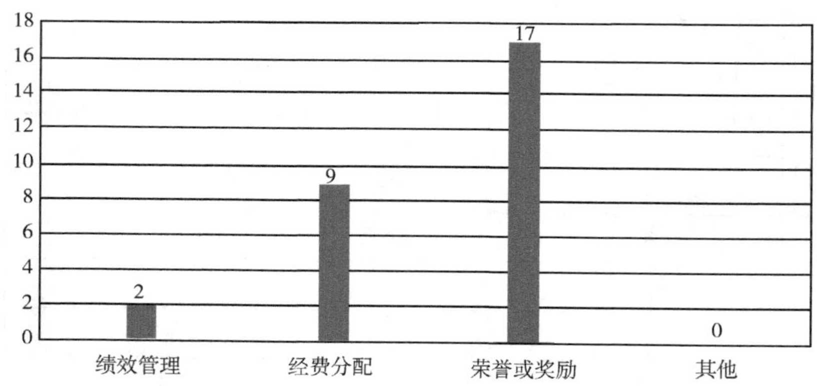

图 2-7　不同结果应用出现次数

（8）对外语的要求。15 份人才评价制度出现对外语有相关的要求，2 份明确对外语不做要求（图 2-8）。

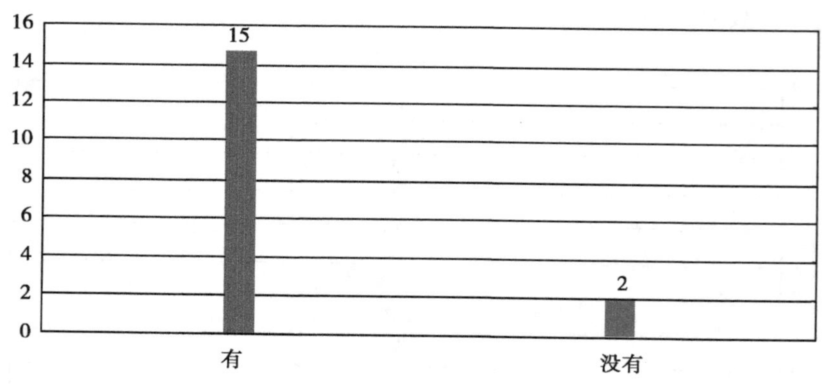

图 2-8　对外语要求出现的次数

（9）小结。通过对上述涉农科研院所和高等院校现行有关人才评价制度进行定量统计分析，我们可以归纳有关农业科技人才评价的一些特点和规律。

在评价内容上，评价重点关注的是被评对象的“研究质量与学术水平”以及“学术地位与影响”。

在评价目的上，评价主要是“激励或鼓励人才”和“选拔和培养人才”为主。

在评价方法上，定性评价是人才评价主要的评价方法，部分与定量评价相结合。

在评价专家上，承担人才评价职责的专家多是由主管部门确定，少部分由被评对象推荐。

在专家构成上，同行专家和上级主管部门领导是人才评价的主体，服务对象较少涉及。

在评价方式上，“会评”是人才评价的主要方法，其次是“函评”方式。

在结果应用上，多数人才评价结果的应用方式主要是对被评对象进行激励，给予荣誉和奖励，部分会给予相应的经费支持。

总体来看，在我国，农业科技人才评价重点关注被评者的研究质量和学术水平，主要采用定性的同行专家会议评议方式，评价结果多用于人才选拔和激励。

第二节　人才评价实践存在的主要问题

一、评价主体行政化

无论评价指标如何设计、评价专家如何遴选、采用何种评价方式，农业科技人才评价的根本目的，是服务和推动农业科技创新。因此，人才评价实践不可避免与科研管理密切相关，并受到科技评价的影响。科技工作有着自身的发展规律，科技管理需适应这种规律。在评价方式上，科技评价一般宜采取同行评议的方式。在我国，由于受到体制等多方面因素的影响，行政化是干扰我国体制内科学评价科学化的一个内在因素。

科技评价行政化的重要标志是行政级别化，主要体现在科研项目等级化，将科研工作的许多事物都贴上行政级别的标签，按照标签的级别来判断该事物的质量。在科研项目的评价中，简单地以行政级别代替对课题的学术评价，极大地压抑了“小科学”的发展。从历史上看，从文艺复兴到大工业革命的200多年间，科学的每一次进展无不凝聚着“小科学”研究的功绩。20世纪下半叶，随着社会经济对科学技术提出的要求加强，各国政府都加强了对科技规划的统筹。但即使是在这样一个时代，“小科学”非但没有消亡，反而以更加积极主动的姿态参与其中。从某一个角度来看。暂时的“无用”，可能就是将来的“大用”。邹承鲁（2007）院士认为，自然科学史中许多重大突破，往往是自由探索的结果，即使是近代科学研究已经强调集体研究之后，重大发现如DNA 双螺旋结构的发现等，仍然是少数科学家自由探索的结果。可以看出，科学家的自由探索都有可能成为大科学之源，可以看出大科学与小科学的关系应是相互依存、相辅相成的。2012 年整合后的国家重大项目分为 5 类，属于“大课题”，省部级以及横向课题成为“小课题”。一方面，我国省部级和国家级课题的资助率仅有 10%左右，而不被资助的课题有很大的比例还以自选的形式在进行。另一方面，企业是创新的主体，发达国家的研究开发经费大多数都来自企业的投资。科研项目的行政级别化，必然引导科技力量向“行政工作”靠近，而不是向企业靠近、向产业靠近。某著名大学的校长就曾经谈道，国家纵向科研计划的争取关系到高校的地位，必须全力以赴；而企业的横向科研项目却没有那么重要。这种思想的普遍存在，对于科技大军投向国民经济主战场，科研选题企业化、科技成果商品化、科技与经济相结合都是一个极为不利的导向。

科研项目行政级别化也就意味着科研项目评价将更多地体现出行政当局的意图，行政领导成为评价主体。由此产生的影响是，作为科研项目实施主体的科技人员，承担的“大课题”级别越高，在参与评价时越容易获得较高的认可度，从而出现科技人员评价的行政化，其评价主体也越来越以行政领导为主，而不是同行专家为主。行政领导与同行专家评价的差异性，除了思维方式和考虑问题的角度不同外，行政人员的个人素质和单位利益也是重要的考虑因素。正如英国科学家马凯所讲，“多数公职人员都不是科学家，他们不会自然而然地想到用科学方式去处理问题”。

二、条件指标过度化

“过犹不及”，是中国古典哲学的一个重要精髓。现代科学认为，自然界及其社会现象存在着多因多果、多因一果和一因多果等表现形态。科技人才评价是一项人类社会活动，有着它的运行规律，但在实践中，作为评价重要依据的评价指标，在设置时却出现了“唯条件论（主要指资格条件）”，甚至只考虑外部条件，不考虑内部条件，认为外部条件必然会产生事物的结果。各种评价指标，或称作资格规范，它既有与产出指标密切联系的一面，同时也有互相分离，甚至互相排斥的一面。如外语水平的高低与一个接受信息的流量和质量成正比。但是如果一个人把全部精力或绝大多数精力都用在提高外语水平上，很少或从不接受最新的专业信息，则有违了外语水平指标设置的初衷，导致出现“单纯的外部条件决定论”。二战之后，美国成为世界的科学中心，条件之优越是其他国家所无法比拟的，但是战后最伟大发现之一的基因双螺旋结构，却是在遭受战争严重破坏盼英国卡文迪什实验室出现的。这说明了单靠良好的外部条件并不一定能最快产生最好的科研成果。我国研制成功“两弹一星”的基本条件之一就是爱国心、使命感和由此而来的献身精神和高度的责任心。

目前我国科技人才评价指标多为“一票否决制”，容易形成典型的“过度开采”和“应力集中”，在某种程度上架空了“产出指标”。在人才的要求上，优秀的人才必定具备良好的外语水平，但良好的外语水平并不一定就是优秀的专业技术人才，因为仅有外语水平而无专业水平的人才，是绝对不能胜任专业工作的。这种怀疑不是没有根据，《中国青年报》曾载文：大学生为了外语过级，几乎占用了全部的课余时间。有的甚至在专业课上都在学外语，他们视外语过级为取得文凭走向社会的敲门砖，目的到手之后便将外语抛到一边，结果是专业未学好，外语的实际水平也不怎么样，这种“竹篮打水一场空”的局面在专业技术人员晋升职称中也大量存在。

“术业有专攻”，不同层次的人才具有不同的专业特长，在整个团队中发挥着角度不一但同等重要的作用。在科技人才评价实践中不作区分地采用同一标准，实行“一票否决制”，对于一些中低级人才实属“赶鸭子上架”，不符合人才结构的需要。同时，这涉及到“知识结构协调与适应”的问题。正常情况下，一个人的时间、精力和能力是有限的，过度强调某一个或某几个单项指标，容易形成“应力集中”现象，必然会压抑和限制其他指标的发展提高，从而导致知识结构和能力结构的严重失衡。如在体育竞赛上，过度的训练会导致激素的反应出现异常，形成“训练得越多，成绩反而越差”的反常现象。人的各种素质是有差异的，按照“一刀切”的模式，虽然也能构建一批“整齐划一”的人才队伍，但对于有层次的科技团队来讲却是弊多利少。因此，尊重人才成长规律，尊重不同层次人才在科技创新团队中的不同作用，重视人才的实际能力和实际产出，应成为人才评价的基本原则。

三、绩效指标泡沫化

绩效指标泡沫化，主要表现在以下几个方面。

首先是绩效指标与产出指标不一致。许多评价指标将课题项目的级别、经费的多少，甚至学历和职称的高低等投入指标和条件指标也列为绩效评价指标。在评价科技人员时，其获得的科研项目投入只能代表其研究方向得到支持和资助，并不必然意味着未来的产出。将现在的投入作为绩效评价指标，无形中把未来的产出人为地进行了前置，是子吃卯粮。更重要的是，科学研究的未知性规律决定了并不是每一项研究都必然会成功，更不可能都能得到预期的效果，在研究结果尚未形成结论前就把投入作为评价依据，显然不符合科研发展规律。

其次是随意拔高成果的鉴定水平。目前的科研成果鉴定中，在科研项目行政化的影响下，形成了“没有通不过的鉴定”的怪现象，且随意得出“国内领先水平”，甚至“国际先进水平”等结论，无形中拔高了科研成果的水平和价值。在成果鉴定过程中，为保证项目研究成果与行政当局的意图相一致，领导拍板定调、课题组变相找关系、违反鉴定程序、非同行专家参与等现象见怪不怪，但许多管理部门和一些评估研究者还一如既往的视成果鉴定为金科玉律，当作是绩效评价指标中的硬条件。

最后是数量增加质量不提高。科研产出一般表现为理论成果和技术成果两大类，每一类成果都有许多不同的表现形式。目前，许多评价指标并不是依照这两类成果的不同特点进行设置和评价，而是围绕着一些具体的指标进行。如某项理论成果的形成过程一般是先发表一批论文，对论文进行评奖，继而汇集出版成学术专著，再进行成果鉴定，去申请各级各类科技奖励。这几项连贯的成果实质上是逐步叠加的，后一项成果都是建立在前一项成果的基础之上，因此对其评价应当是一个追加过程，而不应是相加过程。另外，还有一种分割术和改头换面术，将一篇论文分割成几部分发表，或换汤不换药变着方式发表，其“成果”的数量在增加，但质量并没有提高。

这种重数量轻质量的评价指标设置倾向，往往导致科技人员在科技创新活动中重视项目成果的形式齐全，忽视了创新水平的提高，带来绩效的泡沫化。

四、评价方法滞后化

我国的科技人员评价发展大致经历了行政评议、同行评议、量化打分和科学计量等阶段，它们既有理论上的可行性，又有典范的成功案例，但在实践中的推广应用却较为迟缓。一些管理者习惯于延续着投票进行、“民主集中”的评价方式，缺少一个看得清、摸得着的阳光标准，不同的评价客体缺乏数量上和质量上的比较。

科学共同体中产生的引证评价，是真正意义上的同行评议，是一种本色标准，但这种引证评价目前却很少应用。造成科技评价方法发展滞后的原因，一是评价的主体与学术研究相分离，即科研管理人员不了解科技发展的规律，习惯于固有的管理模式，评价方式多年不变。二是部门利益牵制的结果。如果公开量化、比分高低，则可能影响本部门的利益。

五、指标设置主观化

科技人员评价指标的设置应当符合科研规律，从科研实际出发，按照科技产出价值量的高低进行设置和计量。指标的设置除了要广泛听取各方意见以外，还要加强大范围的统计分析。如抽取全国范围内的有关统计数据并进行相关性研究，从不同数据间的相关度来确定不同评价指标应占的比重，从而尽可能地减少人为因素影响，使指标的赋分更加科学。目前，在一些指标的综合加权处理上，仍然存在较为明显的主观化倾向，使通过指标的量化开展评价的科学性不足。教育部科技司负责人就谈道：百万科技经费等于多少专利成果？以此方法评价高校科技实力，似有“关公战秦琼”之嫌。不同类别的绩效指标，不同学科期刊的影响因子都是缺乏可比性的，如果在起跑线上和路线上出现了错误，即使指标设计得非常精致，计算的教学模型非常高深，也不过是主观的产物，是“耍花枪”。

第三节 完善人才评价机制

如何科学构建人才评价指标体系，主要取决于人才评价的目标系统。从科学的内在运行规律中不难看出，人才评价的目标系统在不同层次上反映出这样几方面的特性：第一，无论是研究领域还是岗位，都对人才评价提出了不同要求，使得评价目标本身的确定存在明显的差异性；第二，个体差异是人才评价无可回避的前提条件，承认个体差异就意味着难以获得满足所有个体条件的评价指标与评价方法；第三，科学研究特别是基础科学研究的创新性和创造性与评价条件呈负相关趋势，条条框框越多，创造力的发挥越受到限制，整体创造力将越差；第四，人才评价实际上是与科技资源分配联系在一起的，人才评价具有科技资源再分配的调整作用；第五，单位内部的人才评价不仅是评价的过程，更是一个小社会建制的过程。基于人才评价目标系统存在的这些特性，也就意味着“放之四海而皆准”的普遍适用的评价理论、评价方法、评价技术是不存在的，对人才评价活动及其指标体系进行研究，就必须跳出指标体系构建本身的思维范式，从多种角度提出思考与思路。

一、更新人才评价观念

人才评价的核心是对人的评价，必须坚持以人为本，确立人才选拔和培养在人才评价中的中心地位，把促进多出人才、快出人才、出好人才，各类人才展现才华作为人才评价及其指标体系完善和确立的根本任务和目标。

（一）树立系统选拔和培养观念

在人才评价指标体系中，着力体现选拔和培养信念执着、品德优良、知识丰富、本领过硬的高素质创新型人才，促进人才品德、知识、能力要素的快速提升。

（二）建立优秀人才培养制度

在评价的基础上对经评价选拔出来的优秀人才，在学科发展方向、重点研究领域、攻关目标等方面制定详细的培养计划，科学定位、合理规划。同时，在培养经费、时间上给予保证，以评价促培养，以培养促成才。

（三）创立联合评价和培养人才的新机制

各类科研机构可以从各高校本科教育阶段开始选拔科研实习人员，在评价的基础上选拔优秀在校生，由高校和科研机构进行合作培养、定向培养。建立以科学研究为主导的导师责任制，建构综合化课程体系和开放式培养模式，实施研究生创新评价和培养计划。

（四）加强青年人才选拔培养

特别是通过综合素质评价、发展性评价，优先选拔 35 岁以下的优秀人才，重点培养、系统培养、跟踪培养，建立充足的青年科技人才储备。

（五）强化实践能力的评价考察

人才选拔、培养和使用中，要扭转重知识轻能力的倾向，大力促进人才能力要素的提升，而不是本末倒置，以评价来约束人才个性化能力的发挥，约束人才在某一方面冒尖。

二、充分发挥人才评价的“指挥棒”作用

改革开放 40 年来，我国人才队伍建设取得了巨大成绩：一是建立了完整的，包括研究生和博士后的人才培养体系；二是形成了一支规模庞大的人才队伍，科技人力资源、研究开发全时人员当量等指标已经位居世界前列；三是拥有了一批领军人才，保证了诸如“FAST”“天河”等重大科技项目的成功；四是人才在科研机构、企业等得到较为合理的配置，企业人才成为主体，市场在人才配置中开始起主导作用；五是基本建立了我国人才的管理体系。这些成绩的取得，得益于包括人才评价政策在内的我国科技政策的正确引导和保障。因此，各研究单位必须继续发挥人才评价、奖励政策的重要作用，利用政策杠杆，引导人才评价走上更加科学、规范、符合人才培养与选拔需要、符合科学系统自身发展规律、推动科技创新的良性轨道。

（一）优化现有人才评价制度体系

形成各有侧重、相互补充、层次分明、整体协调的人才评价体系。科学的

评价体系只有产生协同效应才能发挥最佳功效。针对人才评价政策制定和实施过程中存在着不同部门之间多种政策制度的矛盾，对人才评价政策进行集中协调、选择和优化，形成相对完善、完整的人才评价政策体系结构，为人才评价提供更加科学的政策依据。

（二）健全鼓励原创性和突破性科技创新的人才评价机制

各类科研机构要加快创新成果产出，保证在相关领域处于“领跑”地位，归根结底还是要大力开展原始性创新，加强基础研究、应用基础研究、战略高技术研发、关键共性技术研发。与这一目标相适应，科技人才评价的政策导向就必须充分鼓励在这些领域做出突出贡献的人才，充分体现原创性和突破性科技创新人才的重要价值。

（三）摒弃“官本位”对人才评价的影响

真正打破“官本位”思想对人才的影响，建立不鼓励优秀科技人才走人“官场”，成为行政领导的政策导向。为此，要积极落实各项人才奖励政策，为人才发挥才能提供足够宽松的空间。特别是要出台相关的政策，保证人才的权益，规范人才的行为。在学术领域，形成以学术权威、专家主导的政策措施，给学术权威更多的自主权和主导权。通过这些措施，可以加快科学系统与政治系统功能分离的进程，加快科学系统内部以科学规律决定科学发展的进程，防止科学系统的求真过程被行政权力异化和扭曲。

（四）加强青年人才培养和评价政策研究

未来国家间的竞争是人才的竞争，更是青年人才的竞争，青年人才的储备已经成为一个科研机构综合实力的重要内容。出台鼓励拔尖青年人才的评价政策，扫清青年人才冒尖的政策障碍，加强对青年人才的支持力度，解决单位科技队伍“传帮带”等实际问题，推动青年人才成长与成才，使优秀青年人才脱颖而出。

三、营造有利于创造性劳动的评价环境

人才评价指标体系是科学技术系统内部的观察和检验，这样的观测和评价必然要通过科学技术系统内部制度化的机制来完成。离开制度化的机制，就不

可能系统地、全面地和有组织、有架构地达到科学技术系统自我反省的基本功能。因此，必须形成一个制度化的评价系统，进行综合的、广泛的预测和评价，使科学技术系统能够更深刻地实现自我认识和自我反省，进而能够不断地进行科学技术系统内部的改革和创新。

（一）设计人文化与制度化相结合的评价制度

人才的创造性劳动需要制度环境予以保证，制度化评价和管理是必要的、基础的和无条件的。科学系统是存在于单位环境之中的，系统与其周围的环境必然产生紧密的关系。周边的制度环境和科学系统必须进行理性的互动才能促进科学系统本身健康的发展。制度既反映人的关系，更体现人的精神，人文精神是制度的精髓。人文精神可以提升创造性思维能力，挖掘创造性思维潜能，塑造高尚的人格和优秀的个人品质，创造个体与外界沟通、交流、理解的和谐环境，形成良好的人际关系。因此，营造人文化的制度环境，通过制度的人文化，使制度化评价与人文化评价结合起来，减弱制度的压抑性，增强制度的规范性，使人才评价既不被制度所束缚，又发挥制度的控制和约束力，以制度给予规范和保证。

（二）积极促进第三方评价成为评价主体和权威

针对我国目前人才评价现状，积极发展和促进第三方评价，给予科研机构和科研团队更多的评价权和机会，使其逐步成为人才评价的主体和权威。在此基础上，发展和健全人才评价市场，以市场为导向，带动人才评价及其指标体系逐步走上与人才需求相适应、与国家经济发展相适应、与科技创新目标相适应的发展轨道。要通过给予科学共同体更多的“赋权”，进行科学系统内部复杂性的建设，完成科学系统自我形塑和尊重科学规律的过程。

（三）处理好领军人才与创新团队的关系

科技创新团队通常具备明确的创新目标、卓越的团队领导力、有效的创新激励、和谐的创新文化等特征。因此，在制度构建上，既要强调有利于团队整体成长的评价导向，也要突出发挥领军人才的带头作用，以合理的评价指标体系推动领军人才带出一个甚至多个好的团队，让每个团队成员都受到激励，充分发挥出创新团队的整体优势。

（四）建立人才信息资源管理系统和评价支撑平台

功能分化社会的建立，要求通过相应的信息化管理水平的提高达到信息资源在系统内部的优化配置。无论是在宏观还是在中观、微观层面，都要加紧建立科学合理、有效实用的人才信息资源管理系统和评价支撑平台，掌握人才信息资源的有关部门必须改变各自为政的状况，建立起合理有效的协作关系，通过现代技术手段，分工负责，对本管理层次的人才进行统一管理，动态管理，充分交流和利用各种实时数据，有效防止人才信息成为“死信息”，为人才评价提供准确的依据。

（五）建立人才自由流动评价平台

支持人才在企业、科研机构和高校之间自由流动，促进合理流动，为人才流动提供权威的评价服务。同时，逐步推行教授和高层次科研岗位向全社会公开招聘的制度，条件允许的高校和科研院所要面向海内外公开招聘，制定符合实际的人才招聘引进评价体系和鼓励性评价指标，避免学术近亲繁殖。科学验真的过程是不分地域和国家边界的，一个高水平的功能分化的科学系统必然是打破阶层、地域和国家边界限制的，必定是一个高度开放和流动的体系，它只识别系统功能的边界，而不受约于人为划定的地理边界。

（六）促进形成宽容失败的氛围和制度

创新既有成功的可能，也有失败的风险，在人才评价及其指标体系中要体现对失败的宽容。对创新失败的宽容，不仅体现的是对失败的科技人员的理解与信任，更重要是对科技人员劳动付出价值的肯定，是对科技人员精神上的鼓励与激励。当然，一个鼓励创新探索的科研机构，仅有宽容失败的氛围是不够的，重要的是要建立相应的制度，允许失败，允许失败后重来，直至成功。

四、探索建立科学合理的人才评价指标体系

一种评价方法或技术不可能涵盖科技人员行为的全部特点。人才评价必须集管理学、社会学、心理学、行为学、统计学等多门学科方法，探求评价方式的综合性与评价过程的系统性，从不同角度和不同层面进行评价和构建指标体系，形成体系开放、机制灵活、目标明确、类型多样、指标合理的人才评价

体系。

（一）分层次建立和完善人才评价指标体系

在科技创新已经成为促进经济、社会和文化发展前提条件的时代背景下，从国家到地方都有体现不同需要的不同层次的科技创新目标。为实现这些目标，必须有相应层次的科技人才队伍予以支撑。为此，根据不同层次创新目标的需要与要求，人才评价及其指标体系也必须分层次分类别予以构建和完善。

1. 服务于国家目标的宏观层次人才评价及其指标体系的标准与侧重点

中国正处在从经济大国向经济强国转变的过程中，一方面，国家竞争力的提升需要国家级的拔尖人才；另一方面，中国地域辽阔，各地区间经济、社会、科技、教育发展水平不平衡，对人才的需求与评价显然不能使用同样的指标体系。据此，人才评价及其指标体系的完善，在宏观层面首先是完善国家级的评价目标及指标体系标准。国家级的评价目标及指标体系标准主要突出以下几点。

（1）以激励基础研究和应用基础研究领域的科技人员为主要目标，指标体系侧重于鼓励在基础研究和应用研究领域做出突出贡献的科技人员。现阶段，为抢占世界科学技术发展前沿积蓄后劲的是基础研究，为国民经济持续增长积蓄后劲的主要是应用基础研究，人才评价应以鼓励这两类科技人员为重点，促进基础研究和应用基础研究领域快出人才，出拔尖人才，出国际一流人才。

（2）人才评价及其指标体系应以扶持先导产业的成长、稳定基础产业的地位、引导支柱产业的发展为目标，以国家支持的重点项目建设、高新技术的攻关和关键产品的开发等为依托，激励科技人员为之做出突出贡献。

（3）以国家的区域发展政策为指导，根据不同时期发展的需要，人才评价及其指标体系应有倾斜地体现对不同地区、不同产业的科技人员的激励。如“国家自然科学奖”“国家技术发明奖”和“国家科技进步奖”等国家级奖励可根据国家的科技政策和产业政策，以及经济社会发展变化的需要，每一次评奖选择不同的重点，体现国家对重点领域的扶持倾向，少而精地对有突出贡献的人才予以奖励。有重点有倾斜的评价指标体系和激励政策，不仅对现有人才的成长和发展产生积极的导向作用，还将对激发青年人才的科技创新意识产生示范作用，增强他们对基础研究和应用基础研究的兴趣，使这两支重要科技队伍后继有人。

2. 服务于国务院各部委和省级地方政府的中观和区域性评价

国务院各部委和省级地方政府的评价目标及指标体系标准应强调的侧重点在于：以行业和区域的发展目标和改革目标为指导，将人才评价及其指标体系的激励重点放在体现部门和地方政府的科技政策和产业政策上。例如，某地区的“十三五”发展规划将重点放在发展清洁能源和电动汽车这两大支柱产业上，那么，这两个领域和相关领域的科技人员，将被列为评价激励导向的重点。在诺贝尔科学奖中，“光合作用”这一课题由于涉及将太阳能转化为化学能，将无机物合成为有机物的复杂过程研究，对地球生物和人类的生活都有重大影响，迄今已获奖 6 次，成为获诺贝尔奖次数最多的研究项目，这一评价原则值得借鉴。

3. 服务于单位发展目标的微观评价及指标体系标准

这个层面要考虑的因素复杂纷繁，挂一漏万，归纳起来就是坚持德才兼备原则，完善以岗位职责为基础、以绩效目标为核心、以能力和业绩为导向的各级各类人才评价指标体系，使各级各类人才都能得到公正合理的评价，促进他们积极性、创造性的发挥。具体可以从以下几个方面进行完善。

（1）在人才评价的微观层面建立以单位为主导的人才评价制度，以用人单位需求为出发点，以品德、能力、业绩作为评价指标构建的主要因素，推动人才创新能力在各个不同层面和区域的有效发挥。

（2）重视人才在不同层次上的创新质量的评价，着重评价成果的创新层次和在本层次的创新效用，而不是脱离本单位本地区实际，片面强调国际或国内领先，更不是看名气、论辈分。充分发挥高校、科研院所的包容性，给予充分的学术自由，允许教师或科研人员“剑走偏锋”，形成不同层次、不同类型人才辈出的活跃局面。

（3）建立按专业能力和业务水平进行鉴定和评价的职业能力认证制度和标准体系，积极探索资格考试考核和同行评议相结合的人才评价方法，形成社会与业内认可的专业技术人才评价机制。科技评价体系的专业化也将促进科学系统内部本身的专业化，这是形成一个自治的科学系统的重要先决条件。

（4）建立并完善高技能人才、领军人才的选拔任用制度。改进人才评价方式，突出用人单位评价的主体作用，完善人才评价手段，开发和应用现代人才评价手段和测评技术，进一步探索和完善定性与定量相结合的评价指标体系，提高人才评价的科学水平。

（二）不断改进和完善人才评价程序和评价方法

人才评价及其指标体系是一个非常复杂的系统，其复杂性决定了任何一种评价制度、评价方法和评价程序都不可能没有缺陷，都必须在原有基础上不断调整、改进和完善，最大程度达到目的与效果的统一。

1. 改进和完善评价程序

以制度化的程序保证评价结果的公开、公平、公正。全社会功能分化理论认为，一个系统的“合法化”必须通过程序来实现，没有程序正义，就谈不上结果“合法化”。程序意味着设计严格的规则、条例和规章制度。一旦进入程序，就意味着必须依照组织化的规则来完成相应的任务，而不是依赖人为的因素，每个行动者都必须遵守程序和程序中的规则。事实上，以严格、规范、一丝不苟的程序控制整个评价过程，保证评价指标和方法在每一个环节运用到位，是一些发达国家人才评价的成功经验。评价结果和评价过程相比，遵守科学、严格、制度化的评价程序，比取得什么样的结果更重要。我国人才评价中存在和反映出的结果不公，在很大程度上是由于对评价程序重视不足、执行不严格所导致的。不难理解，要保证评价过程的公开，保证评价结果的公平和公正，首先必须有一个科学的评价程序。在评价过程中，必须按照这个程序的设定，检测必须的评价指标，使用适当的评价方法，一步步完成评价的每个环节。只有在严格的程序控制下，评价指标才有可能发挥其衡量人才标准的效用，评价过程和结果才有可能实现公开、公平和公正。缺乏严格的评价程序，评价指标的衡量效用也就无从谈起。因此，必须改进和完善我国人才评价的程序，使程序科学化、制度化、规范化、法制化、权威化，严格按程序展开评价。同时，建立监督机制，对评价程序实施有效监督。

2. 完善同行专家评议过程的约束机制

同行评议作为人才评价的重要手段，必须保证其有效性和公正性。所谓有效性是指通过同行评议的人才应该是在本领域具有较高水平创新性思维和品格优秀的人，公正性则是指评议的程序和过程必须公平、公正和公开。为了实现同行评议公正有效的目标，必须建立起一整套规范制度和外部监督约束机制。

正当性取决于程序正义，这始终是功能分化社会的基本制度要求。我国当前在同行评议中出现很多问题，缺乏有效的约束机制是主要原因之一。在没有约束机制的条件下，专家评议的随意性较大，这是可想而知的。

（1）完善回避制度。回避制度包括两种：一种是同行专家的回避。当同行专家的组织管理者认为，同行专家的利益冲突将可能影响到其判断的公正性时，可请同行评议专家回避该项目的评审，甚至回避全部同类项目的评审。美国国家科学基金会（NSF）的做法是，在评议人收到需评议的申请材料的同时，也会收到 NSF 的评议须知和“利益冲突与保密声明”。评议须知包括评议准则、利益冲突提醒、保密义务提醒，以及 NSF 承诺对评议人姓名、身份和所在机构予以保护等内容。这样一份须知既对评议人的行为进行了规范与制约，同时也鼓励评议人更为客观公正地表达批评性意见。评议人一旦签署了“利益冲突与保密声明”，则表示本人已仔细阅读了该声明所列数的 3 类 17 种可能的利益冲突及其处理办法（若发现有利益冲突，必须告知 NSF 计划官员），声明没有利益冲突，并同意为申请书和申请人信息保密。NSF 列举了三类可能的利益冲突，第一类是评议人与申请人所在机构的关系，共 10 种，如雇佣关系、顾问关系、师生关系等；第二类是评议人与申请人或与之相关的人员之间的直接关系，共 5 种，如家庭成员、业务伙伴、学位论文导师或学生等；第三类是评议人与申请人之间的间接关系（如评议人的配偶与申请人的关系等）及其他关系（如评议人与申请人之间个人私交密切），共两种。NSF 的评议组织者会根据评议人提供的相关信息，慎重选择合适的评议人。通过一系列回避制度的建立，人才评价活动可以从最大程度上降低人为因素和人情关系对系统内部评价的“激扰”，为理性的组织行为和理性的按章程选拔人才创造重要的制度环境。此外，NSF 向申请人全文反馈评议信息，以及接受申请人对评议结果进行申述的机制，也构成了对同行评议进行监督与制约的另一个环节。具体而言，如果未获资助者对评议意见及资助决定存在异议，可向 NSF 的助理主任提出申诉，要求给予解释，甚至重新组织评议；如果助理主任给出的解释不能让申请人满意，申请人还可以再次向 NSF 副主任提出申诉请求。另一种是被评议者的回避。当被评议者认为某些评议专家可能会对自己的项目或论文有不公正看法时，可以向评议机构提出回避申请，要求避免其项目或论文被该专家评议。

（2）建立评价问责和评议专家反评估制度。为防止同行专家评议中的拉关系、走后门、腐败和不负责任等问题的发生，可以考虑实行评价问责和责任追究制度，对因舞弊或不负责任而造成评价不公的评议专家实行问责，给予相应处分。同时，建立评议专家反评估制度，通过对评议实践的考察，对参加过评议的专家进行反评估，在专家库中逐步过滤掉少数人格品质低下、不负责任的评议人，在制度上保证同行评议专家的高品质和高水准。

（3）建立同行评议专家评议署名制。建立同行评议专家评议署名制的目的主要有以下几个方面：一是表明评议责任。评议专家署名并公开有助于明确责任、增强评议专家的责任感，促使其严把评议关，对被评议人或项目进行全面、客观、公正的评价。二是便于接受监督。评议专家署名，既可以使公众，特别是被评议人对评议专家的评议工作质量进行监督，又是委托单位充分了解评议专家学品和人品的重要方式；同时，也可使评议专家尽量避免评议的随意性和盲目性。三是增强评议专家的荣誉感。评议专家署名公开不仅是表示对其评议劳动的尊重，也是对其学术荣誉的一种肯定。如果评议专家提出了供委托单位参考的评议意见又不愿署名，其学品和人品就值得怀疑，与评议的荣誉也是不相称的。

3. 建立被评价人反馈机制

适时让被评价对象了解评价意见，并有阐述个人意见的机会，是对被评价对象的尊重和信任，也是使评价更加公开透明的机制。向被评价对象反馈评价意见可以考虑选择两种方式。一种方式是在评价过程中，让被评价人适时看到对自己或项目的评价意见，并提出自己的答辩意见与理由。这种方式可能使评价更为透明和公正，但会增加工作的复杂性。另一种方式是在评价结束、评价意见反馈给被评价人之后，请被评价人提交对评价意见的分析和质疑，阐述个人的意见，使评价过程更为完整，以促进评价双方的沟通与理解，推动人才评价向更加公正、公开、公平的方向发展。

4. 规范同行评议专家库的建设和使用

同行评议的组织、评议人选择、评议结果审核、被评议人申诉等环节的管理，以及对评议人和其他相关人员（如计划官员）基本职责与行为规范的制定等，是实现同行专家评议公正性和有效性的重要基础。

（1）建立一套系统规范、科学合理的专家遴选标准是完善同行评议专家库建设的先决条件。选择专家的标准应包含社会属性、学术水平、评议水平、态度四个维度，并根据具体实际对四个维度进行细化。

对于同行评议专家的遴选标准，要突出学术水平；有评议历史的，要学术水平和评议水平并举，才能保证同行专家的质量。例如 NSF 对选择评议人的要求是：在所评议的领域具有专长；没有利益冲突；客观公正；评议人在学术生涯的不同阶段、在研究机构的不同类型和地域分布、在研究及研究人员的多样性等方面的平衡。

（2）在保证质量的基础上扩大我国同行评议专家库的规模。评议人的广泛性与多样性是保证同行评议公正性的重要基础。我国目前的评议专家库规模过小，比如拥有最大基础研究同行专家库的国家自然科学基金委（NSFC），10 个学科只有 4 万评议专家，而美国国家科学基金会（NSF）在 9 个学科拥有 30 万评议专家。一个大规模的同行评议专家库，是实行同行评议约束机制的前提，也是保证同行评议公平、公正的前提。

（3）以完整性、科学性、实用性、动态性原则维护与使用专家库。专家队伍的完整性是行使同行评议方法首先应该遵循的原则，没有完整性就谈不上专家队伍建设的科学性和实用性。科学性是为了减少不必要的信息采集，在力求保持完整性的前提下，科学地建设专家数据库，在结构设计、系统管理和调用等环节都要科学地下功夫。专家库的建立再完整再科学，但如果失去实用性，其存在意义就会丧失殆尽。动态性是指专家库信息的时时更新有利于专家筛选机制有的放矢地实施，也是实施同行评议方法的必备条件。专家库的更新体现在两个方面。一方面是对现有专家的学术研究成绩与评估活动参与效果的信息更新；另一方面包括通过多种途径利用现有条件对专家库适量增减，即根据库中专家队伍结构配置情况与任务需求等外在因素适量增大部分专家队伍，同时遵循专家库的动态调节、回避与淘汰机制和专家资格考评与识别标准等原则，适当对部分专家进行淘汰，保证专家库经常处于一个流动开放的状态。

5. 进一步改进和完善 SCI 评价

尽管我国学术界对 SCI 评价有颇多批评，认为存在着重数量轻质量的倾向，但这仍然是目前国际通行和被认可的评价指标之一。目前我国 SCI 总量居世界第一，但每篇平均被引用次数为 4. 6 次，与世界 9. 56 次的平均值和最高篇均被引用次数 14. 28 次（美国）相比，还有较大差距。改进和完善 SCI 评价，目的是在鼓励多出成果的同时，引导人才评价向注重成果质量转变。一方面，要继续鼓励提高我国 SCI 论文数量，调整和完善相关的评价指标；另一方面，要更加重视和提高论文质量，除可将 SCI 论文“篇被引用次数”作为人才评价指标外，还可考虑：①将 SCI 刊物按照影响因子分等级评价，影响因子大的得分和权重大，反之则小。目前的统计和评价对多达 5 000 多种的 SCI 期刊不做区分，对影响因子大的期刊和影响因子小的期刊一样对待。实际上，SCI 分为核心版本和扩展版本（即 SCIE）。SCIE 收录的期刊整体质量明显低于 SCI，如果不加区分，等于鼓励不管论文质量，只追求论文篇数的做法。②在分级基础上限制低质量 SCI 论文数量。除了影响因子居于该学科排名前一定比例内（如 10%）的刊物不限制发表论文数量之外，对其余刊物纳入评价的论文篇数设置一个年累积上限，超出部分不纳入评价指标，以最大程度地发挥 SCI 体系所具有的合理评价功能。

第三章　分类评价实践

目前，已有多项研究提出应建立分类评价机制。如 Ronald N，Kostoff 认为抛开学科进行科研评价是没有重要意义的，在选取指标时必须考虑学科因素；Thed N VanLeeuwen 等利用各种科学计量学指标评价荷兰的 10 所大学的相关学科，发现不能单独用任何一个指标体系进行评价；唐慧君（2006）运用 AHP 法并结合我国大学科研实际情况分别构建了“大学自然科学科研评价指标体系”和“大学人文社会科学科研评价指标体系”两套科研评价体系；雷朝滋（2005）、刘仁义（2007）也认为开展科技评价应根据学科门类（工学、理学等 11 个门类）、科研活动类型（基础研究、应用研究）等分类评价。高伟（2016）指出现有绩效评价存在利用相同指标体系评价不同团队的问题，开展绩效评价时应遵照不同学科的功能定位采用不同的评价内容和指标体系。赵伟等（2013）基于探索性因子分析获得了基础研究类、工程技术类、创新创业类等 3 类人才评价指标的聚类结果。贾连奇等（2013）按照基础研究（一类）、应用研究（二类）、试验发展研究（三类）和软科学研究（四类）为分类标准，团队绩效与个人绩效相结合、定性与定量相结合、过程与结果相结合为基本原则，构建了一套农业科技创新团队绩效评价体系。

虽然在科技创新团队绩效评估、团队组建与激励等方面经过众多学者数年的探索与实践研究取得了长足的进步，但从整体上看，我国农业科研人员分类评价方面的研究还比较缺乏，尤其在分类评价理论研究和应用实证的有机结合方面仍显不足。当前，我国农业科技人员分类评价实践中，尚未建立独立的面向不同类型的科研团队绩效评价指标体系，很多涉农科研院所和大学基本使用同一套指标体系对本单位不同研究领域及学科团队开展内部绩效评价。这种评价方式虽然简单易行，但存在农业科研人员绩效产出指标可比性差、难以反映“团队硬实力”等问题。因此，对不同学科领域不同类型农业科研人员实施“分类评价”显得尤为重要。

第一节　分类评价的思路与进展

一、分类评价的意义

（一）开展分类评价是贯彻创新驱动发展战略的迫切需要

《中共中央 国务院关于深化体制机制改革加快实施创新驱动发展战略的若干意见》（中发〔2015〕8号）、《深化科技体制改革实施方案》（中办发〔2015〕46号）、《关于深化人才发展体制机制改革的意见》（中发〔2016〕8号）等文件和全国科技大会都明确提出，改革科研院所评价制度，强化对科研院所活动的分类考核。完善科研事业单位内部分配机制，实施绩效工资，重点向关键岗位、业务骨干和作出突出贡献的人员倾斜；实行科技人员分类评价，建立能力和贡献为导向的评价和激励机制，充分调动和激发科技人员的积极性和创造性。开展农业科研人员分类评价，探索建立以国家目标、产业贡献和社会责任为导向的农业科技创新机制，对于强化农业科技支撑、促进农业供给侧结构性改革具有重要意义，是贯彻创新驱动发展战略的迫切需要。

（二）开展分类评价是转变科技创新导向、增强创新活力的迫切需要

从中央到地方，我国已建立了不同层级、不同类型的农业科研机构，这是一支世界范围内非常庞大的农业科研力量，但我国的农业科研机构存在上下一般粗、分工不明确、创新效率低，重成果轻应用、重论文轻发明、重数量轻质量，科技与经济结合不紧密等突出问题。在科研机构内部，科研导向不明确，激励机制不健全，唯职称、唯论文等现象较为普遍存在，制约了科研人员创新积极性。开展农业科研人员分类评价，准确评价不同类型科技人员实绩和贡献，对于改善创新环境，增强农业科研机构创新能力，充分激发科研人员创新活力具有重要意义。

（三）开展分类评价是优化科技资源配置、提高农业自主创新能力的迫切需要

我国现有农业科研机构主要依照行政区划、分行业设立，资源重复分散，科研方向雷同，严重影响了产出成效。目前全国从事水稻、小麦、玉米研究的农业科研机构分别有 411 个、351 个、485 个。同时，科研项目组织管理中存在着重复、分散、封闭、低效，以及资源配置“碎片化”，有限资源难以实现最优化配置等问题。开展农业科研人员分类评价，依据绩效和贡献在不同类型科研人员之间科学配置科技资源，使物尽其用、人尽其才，对提高农业科技自主创新能力，促进多出成果、出好成果意义重大。

二、分类评价的要求

（一）总体思路

全面贯彻习近平总书记关于科技创新重要论述以及中央关于深化科技和人才发展体制机制改革、实施创新驱动发展战略一系列要求，以增强科研机构创新活力、调动科研人员积极性为目标，以科学评价和有效激励为手段，逐步建立以科研成果与产业需求关联度、技术研发创新度和对产业发展贡献度为导向的分类评价制度，营造潜心钻研、干事成事和各类人才脱颖而出的发展环境，为现代农业发展、促进农业供给侧结构性改革提供科技支撑。

（二）主要任务

一是建立评价指标体系。针对农业基础研究、前沿技术研究、社会公益研究等不同类型科研活动，以及主要从事基础科学和前沿技术研究、社会公益研究、应用研究和技术开发、实验技术和科研条件保障、科技管理和科技服务等不同科研人员，在充分酝酿和广泛征求意见的基础上，建立符合实际、科学适用、易于操作的评价指标体系。二是确立科学评价方法。根据不同类型科技创新活动的规律和特点，采取定量评价与定性评价相结合、同行专家与管理专家相结合、自我评价与外部评价相结合、现有业绩评价与发展潜力评价相结合的方式，开展分类评价。三是明确分类评价主体。基础科学和前沿技术研究人员，以同行学术评议为主，鼓励开放评价和引入国际同行评价；社会公益研究

人员，以行业专家和服务对象评价为主，由社会检验；应用研究和技术开发人员，以同行专家和用户评价为主，由社会、市场检验；实验技术和科研条件保障人员，以服务对象满意度评价为主；科技管理和科技服务人员，以服务对象满意度为主，由社会、市场检验。四是充分运用评价结果。推动将评价结果作为财政支持、资源配置的主要依据，将评价结果与绩效奖励、职称职务晋升、深造培训和评先评优等紧密挂钩，切实增强评价的导向和激励作用。

（三）评价内容

根据科研人员主要从事的科研工作内容，划分为不同类型，确定不同的重点评价内容。基础科学和前沿技术研究人员，主要评价其创新思维和研究能力、学术水平与影响，对关键技术研究与应用示范的指导作用；社会公益研究人员，主要评价其为社会公益事业发展和公共管理决策提供技术支撑的能力和贡献，对产业发展的指导和支撑作用；应用研究和技术开发人员，主要评价其技术创新与集成能力、基层实践和服务能力、形成的自主知识产权和行业标准规范，成果转化前景及经济社会效益；实验技术和科研条件保障人员，主要评价其保障科研活动顺利开展、持续积累的专业技术能力与水平、共享服务的理念和责任心；科技管理和科技服务人员，主要评价其管理水平和服务理念、措施与服务效率、实际产生的经济社会效益。

三、分类评价进展

（一）国外科研绩效评价

美国是最早开展科研绩效评价的国家，20 世纪初，美国国会成立了国会咨询服务部（CRS），对委员会及议员提出的有关科技方面的问题进行研究、分析和评估，可以说是科研评价的雏形，经过多年的发展，该项工作在美国已成为制度化的经常性工作。20 世纪 30 年代，美国人梅奥教授创立了人群关系论，标志着一门新科学——行为科学的诞生。行为科学理论经过半个世纪的发展，成为现代人才评价的主要参考理论。人才评价的理论依据主要体现为人才的变异性、事物的可测性、思维的模糊性、方法的科学性、结果的一致性。1960 年，美国开始了对高等教育机构的全面评估，主要是评估机构对美国大学所进行的一种质量检查。

日本在第二次世界大战后科研评价制度开始发展并逐步完善，20世纪90年代，日本科学技术会议审议通过的《国家研究开发评价实施办法大纲》提出了建立开放型研究评价体制的基本框架。日本评价体制的“开放性”主要表现在四个方面：评价标准的开放性、评价主体的开放性、评价结果的开放性、评价结果利用的开放性。同一时期，日本也提出了基础研究与应用研究分类评价的思想。

法国于1989年5月成立了国家科研评价委员会，建立了比较完整的评价体系，主要开展对科研人员、政府科研发展政策、科研机构、计划和科研措施的评价工作。从评价指标上看，采取宏观指标和微观指标相结合的办法，用资源指标、战略指标和竞争力指标来评价科研管理；用投入指标、产出指标、关系指标和效益指标评价科研水平。

英国大学科研评价（The Research Assessment Exercise，简称RAE）始于20世纪80年代，被认为是欧洲最先进的高校科研评价体系之一。RAE将评估结果直接与高等教育基金会的拨款挂钩，促进高质量科研活动的开展。英格兰高等教育拨款委员会（HEFCE）联合所有的英国拨款机构，每4~5年对高等学校的研究工作进行一次评估，所有的科研评估以学科为基础划分评估单元。

（二）国内科研人员评价

1. 在评价内容方面

我国科研创新团队评价的研究主要集中在高校创新团队的评价研究。第一个高校科研机构评价指标体系是由教育部（原国家教委）委托高校研究机构评估方案课题组于1988年设计完成的，该评价指标体系由研究方向和任务、研究成果与人才培养、研究队伍和条件3个层次及25个指标组成，并确定了相应指标的权重和分值。

此后，我国学者在高校科研绩效评价目标、评价内容、评价方法、评价指标的确定和内容上都做了大量的探索与实践。例如，朱嬿、李章华（2002）为评价中国科研院所的绩效和素质提出了一个由人才资源、成果绩效、发展后劲和财务管理指标组成的评价指标体系。李晨光（2004）从团队初期评估、定期评估和终期评估三个角度分别构建了不同的指标体系，三大指标包含的一级指标各不相同而且权重各有侧重。张艳（2006）阐述了高校科研创新团队绩效评价的方法，并从学术价值、经济与社会效益、人才效应和投入产出率4个维度构建了绩效评价指标体系；刘仁义（2007）提出了源生指标、追加指标、派生指标及支撑指标四大类指标，建立了某教学研究型大学工科教师科技绩效评价指标体系权重和高校教师个人科技绩效评价模型。张洋（2008）认为高校科研创新团队的绩效评价维度应包括6个方面：科研业绩与创新、团队知识生产与传播、团队的经济与社会效益、团队的组织机制、团队的人才体系和团队产品的顾客满意度；朱永跃（2009）利用平衡计分卡从团队科研业绩、团队运作管理、团队资助方以及团队学习与成长4个维度构建了高校科技创新团队绩效评价指标体系；张喜爱（2009）运用层次分析法从队伍建设、科研项目、科研成果、制度建设和平台建设5个维度建立了高校科研团队绩效评价指标体系。

在农林科技创新团队绩效评价方面，单成俊（2013）运用平衡计分卡设计绩效评价指标体系，从学术贡献、受众评价、团队管理和团队成长这4个维度构建了绩效评价模型；王斌（2013）从基本素质、创新能力、学术水平、工作业绩4个方面评价林业科研人员；袁雪（2016）从作物学科领域的视角出发，构建了学科发展基础、创新能力、产业影响三个角度三层递阶架构的评价模型，通过系统分析和筛选，最终确立16项评价指标，并基于这些指标建立学科科技竞争力评价体系。

2. 在评价方法方面

目前我国科研团队绩效评价采用的主要方法有同行评议法、文献计量法、层次分析法以及模糊综合评价法等。其中，同行评议法在实际工作中应用最多，属于定性评价法，缺点是存在主观片面性和权威限制性，易出现马太效应；文献计量法则属于定量评价法，虽然弥补了定性方法的一些缺陷，但在指标设定的科学性问题上存在争议，Henk F. Moed（2000）研究指出，只有当文献计量指标具备了足够代表性，且人们对文献计量的意义、价值有了理性的认识，在结合更多的定性评价信息的基础上，文献计量的指标才能具有真正的科学评价意义。李巨光（2010）在分析常用绩效评价方法优缺点的基础上，提出应利用主观经验法广泛征集绩效评价指标，利用层次分析法计算指标权重，综合使用360度考核法、同行评议法和目标管理法进行科研人员绩效评价。

由于绩效评价往往是一种较为主观的活动，必然受到评价主体的价值观、经验、知识结构等因素影响，在一些问题上没有明确的界限和绝对的衡量标准。单一的定性和定量方法都无法很好地实现对科研团队的评价，只有采用定性和定量相结合的方法才能准确地评价出团队绩效。所以，综合而言，层次分析法被认为是目前评价确定科研团队指标权重的最适当方法，也被广泛应用于多项同类研究。

第二节　中国农业科研人员分类评价实践

一、中国农业科学院农产品加工研究所

（一）分类评价总体思路

根据研究所实际，将全体职工划分为科研、支撑、管理、后勤服务四类人员，分别设计分类考核指标体系。

1. 科研人员的考核

加工所研究领域涉及农产品加工与贮藏、农产品质量与安全、食品营养与健康三大学科，科研人员中主要包括从事应用基础研究，从事技术与装备研发、产品设计，从事基础性工作三大类人员，由于工作领域和内容的不同，在工作重点、业绩体现形式、投入产出等方面存在较大差异。据此，加工所根据科研人员不同的岗位性质，从基础性工作、基础研究、应用研究、开发研究四个方面建立考核指标体系，主要包括：新增科研立项与科研经费、奖励、评价成果、专利、标准、论文、著作、国际合作与交流、国内科研协作与交流、人才引进与团队建设、研究生培养、横向经费、领导批示与视察参观等 13 个考核指标。

对从事基础研究的人员，以发表论文的质量和数量为主；对从事关键技术和装备研发、产品设计等应用研究人员，以发明专利、产品、标准等的数量、质量和效益为主；对介于这两者之间的研究人员，两者兼顾；对从事科研基础性工作（如从事农产品质量安全舆情分析、国际标准与技术跟踪等）人员，以其所提供公共产品的访问次数、点击量为主。

2. 科技支撑人员的考核

科技支撑人员主要职责是服务政府、服务科研、开发创收，评价指标的设

定遵循定量与定性相结合的原则，重点突出服务质量、数量、水平、态度和创收业绩，考核指标体系包括岗位任务整体完成情况、劳动纪律、服务态度与满意度、创收任务完成情况、技术创新、节支减损6个评价指标。其中岗位任务整体完成情况、劳动纪律、服务态度与满意度属于定性评价指标，体现岗位人员的服务态度和整体服务质量；创收任务完成情况、技术创新、节支减损属于定量评价指标，体现岗位人员的服务数量、水平和创收业绩。此外，科研支撑岗位人员在完成科研服务与开发创收工作之余所取得的科研产出和突出贡献可作为加分项。

3. 行政管理人员的考核

行政管理人员考核重点在于考察管理人员履行岗位职责情况、工作效果、廉洁自律等，考核指标设定考虑管理人员的业务知识、业务技能、人际关系能力、组织协调能力、个人品质、工作态度、廉洁自律等，具体包括：工作主动性、工作态度、工作督办、文件起草、活动组织、重大工作突破、上级汇报开创局面、团队意识与作用、节损增收、劳动纪律10个指标。

4. 后勤服务人员的考核

后勤服务人员考核重点在于考察服务的质量、数量、水平和态度，包括岗位工作量、任务完成情况、扩大财源、节支减损、市场开拓、考勤与劳动纪律、集体荣誉感与团队意识、服务态度与课题组满意度8个指标。

（二）分类评价制度建设

结合农产品加工学科特点，加工所制定以下考核办法：①《中国农业科学院农产品加工研究所科研人员年度考核办法》及其补充规定；②《中国农业科学院农产品加工研究所技术支撑岗位人员年度考核办法》；③《中国农业科学院农产品加工研究所行政管理人员打分细则》；④《中国农业科学院农产品加工研究所生产经营与后勤服务人员打分细则》。

与人员分类考核制度相匹配，加工所建立了一套“倒计工分、年底分红”的薪酬制度，将员工工资划分为基本工资、岗位工资、绩效工资和奖励工资四大块，其中基本工资、岗位工资两块为稳定发放部分；绩效工资占全部工资的一半以上，作为奖勤罚懒的调节部分：年终的考核评分与绩效工资挂钩，排名靠前或者超额完成目标任务的给予绩效奖励，排名靠后或者未完成年度目标任务的扣罚绩效；奖励工资以不同岗位人员年底产出为指向，分类分等给予单项累计奖励。

（三）分类评价组织实施

1. 年初制定考核目标

每年年初研究所制定年度目标任务，并将目标任务分解到各处室、团队、班组，再由各处室、团队、班组将目标任务分解到每一个人，研究所与各处室、团队、班组签署绩效任务书，各处室、团队、班组与成员层层签订绩效任务书，明确任务指标，责任到人。

2. 日常考核

对科研人员、科研支撑人员的日常考核由各处室、团队、班组自行组织实施。对行政管理和后勤服务人员日常考核实行倒计工分绩效问责制，管理人员和后勤服务人员如果被服务对象举报或者投诉或者犯错，正处级扣罚 3 个月绩效，副处级扣罚 2 个月绩效，普通人员扣罚 1 个月绩效。通过实施严格的绩效问责制度，全面提升了行政管理和后勤服务的质量。

3. 年中考核

每年 6 月加工所组织开展半年度工作总结和考核，对各处室、团队、班组上半年任务目标完成情况进行考核，明确下半年工作重点和目标任务。考核小组由所务会成员组成，年中考核仅考核各处室、团队、班组，不对每一位员工进行考核。

4. 年终考核

每年年终开展全员考评会，每位员工均需述职，展示本人年度业绩，年终考核小组由所务会成员组成。科研人员和支撑人员年终考核实行自评与他评相结合的办法，首先由参评人员对照考核打分办法自评打分，同时提供证明材料，再由考核小组审核确定年度考核评分。行政人员和后期服务人员年终考核采取他评的方法进行，考核小组根据其日常表现和现场述职情况进行整体评价。考核后，按照科研人员、科研支撑人员、行政管理人员和后勤服务人员四类进行排序、公示，并作为第二年绩效工资发放、岗位分级、职称晋升的重要依据。

（四）分类评价取得成效

（1）激发了科研人员的创新活力。加工所实行“按劳分配、多劳多得、不劳动者不得食”的分配原则，“以业绩为导向，向关键岗位和突出贡献者倾斜”的薪酬制度和激励制度，极大激发和调动了每一位科研人员，尤其年轻科研人员的创新活力，营造了“人人有事干，事事有人干”的良好创新局面，取得了显著成效。科研项目立项、“马铃薯主食化开发”重大任务突破、重大成果产出、技术开发与成果转化、条件平台建设等方面成绩增长明显。较为突出的是，全所35岁以下青年人才占总人数的68%，其中73人次担任“973”项目、公益性行业科研专项、国家自然科学基金等课题负责人，占全所科研项目的60%以上，青年人才已成为研究所科技创新的担纲力量。

（2）提高了科研支撑人员的支撑能力。对于科研支撑人员而言，分类评价机制的建立给支撑人员提供了与科研人员、管理人员“公平竞技”的平台，为支撑人员明确了岗位职责和工作目标，有效激发了支撑人员工作积极性和创新动力。特别是在岗位创新方面，新的评价体系鼓励支撑岗位人员开展技术创新，通过创新提升科研服务的水平和效率，转被动服务为主动支撑，赋予科研支撑新的内涵。例如，重点实验室仪器设备管理人员开展技术创新，建立了一整套适用于本学科领域需求的食品感官评价技术体系；质检中心仪器设备管理人员通过技术创新，建立了一套食品中未知物筛查技术体系，为科研创新和学科拓展提供了有力支撑。

（3）提升了行政管理与服务能力。通过分类考核、倒计工分制度，量化工作目标和任务，倒逼管理和服务人员成为“行家里手”，树立“以研为根”“一切服务科研”的意识，达到了“人在对答如流，人不在有案可查”的目的。经过“在干中练、在练中学”刻苦磨砺和“按劳分配、多劳多得”的薪酬分配制度，加工所在行政管理、科研管理、人事管理、财务管理、基建管理、成果转化和后勤物业保障等方面形成了一支支业务水平精、作战能力强的高素质团队，研究所管理与服务科研的能力大幅提升。

二、中国农业科学院棉花研究所

（一）分类评价总体思路

确定绩效指标（PI）——工作业务考核指标、工作责任考核指标和德能勤绩廉考核指标，针对不同序列建立个性化和共性化相结合的考评指标。科研主系列以工作业务指标（科研创新能力和科研产出）为主，兼顾其他。管理主系列以岗位职责完成情况、服务评议、工作创新三项指标并列。支撑主系列以岗位职责完成情况、服务评议、工作创新为主，兼顾科技创新的直接贡献。

（二）分类评价制度建设

（1）制定了《科研主系列人员绩效评价办法》，考核对象为科研人员，实施绩效考核评分措施，按创新团队、课题组和科技人员 3 个层级进行考核。对项目、成果、人才团队、学术交流进行业绩点计分，其中成果包括：政府奖、新品种及鉴定成果、推广应用成果、论文、著作、知识产权、检验及鉴定报告、技术收入与科技服务、新材料创制与转移、咨询报告等。考核结果与创新团队、课题组全体成员的绩效工资、年终奖及集体荣誉挂钩。此外，加强岗位聘用、项目聘用和人员流动相结合的灵活用人机制，充实科研人才队伍建设。制定了《创新团队高层次人才聘用管理实施办法》和《博士后研究人员管理工作暂行办法》，涵盖优秀青年博士、博士后、具有副高级及以上职称的专业技术人才、特殊技能专业人才以及海外或具有海外背景的高层次人才等人员。对聘用人员设立预期考核指标，实施聘任制，并实行岗位绩效薪酬制度，根据科研产出结果，提高高层次人才和博士后的岗位绩效薪酬。

（2）制定了《管理及支撑系列人员绩效考核办法》，考核对象为职能部门管理人员和科研支撑部门人员，在“劳动纪律、工作效率、管理效能、服务质量”四个方面进行考核，具体考核内容包括岗位职责履行情况、年度任务完成情况考核（工作态度、工作能力和工作表现）以及突出贡献。

（3）制定了《产业开发人员绩效工资实施办法》，考核对象为推广服务中心等产业开发部门的在编职工。按照服务对象不同划分为产业服务人员、技术服务人员和加工服务人员三个类型。在工作岗位和工作职责的基础上，技术和加工服务人员以品种市场占有率、技术服务收入等作为绩效评价指标。

（三）分类评价组织实施

将“按劳分配，绩效优先、兼顾公平”作为衡量绩效的基础，各系列人员的绩效工资分配与岗位职责、工作量、工作效率、工作业绩、实际贡献等因素直接挂钩，科研主系列人员分别核定创新团队（或课题组）为单位的绩效评价成绩及每位职工的个人绩效分值。该结果作为发放当年年终奖励和下年度岗位绩效的主要依据。管理、科研支撑、成果转化系列人员根据工作岗位、工作职责并结合职务职称确定岗位绩效标准，结合个人年终绩效考评结果进行浮动。通过突出“以岗定薪，绩效激励”的分配机制，发挥绩效工资分配的导向和激励作用，形成良性激励和奋发向上的工作氛围。

（四）分类评价取得成效

通过实施分类评价，建立起岗位聘用、项目聘用和人员流动相结合的灵活用人机制，形成多元化的用人格局，调动了科研人员的主动性、积极性、创造性，形成激励创新、人尽其才和繁荣学术的工作氛围；充分发挥管理和支撑人员的工作能力和工作热情；加快了棉花新品种、新技术等科研成果的转化力度。2014—2016 年，新增国家自然科学基金创新研究群体科学基金获得者 1 人，获得中华农业英才奖 1 人，“万人计划”科技创新领军人才 2 人，“新世纪百千万人才工程”国家级人选 1 人，全国创新争先奖状获得者 1 人，“万人计划”青年拔尖人才 1 人。

三、江苏省农业科学院

（一）分类评价总体思路

遵循人才成长规律，以品德、能力、业绩为导向，把握各类人才职业特点，以工作属性和职责分类为基础，探索建立各类人才评价标准体系，以科学评价为手段，创新评价方式，克服唯学历、唯资历、唯论文的倾向，释放和激发专业技术人才创新创造活力，逐步建立以科研产出与产业需求关联度、技术研发创新度和对产业发展贡献度为重点的科研导向，营造潜心钻研、干事成事、优秀人才脱颖而出的创新环境，为现代农业发展、提升农业质量效益竞争力提供有力支撑。

（二）分类评价主要目标

推动专业技术人员准确定位，突出重点，分类评价，努力优化人才队伍结构，加快构建适应现代农业发展需求的人才支撑体系，实现“不同类型的专技人员，不同的目标任务、不同的政策支持、不同的考核要求”，不断提升专业技术人员创新能力水平，为建设高水平国际化现代农业科研院所提供强有力的人才保证和智力支持。

（三）分类评价标准制定

结合农业科研特点，将农业专业技术人才分为科技创新类、科技管理类、科技服务类、科技支撑类四种类型，并制订专业技术人员的分类标准。

1. 科技创新类

从事基础研究、应用基础研究、技术研发、产品创制、农业经济与科技发展战略研究等工作。主要评价其创新思维和研究能力、学术水平与影响，对关键技术研究与应用示范的指导作用。

2. 科技服务类

从事科技成果转化、科学技术普及等工作，或提供科技咨询与培训、专业检测与评估认证等工作。主要评价其服务三农，解决农业科技推广、成果转化等生产实践中技术问题，及为企业或用户实现经济效益、为农民增产增收做出重要贡献的能力和支撑作用。

3. 科技管理类

从事农业科技管理、政策研究等管理工作。主要评价其管理工作的创新性水平与服务理念、管理措施与服务效率对本单位建设和发展做出的贡献。

4. 科技支撑类

从事实验室（田间）实（试）验、仪器设备管理、种质资源收集与保存、文献情报、科技信息等为位科技创新、科技服务提供技术支撑等工作。主要评价其保障科研活动顺利开展、持续积累的专业技术能力与水平、共享服务的理念和责任心。

（四）分类评价指标体系

根据农业科技创新活动的规律和特点，专业分类评价指标体系分为科技创新类、科技管理类、科技服务类、科技支撑类四套。每套指标体系分一级指标和二级指标，其中一级指标都为 7 个，各类一级指标相同，分别从职业道德、科研项目、科技产出、成果转化、科技推广、学术影响、管理服务等七个方面研究制定人员评价指标体系，并明确不同类型评价指标的分值和权重。科技创新类设 20 个二级指标、科技管理类设 13 个二级指标、科技服务类设 19 个二级指标、科技支撑类设 16 个二级指标。四套指标中，每套指标体系总分均为 100

分，一级指标相同但分值不同，二级指标根据内容确定不同的分值。

四、南京农业大学

（一）分类评价总体思路

南京农业大学科技人员分类评价的主要做法，一是在现有评价基础上建立科学合理的教师岗位动态管理机制，根据不同类别岗位的任职条件和职责任务实施聘用与管理，逐步建立需求导向的长聘、准聘、短聘相结合的多元聘用机制，受聘人员按相关要求签订聘用合同，按合同约定履职，即分类管理、多元聘用；二是坚持全域工作考核思想，加强学院考核，重点考核学院整体绩效；对教师教学、科研及公共服务活动进行全面考核评价，通过按教授、副教授、讲师等分别对学院内全体教师进行教学、科研业绩排序的方式，奖优罚劣，激发人力资源活力；三是根据学校总体目标，结合发展实际，建立科学合理的动态考核指标体系，努力完善绩效激励机制，学院、教师的绩效分配及岗位聘任与考核结果挂钩，即绩效导向，奖惩结合；四是学校考核学院，学院考核教师，即分级管理，稳妥推进。

（二）分类评价组织实施

在推进教师聘用制实施的同时，大力推进以绩效为导向的教师考核评价机制。该机制有两个突出特点，一是年度考核和聘期考核相结合，二是年度考核采用“先单项，后综合”的办法进行。其中，单项考核包括教学、科研、公共服务三个板块，考核结果分为 A、B、C 三个等级，其中 A 占比不超过总考核人数的 30%；综合考核结果分为优秀、良好、合格、不合格四个等级，其中优秀、良好人数分别不超过参加考核总人数的 15%、25%。考核结果是在录入各项数据后由信息系统自动生成结果，由相关职能部门做好系统安全维护工作。

除此之外，逐步健全学院绩效考核和分配机制，通过成立绩效考核领导小组和人事争议仲裁委员会的方式切实加强考核评价的组织领导，提高评价的公平性。

（三）分类评价取得的成效

通过分类评价改革，促成了农业科研人才创新激励、兼职持股、分类评价、引进培养等一系列制度性成果，在加快成果产出、促进成果转化、推动科企合作等方面也取得了新进展、新成效。同时，分类评价制度也在一定程度上改善了学术指标单一化、过程行政化、科研工作急功近利化、重数量轻质量、重论文专利轻生产实践等国内科研院所存在的突出问题，为科研工作和教育工作的顺利高效进行提供了有益的探索。

（四）存在的主要问题

经过多年的实践探索和对主要创新型国家成功经验的深入学习，南京农业大学农业科研人员分类评价观念和方法在该校已经较好的落地，考核评价体系中各类人员的工作业绩和能力都得到了较为全面的反映，有效促进各类科研人员专心本职工作，提高工作水平。但在实际操作中还存在一些问题，主要表现在以下几方面：一是对考核结果使用方式和方法还有待进一步完善。在科技人员专业技术职务任职资格评价过程中，该校虽然将各类人员的申报业绩和成果条件进行了明确区分，但在评委会组建和指标确定上，并未根据科研人员类别不同而进行分别设置。从实际执行效果来看，未能完全打通各类人员的成长上升通道。二是部分考核指标设置不够科学，偏于形式化。对从事技术支撑、科技推广与服务、科技管理人员设立的评价指标中，还存在一定比例的论文、著作或专利数量、期刊级别等方面的要求，与其实际工作内容有一定偏差，出现了相关人员浪费科研时间应付考核等情况。尤其是科技推广与服务类农业科研人员的业绩评价，还未凝练出行之有效、客观科学的评价指标。三是考核周期的设置还有待完善。农业科研实验周期相对较长，科研产出或科研结果的生产化市场化难以在短时间实现，因此评价周期也应相应进行合理调整，最好能根据不同项目设置不同的评价考核周期。目前该校科研人员（非聘用）评价周期一般以三年为单位，在某些研究领域难以符合科研实际。

五、中国热带农业科学院热带生物技术研究所

（一）分类建立绩效评价体系

根据不同的工作内容和性质，分类建立了科研人员、检测人员、管理人员、科技支撑人员和编制外人员 5 类绩效评价体系。

1. 科研人员的绩效评价

科研人员的绩效评价以定量考评为主，定性考评为辅，分别占 80% 和 20%。绩效定量评价主要突出“科技创新和成果转化”2 个方面。在分析前 5 年该所科技产出和科研人员绩效评价情况的基础上，发现以往绩效评价重数量轻质量、重点不突出、导向不够明确的问题比较明显，缺少国家级重大项目、国家级科技奖项、高水平论文和品种权等问题，通过加强绩效目标为导向，不断调整和完善科技创新评价指标结构和评分标准。同时，为引导和加大成果转化工作力度，激发科研人员的积极性，增设了成果转化绩效评价体系。

（1）科技创新评价。科技创新评价体系由“学术论文、项目、科技奖励、专利、著作、品种、标准制定和人才培养”8 个指标组成。根据具体情况，按照“缺什么、补什么、奖什么”的原则，在科技创新评价体系设计时重点突出 6 个方面：一是评价内容紧紧围绕单位的发展定位，突出科研重点工作和中心工作；二是突出加强协同创新，引导所地合作、所企合作，加大与所地所企合作的成果分值；三是突出鼓励发表高质量高水平论文，引入中科院文献情报中心 JCR 论文分区评价标准，增加不同区间的论文评价分数差距；四是突出国家级科技奖励的分量，鼓励争取国家奖；五是突出知识产权含金量，增加了国际专利、国家专利金奖等高级别专利和获得品种权的分值；六是突出国家科技重大专项、国家重点研发计划、国家自然科学基金重大项目等国家级项目的分值，鼓励科研人员积极申请国家重大科研项目。在制定指标的评分标准方面，以发表中文核心期刊论文为基准进行赋分，其他指标的分值依据与中心核心期刊论文的相对重要性和影响力进行增减。如设计发表一篇中文核心期刊论文的基准得分为 25 分，其他论文在此基础上进行增减，并在全所征求意见后确定。

（2）成果转化评价。扩宽成果转化评价内涵，对开展成果转化与推广，专利、新技术、新品种等知识产权的转让、入股或联合开发，开展技术服务与指导，各类科技产品（包括种苗、试剂产品等）的销售，以及对从事检验检测工作和通过公共仪器设备共享平台等方式产生的经济效益，都分类纳入了成果转化评价体系。在制定成果转化评价的分值时，重点考虑平衡科技创新与成果转化两者间的关系，调动科研人员在科技创新中注重成果转化的积极性。为与科技创新评价体系相对应，成果转化评价赋分标准亦参照发表中文核心期刊论文为基准。同时，根据科技成果转化过程中的资金投入方式、承担的项目类别等情况，分类分档制定评分标准。

（3）评价机制。制定评价机制时，尊重科研规律，避免为绩效而考评、急功近利和短平快问题，科研人员按年度进行绩效考评，但根据前三年平均业绩来发放下年度绩效工资，目的是建立起“一年一监测、三年一评估”持续滚动机制，让科研人员无须过多计较眼前利益得失，而是专心、安心于科研。同时，建立竞争和淘汰机制，将研究组及研究组长的绩效评价结果进行排名，研究组连续三年绩效考评排名在倒数三名内，将进行合并、调整或撤销；研究组长连续三年绩效考评排名在倒数三名内，将进行岗位调整。

2. 检测人员的绩效评价

检测人员主要从事检验检测工作，同时每人可根据自身情况适当从事科研和成果转化工作，因此检测人员的绩效评价指标以“开展转基因成分检测、出具环境安全评价报告、参加转基因中心复评工作、通过能力验证、开展转基因科普宣传”为主，兼顾科技创新评价和成果转化评价，考评分数为综合各方面的分数总和。检测人员按年度进行绩效评价，以定量为主、定性为辅，定量和定性考评分别占70%和30%。

3. 管理人员的绩效评价

管理人员实行年度绩效考评和平时绩效考评相结合，年度考评与奖励挂钩，平时绩效考评与减罚挂钩，通过两种考评方式实现奖罚结合，既有激励又有鞭策。

（1）年度绩效考评每年底进行，目的是考察一年来管理人员的工作整体表现情况，考评指标为“德、勤、能、绩、廉”5个方面。年度绩效考评分定性和定量两部分，分别占60%和40%，定性考评按上级（所领导）、中级（中层领导）和平级（职工）不同权重进行，定量考评按主要领导、分管领导、其他领导、部门领导和研究室主任不同权重进行赋分，综合定性和定量考评得分得出考评分数。根据考评分数的范围划分为优秀、良好、合格、基本合格和不合格5个档次，分别对应1.2、1.1、1.0、0.5和0的系数发放考评业绩绩效工资。

（2）平时绩效考评采取部门和所领导评议的方式进行，评议周期为三个月，评议指标为“是否较好履职尽责、是否服从工作安排、是否工作态度良好和出勤率”4个方面，目的是及时督促管理人员履职尽责，抓好工作落实，不断提高服务水平。平时绩效考评与罚减绩效工资挂钩，对工作表现不佳的，将根据评议结果按100%、95%、90%、85%……0%比例发放正常绩效工资标准。

4. 科技支撑人员的绩效评价

科技支撑人员同样开展年度绩效考评和平时绩效考评，定性与定量考评比例分别占60%和40%。评价指标主要从大型仪器设备“共享程度及提供技术服务情况、仪器性能开发、技术创新程度和制度建设”4个方面进行。科技支撑人员的绩效工资在按管理人员标准发放的基础上，增加“共享仪器”服务收入的奖励绩效工资，以鼓励进行大型仪器共享和功能开发以及对外开展服务工作。

5. 编制外人员的绩效评价

根据编制外人员的分类情况，按从事公共服务编制外人员和从事科研辅助编制外人员两类进行评价。编制外人员的绩效考评周期按月开展，并根据每月的考评结果来决定当年度的考评档次。

（1）从事公共服务编制外人员的考评指标设计旨在提高公共服务水平，按“出勤率、工作态度、工作质量、工作任务饱和度、是否服从工作安排”5个方面进行考评，各指标权重分别占比20%，考评主体为各部门和各研究室代表，根据每月的绩效考评情况发放绩效工资。

（2）从事科研辅助编制外人员以研究组长的考评意见为主，考评指标为“出勤率、工作态度、工作业绩、团队精神、工作饱和度”，分别占比20%、20%、30%、10%、20%，由研究组长作出绩效表现等次评价，并按此发放绩效工资。

（二）存在的问题

1. 评价指标体系有待进一步完善

科技创新评价、成果转化评价、检测工作评价、管理工作评价、科技支撑工作评价等指标体系和评分标准有待继续进行完善，各评价模块需进一步融合和平衡，不同指标的评价分值要尽量达到大体上的相当。

2. 科研人员分类评价有待进一步细化

虽然进行了人员分类评价，但是科研人员的细化分类不够，如科研队伍中有以基础研究工作为主的，有以应用研究工作为主的，也有以技术开发工作为主的，还有以成果转化工作为主的，目前尚未对此进行更进一步的细化分类，有待进一步研究更加科学、合理、公平的评价指标。

3. 技术人员评价有待与科研人员评价分离

部分人员从事实验技术和农业技术工作（含农业技术示范推广、大田试验和技术集成），工作内容和性质有别于科研工作，如实验师和农艺师，但却归类于科研人员进行考评，岗位绩效目标导向不够合理，未能充分发挥技术人才的作用。

第三节　创新型国家科研人员分类评价

一、创新型国家的含义

十九大报告指出，从 2020 年到 2035 年，在全面建成小康社会的基础上，再奋斗十五年，基本实现社会主义现代化。到那时，我国经济实力、科技实力将大幅跃升，跻身创新型国家前列。

创新（Innovation）的基本定义是指从外界引入或者在内部产生某种新事物而造成有益的变化，是人们为了适应客观环境的变化而采取的一些新的举措。创新型国家（Innovation-oriented Country），顾名思义，是指以技术创新为经济社会发展核心驱动力的国家。主要表现为：整个社会对创新活动的投入较高，重要产业的国际竞争力较强，投入产出的绩效较高，科技进步和技术创新在产业发展和国家财富增长中起重要作用。作为创新型国家，应具备以下四个特征：①创新投入高，国家的研发投入即 R&D（研究与开发）支出占 GDP 的比例在 2%以上；②科技进步贡献率达 70%以上；③自主创新能力强，国家的对外技术依存度指标通常在 30%以下；④创新产出高，是否拥有高效的国家创新体系是区分创新型国家与非创新型国家的重要标志。

目前世界上公认的创新型国家有 20 个左右，包括美国、日本、芬兰、韩国等。这些国家除了具有以上四个特征外，他们所获得的第三方专利（美国、欧洲和日本授权的专利）占世界总数中的绝大多数。除了上述国家外，为了在竞争中赢得主动，依靠科技创新提升国家的综合国力和核心竞争力，越来越多的国家都确立了建立国家创新体系，走创新型国家之路的指导方针。

建设创新型国家，全面提升国民的创新素质是基础。要实现建设创新型国家的目的，就必须在现有基础上改变“记忆力教育”，想办法着重培养国民的创造力意识，创造力人格，创造力技能，提高国民创造力运用能力。

建设创新型国家，营造良好创新环境是重点。营造良好的创新环境是一个艰巨而庞大的系统性工程。理想的创新环境应当是，学校等公共教育体系大力推广创造力教育模式；社会倡导鼓励创新行为，积极保护创新成果 免遭非法侵害等。

建设创新型国家，建立“创新成果保护和鼓励机制”是关键。没有良好的保护和鼓励机制，就没有国民的创新积极性。没有国民的创新积极性，就没有数量多质量高的创新成果。没有数量多质量高的创新成果，所谓创新型国家就是纸上谈兵，海市蜃楼。

我国农业科技创新能力仍然较弱，2012 年，我国农业科研投入占农业 GDP 的比例仅为 0. 6%左右，远低于发达国家 2%以上的比例。无论是从社会总投入，还是从公共财政投入看，我国农业研发投入水平也远低于全国科技的平均投入水平。2014 年，我国农业总产值占国民生产总值的比例跌破 10%，农业发展通过历史拐点进入了新的发展阶段，农业对科技支撑的需求也越来越凸显。2017 年，我国农业科学技术创新能力在世界主要国家中仅处于中等水平。但有利的是，我国已经构建了比较完整的学科体系，也有较为丰富的科技人力资源，完全有基础，有条件，有能力跟上世界新的科技革命和产业革新的步伐，做时代创新的引领者，实现跻身创新型国家前列这一伟大目标。

作为世界农业大国之一，我国目前已经进入加快改造传统农业，推进农业科技化与农业现代化建设的关键时期。其中，农业科技对农业发展的贡献率日益提高，其对农业的支撑力不言而喻。根据中共中央、国务院引发的纲领性文件——《关于深化科技体制改革加快国家创新体系建设的意见》（以下简称《意见》）提出的要提高科研院所和高等学校服务经济社会发展的能力，加快科研院所和高等学校科学体制改革和机制创新的要求，我们应积极学习主要创新型国家的科技发展模式，结合我国的基本国情，构建中国特色的科学技术发展模式。

二、主要创新型国家农业科技发展模式

现阶段世界创新型国家的实践经验表明，发展现代农业，实现十九大提出的提高自主创新能力、跻身创新型国家的目标，其根本出路只能是依靠农业科技进步。由于不同国家之间各种资源、社会经济条件、政府方针等的不同，现代农业发展道路和特点也不相同。一个国家的现代农业发展模式主要由该国的土地、劳动力及该国工业水平等因素决定。总体的规律是，世界上劳均土地在30公顷以上的国家，走的是机械技术型道路；劳均土地在3～30公顷的国家，走的是生物技术、机械技术交错型道路；而劳均土地不足3公顷的国家，多数走的是生物技术型道路。经过对世界主要创新型国家的发展现代农业、推动现代农业科技创新的模式进行比较分析，有以下三个主要模式。

（一）规模化、机械化、高技术化模式（以美国为代表）

这类模式多见于农业耕地资源丰富、适于规模经营但劳动力短缺的国家，其总体发展路线是偏向于科学技术代替劳动力。这类模式有以下两个特点。

一是农业生产高度组织化、规模化。以美国为例，农业基本经营单位以家庭农场为主，农业合作社也是实现农业现代化经营的重要载体。美国土地资源丰富（2017年耕地面积1.87亿平方千米，人均耕地面积0.66平方千米。是全球人均耕地面积的3倍、中国人均耕地面积的6～7倍）、气象条件适合，55%的耕地面积为海拔500米以下的适宜农业耕种的平原。农业耕地资源的丰富和劳动力资源的短缺，使美国农业发展模式偏向技术替代劳动力的发展模式，发展农业机械化耕作和规模化经营。2012年底，美国家庭农场数占全美农场数的86.5%；2014年，美国共有208.4万个农场，平均规模438英亩（约合2 659亩），其中家庭农场占比87%。2014年，美国共有2 238个农业合作社，平均每个合作社有938名会员。由此可见，农业只有实施适度规模化经营才会有高效益、大市场，才会获得较高的经济回报，才能有资金发展现代农业。

二是现代农业技术高度技术化、农业信息日益智能化。美国农业工人平均拥有的农业机械设备价值达1.5万美元，较冶金业工人同比高出22%。即使在家庭农场中，农民驾驶着卡车在田地里巡视作物生长、通过操纵不同农机具完成整地、深施肥、收获等农业作业项目也是非常常见的。此外，近年来，随着

电子商务的发展，大型农场（销售额 50 万美元以上）均使用产量监控器，并辅之以 GPS、耕作区域地图、耕作作物种类及植物种群信息等物联网科技。这样，在最大程度的节约了劳动力成本的基础上，也提高了耕作效率，复合农机还能一机多用降低机械化生产成本，与农业售卖信息化结合，大大提高农业经济效益。

（二）资源节约、资本技术密集型模式（以日本、以色列为代表）

这一模式是劳动力不足且资源缺乏的经济发达国家的常见模式。这一模式具有劳动生产率高、消耗低、竞争力强等优点，但同时也要求有较高的物质技术基础和较充裕的资金条件。例如，位于亚洲大陆东岸外的日本，是一个太平洋岛国，国土面积 37.78 万平方千米，耕地面积约为 551.47 万公顷，人口 1.28 亿，人均耕地约 0.047 公顷。由于耕地面积有限，历史上日本农业生产经营属于典型的超小型农业。受到农业资源极度匮乏、土地高度紧张等不利条件限制，现代日本发展农业走的是资源节约、劳动密集、技术密集之路，完全是依靠技术创新和大量资本投入来提高有限土地资源的利用率。20 世纪 70 年代中期，日本达到了农业全面现代化的水平。

日本等国家的现代农业发展模式有以下两个鲜明特点。

一是采用全盘合作化的土地节约型模式，由农协联合分散农户形成劳动集约经营。20 世纪 90 年代后，农协逐渐演变成为日本农业领域的综合服务商，代表日本农民直接和消费者进行沟通，进而扩大了自身的直接销售，带来了自身事业的繁荣。与此同时，农协也逐渐脱离了非营业、服务农业的根本宗旨，违背了农协的合作性质和公平竞争的市场原则，进入企业化经营机制，受到日本社会的普遍诟病。

二是机械化程度高。1961 年日本制定《农业基本法》，把提高农业劳动生产率和缩小工农收入差别作为实现农业现代化的两大目标，大力推进以机械化为主体的农业技术革命。到目前为止，日本在以机械化为中心的水利、良种和栽培技术上到达先进水平，稻谷的劳动生产率提高了近两倍，农户家庭收入与城镇职工家庭收入基本持平。与之情况相似的还有以色列，以色列自然环境恶劣，耕地少，国土内耕地年降水量在 300 毫米左右。面对这种情况，以色列政府大量投资支持农业发展，通过全国垦荒、兴修水利、提高农业机械化程度实现了农业大起步。特别是从 1972 年开始，国家对滴灌技术给予大力扶持，农产品产量直线上升。

三是日本对农业采取全面反哺政策，完成社会资本向农业的倾斜性聚集。如前文所说，在迅速实现工业化、城镇化过程中，日本农协出现过由于过分剥夺而导致农业萎缩的情况，但在工业化达到一定水平后，分别于 20 世纪 60 年代中期和 70 年代初期实行了对农业的反哺政策。反哺过程可以分为初级和高级两个阶段，初级阶段以硬件哺育为主，重点是提高农业固定资产装备水平、加速农村建设等，政策导向是为扩大再生产，改善生产、生活条件打下坚实的基础；高级阶段则采取硬、软件相结合，以软件为主的方针，政策导向放在结构调整、扩大经营规模、提高农村组织水平和农民素质等方面，促进农业迅速强大起来。

（三）生产集约、机械技术复合模式（以法国、荷兰为代表）

这一模式是在节约土地、提高土地生产率的基础上调整农业结构和生产布局，使农业生产向产业化、集约化、机械化发展。以法国为例，该国位于欧洲西部，国土面积 55.2 万平方千米，耕地面积约 1 800 万公顷，人均耕地面积 0.316 公顷，是欧洲第一农业生产大国，农产品出口仅次于美国居世界第二位。第二次世界大战以后，法国开始积极采用先进的农业科学技术，在良种、农机、施肥等农业技术方面都达到了较高水平。同时，健全的农业科技推广体系的建立，为法国农业现代化提供了技术上的支持，也给法国农业的发展提供了动力。

法国现代农业发展模式有以下特点。

一是通过农业生产专业化和一体化实现农业现代化。通过区域专业化充分利用自然条件和农业资源，把不同的农作物和禽畜集中到最适宜的地区，形成专业化的农业生产基地；通过农业专业化让一个农场专业生产一门农产品，再通过作业专业化将农场的耕种、收获、运输、供应交给农场外的专业企业完成，使农场由自给型生产转变为商品化生产。这一特点使该模式灵活有效，加上自愿组织，退社自由，深受法国农民喜爱。

二是农业技术机械化、自动化程度高。法国凭借发达的工业基础积极促进农业机械化、自动化进程，大大提高了农业生产效率。英国作为这一模式的另一个代表国家，农业机械也达到了相当高的水平，从耕种到收获、进仓每个程序都有相应的农机。

三是农业科技研究和推广体系十分发达。法国在规划和构建国家农业科技创新体制的过程中，充分考虑了农业的区域性特征，使农业科研工作更能满足区域农业发展需要，实现了农业科技的“本土化”。法国的中央和地方政府、农业行业组织和工业企业都从各自不同的角度共同参与农业技术的推广、普及，在全国形成了农机、农药、化肥、良种和先进农艺的立体推广网络。1949—1968 年，法国农民自发组织了 1 300 多个“农业技术研究中心”，学习新的农业技术。此外，国家还设立了“全国农业进步基金”，成立了“全国农业推广和进步理事会”及各省的委员会，1959 年颁布了《农业推广宪章》，极大地促进了农业科研与生产实际的紧密结合。

三、主要创新型国家科研机构设置及人员评价特点

（一）规模化、机械化、高技术化模式（以美国、德国为代表）

美国的科研活动分散在联邦政府科研机构、大学科研机构、私人工业企业科研机构和非盈利科研机构四大体系中，其中联邦政府研究机构（即国立研究机构）主要从事研究和技术开发，目前在四大体系中比重较小，且总体上呈递减趋势。大学科研机构是美国基础研究的主要基地。私人企业则以技术开发为主，在全美占有重要地位，3/4 的科研人员分布在企业科研机构，吸纳了全美 60%以上的 R&D 总经费。我们从以下三个方面进一步了解美国科研机构的设置及人员评价特点。

（1）科研组织体系：美国科研组织可以概括为四种类型，即联邦政府科研机构、大学科研机构、私人工业企业科研机构和非盈利科研机构。其中，联邦政府科研机构按照管理形态又可以分为国有国营和国有民营两类，并以后者为主。

（2）科研队伍构成：美国科研人员主要是由大学培养的博士生组成的，来自 238 所具有培养博士生资格的大学培养的博士组成了美国科研队伍的中坚力量。美国政府每年通过国家科学基金会资助 3 000 多名博士、10 000 多名硕士及 10 000 多名主要的青年科研人员，这些措施在造就美国优秀科研人才方面起

到了巨大的作用。

（3）评价制度：美国的科技评价以 STAR METRICS 为框架，这个框架具有浓厚的美国特色，主要特点是强调自由、强调实用。其自由特点主要表现在评价框架内的利益共同体根据各自需要选择是否参与评价、参与评价的范围和参与的程度；其实用特点表现在充分利用现有数据集和数据迁移技术来最大程度降低评估工作量。这一评价框架是目前世界范围内已有的利用现有数据集最大程度降低工作量的方法。

STAR METRICS 是“美国再投资中科学与技术、测度研究工作在创新、竞争力及科学上的影响”（Science and Technology for America's Reinvestment Measuring the Effects of Research on Innovation，Competitiveness and Science）的简称。这一项目遵循“科学是由科学家完成的”这一原则，将每名科研人员作为一个评价单元进行分析。目前这一项目正在逐步拓展，未来将可能覆盖所有美国联邦政府投资的科研机构。美国政府之所以采用这一评价框架，主要是为向公众展示联邦政府自身科学投入产生的成效和影响，从而促进政策制定、明确责任、提高公众参与度。

另外，美国在与科研教育相关的大学教师制度的流动性方面与我国也存在显著差异。美国终身教职制度（Tenure-Track）被人形象的称为“非升即走”（up-or-out），即教师一旦选择进入“Tenure-Track”，即可以通过晋升得到终身教职或直接走人。这一制度保障了学术自由、职业安全，提供了激励机制，即在一定程度和范围内对青年教师和尚未获得终身制教职的教师有一定的激励作用，也培养了高校教师对学科、院校忠诚的组织文化。与美国相比，我国大学教师流动性较差，即人才流动性低，很多教师终身都在一个学校任教，严重影响了高水平教师队伍的建设。

德国高校的科研水平较为发达，虽然尚未形成全国性的统一评价系统，16个州的评价方法都不尽相同，但科研评价体系较为完善，其评价结果主要基于量化指标和同行评价。德国学术性科研方面的评价被认为是后来者，与美国相比晚了二十多年，但是其对政府项目影响的系统性评估却几乎与美国同时起步。德国科研评价系统的发展主要受两方面因素的影响。一是德国大学的科研经费来源于政府以及社会，大学科研不得不兼顾政府、社会以及生产对科研活动的要求；二是对于大学自身而言，不同的评价结论有利于其自身调整发展战略，因地制宜，扬长避短。

德国高校科研评价方由政府机构、社会第三方和大学本身组成。其中，社会第三方包括德意志研究联合会（Deutsche Forschungsgemeinschaft，German Research）和科学顾问委员会（Wissenschaftsrat）。政府方面，德国从2006年开始实施“精英计划”，旨在提高德国高校的科研创新能力，参与该计划的评估专家有85%来自国外。该计划采用滚动制，对评选出来的精英学校提供额外科研经费，因此对高校的科研水平提升有一定的促进作用；德意志研究联合会主要提供德国大学及其他机构的科研活动的排名结果，尽管这一结果不会影响社会各界对德国高校的经济资助，但还是为各高校与其他科研机构的合作提供了重要的讨论基础。科学顾问委员会与德意志研究联合会相似，其评价排名结果也不会影响经济资助，只供大学和学术机构在战略决策时参考。大学的自我评估则分为内部评估和外部评估两部分。内部评估主要用于改进高校内部资金管理、提高资源使用率、了解自身利弊；外部评估则用于优化机构战略、评估学科优势。

此外，德国高校科研评价体系中的反馈和激励机制也是一大亮点。

（二）资源节约、资本技术密集模式（以日本为代表）

（1）科研组织体系：日本的科研组织主要由研究所、大学及其附属研究机构和民间企业的研究所组成。其中，研究所主要指国立和公立的研究所、特殊法人研究所和财团法人及社团法人民营研究所等。国立研究所主要指附属于各省厅的研究所。日本主要科研力量集中在民间企业，每年民间企业研发经费的投入占日本R&D经费的80%左右，拥有全国一半以上的研究人员，因此日本科研组织体系被称为民间主导型。这是日本的特殊国情决定的，也是日本科研体系区别于其他国家的根本特征。

（2）科研队伍构成：由于科研体系的独特之处，日本在构建其科研队伍的时候更重视吸收一些来自民间企业的科研人员进入日本的科研决策机构担任重要职务，为日本的科研决策提供与经济市场结合更紧密、更适于生产实践的建设性意见。我国大量的科研人员集中在大学和各级科研所，把主要精力放在发表论文、评定职称上，企业缺乏高水平科研人员，科研和生产脱轨的问题较为突出。

（3）评价制度：日本科研评价制度从20世纪40年代起步，最初只是技术评价，即为配合技术立国战略的实施，根据产业发展和技术引进的需要，针对重大科技计划和项目设立的评价制度。随着《科学技术基本法》《科学技术基本计划》《国家研究开发评价实施办法大纲指南》等法规指南的制定，日本的评价制度已经趋于完善，由机构评价、课题评价和人员评价三部分组成。其中，日本课题评价制度在日本经济的发展、研究经费的合理配置和使用和研究成果的顺利产生等方面发挥了重大作用。

（三）生产集约、机械技术复合模式（以法国为代表）

法国作为一个创新型国家，近年来科研水平出现下滑趋势，主要表现在：专利数量在欧洲所占比例下降、大批科研人员退休后继无人、企业对科研项目经费投入不足等。这些现象引起了法国政府的高度重视，推动了法国科研体制的改革和促进科技创新的措施的出台。

（1）科研组织体系：为完善科研组织体系，法国于 2009 年在原有体系基础上增设科学与技术高等理事会、科研与高等教育评价署、国家科研署等机构。其中，科学与技术高等理事会负责向总统和政府报告科学与技术创新方面的问题并准确把握科技发展动向，科研与高等教育评价署负责对所有由政府资助的科研计划和项目进行评价并向社会公布评审结果，国家科研署负责促进科学研发活动，确保政府科研政策和战略的有效实施。2015 年 3 月，法国发布新的国家科研战略《法国—欧洲 2020》，确定了 10 大应对法国社会挑战的优先科研方向和 5 大行动计划。现阶段，法国科研体系以综合能力强的公立机构为主，其中法国国家科研中心是法国最重要的公立机构。

（2）科研队伍构成：主要由在法国获得博士学位的本籍和外籍人才在法国公立科研机构和大学或企业进行科学研究。此外，法国政府 2009 年出台的新移民政策和 2015 年出台的优秀客座教授计划也吸引了一批国外高水平的研究人员到法国科研机构工作。以 CNRS 为例，有 25%的研究人员来自国外并且每年有 55 000 人次的研究访问。

（3）评价制度：法国科研评价制度主要是对科研工作者进行评价。评价内容包括：科研业绩与水平、科技成果推广、科技知识传播、人员培训及科研管理等。在综合上述方面后，专家委员会全体讨论，得出评价结论。评价结果分为 5 级：优秀、良好。合格、警告和调换工作。在评价实施手段方面，目前法国采用在线评价工具。

第四节 基于 AHP 方法构建农业科研人员分类评价指标体系

如前文所述，众多学者和科研机构对科技人员分类评价进行了大量的探索和实践，取得了系列的研究成果。在研究的各种评价方法中，AHP（层次分析法，The Analytic Hierarchy Process 的简称）和 DEA（Data envelopment analysis 的简称）是一种计算评价方法较为简单，可操作性较高的评价方法。本节重点针对“科技创新”类型和“科研管理”类型人才研究设计评价指标体系，构建评价层次结构模型，应用层次分析法确定各层各指标的权重，建立“科技创新”类型和“科研管理”类型人才分类评价指标体系。

一、评价方法和步骤

1. 层次分析法

构建农业科技人才分类评价层次结构模型，关键是求各层各指标的权重。层次分析法是确定层次结构模型的权系数的有效方法，非常适合对各个定性指标进行综合评价。

2. 层次分析法的步骤

（1）确定评价目标和评价因素。我们假定的评价目标是综合评价“科技创新”类型“科研管理”类型人才，根据评价目标确定有序的层次结构评价因素。

（2）构建造判断矩阵。判断矩阵是以矩阵形式表示的每层次中各个因素的相对重要程度。建立判断矩阵一般自上而下地进行，根据元素间的联系，构造某一元素与其下一层次所有有关联的元素之间的判断矩阵。

首先，我们确定层次分析的评价标度，一般采用 1~5 及其倒数的标度方法。单元格 C_{ij}是指第 i 行的要素相对于第 j 列的要素的相对重要性，若数字大于 1，且数字越大，则说明第 i 行要素对于第 j 列要素的相对重要性越大，取 5、4、3、2、1 五个等级；反之，若数字小于 1 且数字越小，则说明第 i 行要素对于第 j 列要素的相对重要性越小，取 1/1、1/2、1/3、1/4、1/5，得到判断矩阵 S。

（3）计算判断矩阵。用 yaahp 软件计算判断矩阵 S 的最大特征根 λmax，并得到最大特征根对应的特征向量 A，此特征向量 A 就是各个评价因素的重要性排序，也就是权重。

（4）一致性检验。要保证判断矩阵是合理有效的，那需对判断矩阵进行一致性检验，为进行判断矩阵的一致性检验，需计算一致性指标 $CI=(\lambda max-n)/(n-1)$，再计算平均随机一致性指标 RI。RI 的计算步骤是：第一步：随机的构造 500 个样本判断矩阵；第二步：计算各个随机样本矩阵的一致性指标 CI 值，并计算各个 CI 值的平均值，这个平均值就是平均随机一致性指标 RI 值。最后计算随机一致性比率 $CR=CI/RI$，若 $CR<0.1$，则说明层次分析排序结果有满意的一致性；反之，则需要对判断矩阵进行调整，使得判断矩阵通过一致性检验后再得出权重系数。

二、农业“科技创新”人才评价体系指标权重计算结果

1. 构建评价指标体系

农业“科技创新”人才具体评价指标见表 3-1。

表 3-1 “科技创新”类型人才评价指标体系

一级指标	二级指标
B1 职业道德	C1 思想政治与遵纪守法
	C2 勤奋敬业的工作态度
	C3 科研诚信和学术道德
B2 科研产出	C4 技术标准
	C5 鉴定成果
	C6 专利授权
	C7 科学著作
	C8 被政府采用的调研报告、重大建议和整体规划，领导采纳性批示等
	C9 科技奖励
	C10 人才培养
	C11 国家或地方财政支持的科研项目
	C12 企业或社会基金等支持的科研项目
	C13 国际合作项目

（续表）

一级指标	二级指标
B3 成果转化	C14 新品种、新产品、新技术推广应用
	C15 技术转移及成果转化收益
	C16 农业生产技术集成示范应用
B4 科技推广	C17 经济、社会和生态效益
	C18 社会公益性服务
	C19 技术推广奖励
	C20 被农业部门确定为主推技术
B5 学术影响	C21 在重要学术会议上发表论文或作报告
	C22 入选人才计划
	C23 产业技术体系、重点科技平台、农业科技创新联盟等首席、岗位专家、负责人或骨干
	C24 自身团队建设（团队结构、培育引进情况等）
	C25 学会、行业协会、学术期刊、国际国内重要机构、组织等社会兼职
	C26 学术论文被引频次
	C27 代表性论文（领域内 A 类期刊）
B6 管理服务	C28 重大报告、制度、规划、材料等起草
	C29 业务熟悉程度和工作效率
	C30 各类管理与服务模式创新
	C31 实验技术方法创新与设备功能开发
	C32 服务意识与态度
	C33 服务对象满意程度
	C34 岗位职责完成情况

评价层次结构模型见图 3-1。

2. 构造判断矩阵

为了得到更公正更符合实际的判断矩阵，我们邀请了 57 位“科技创新”类型的专家填写判断矩阵调查表，得到样本判断矩阵。对这 57 个样本判断矩阵进行汇总，采用加权算数平均数来进行综合。最终得到汇总后的判断矩阵表 3-2 到表 3-8。

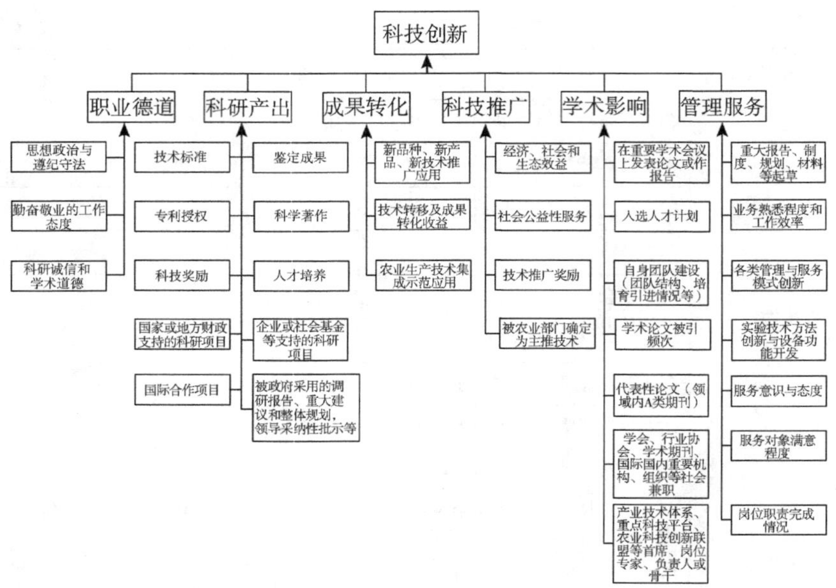

图 3-1 “科技创新”类型人才评价层次结构模型

表 3-2 *A* 的判断矩阵

A	*B*1	*B*2	*B*3	*B*4	*B*5	*B*6
*B*1	1	2. 599 1	2. 625 1	2. 637 1	2. 852 0	2. 947 7
*B*2	0. 785 9	1	1. 430 0	1. 698 1	1. 643 4	2. 380 1
*B*3	0. 728 1	1. 094	1	1. 398 4	1. 456 9	1. 981 2
*B*4	0. 683 3	0. 953 5	1. 020 7	1	1. 170 6	1. 891 1
*B*5	0. 566 4	1. 102 1	1. 127 6	1. 307 8	1	1. 869 8
*B*6	0. 533 5	0. 701 6	0. 930 3	0. 857 1	0. 876 9	1

表 3-3 *B*1 的判断矩阵

*B*1	*C*1	*C*2	*C*3
*C*1	1	1. 586 4	1. 297 2
*C*2	1. 008 7	1	0. 864 6
*C*3	1. 194 3	1. 702 1	1

表 3-4　*B*2 的判断矩阵

*B*2	*C*4	*C*5	*C*6	*C*7	*C*8	*C*9	*C*10	*C*11	*C*12	*C*13
*C*4	1	1. 288 7	1. 169 8	1. 183 2	1. 007 9	0. 774 2	0. 845 4	1. 018 9	1. 109 2	1. 042 3
*C*5	1. 251 9	1	1. 300 2	1. 299 3	1. 076 2	0. 849 4	0. 822 2	1. 029 4	1. 135 6	1. 015 4
*C*6	1. 229 1	0. 970 7	1	1. 092 6	0. 931 5	0. 739 4	0. 866 1	0. 931 1	1. 039 9	0. 980 7
*C*7	1. 303 4	1. 268 5	1. 370 1	1	1. 015 4	0. 844 1	0. 856 7	0. 950 5	1. 268 2	0. 893 5
*C*8	1. 628 3	1. 485 9	1. 693 8	1. 246 8	1	1. 036 2	1. 202 3	1. 212 0	1. 634 6	1. 197 2
*C*9	2. 239 1	1. 972 3	2. 111 6	2. 041 4	1. 589 4	1	1. 555 5	1. 606 4	1. 901 8	1. 623 4
*C*10	2. 152 6	1. 995 6	1. 966 4	1. 812 9	1. 652 0	1. 480 6	1	1. 612 3	1. 696 9	1. 533 5
*C*11	1. 718 6	1. 605 9	1. 779 3	1. 726 2	1. 301 8	1. 140 1	1. 088 5	1	1. 934 7	1. 444 9
*C*12	1. 486 2	1. 322 1	1. 447 5	1. 566 8	1. 139 9	1. 019 9	1. 002 4	0. 906 7	1	0. 848 8
*C*13	1. 576 4	1. 480 0	1. 616 5	1. 691 0	1. 431 4	1. 069 3	1. 066 3	1. 009 6	1. 912 7	1

表 3-5　*B*3 的判断矩阵

*B*3	*C*14	*C*15	*C*16
*C*14	1	1. 454 9	1. 375 3
*C*15	1. 081 2	1	1. 052 2
*C*16	1. 144 9	1. 274	1

表 3-6　*B*4 的判断矩阵

*B*4	*C*17	*C*18	*C*19	*C*20
*C*17	1	1. 380 6	1. 565 9	1. 362 8
*C*18	1. 019 5	1	1. 246 1	1. 258 6
*C*19	1. 064 5	1. 382 1	1	1. 236 6
*C*20	1. 310 9	1. 419 7	1. 231 7	1

表 3-7　*B*5 的判断矩阵

*B*5	*C*21	*C*22	*C*23	*C*24	*C*25	*C*26	*C*27
*C*21	1	0. 879 3	0. 876 2	0. 922 6	1. 145 7	0. 963 5	0. 996 1

（续表）

B5	C21	C22	C23	C24	C25	C26	C27
C22	2.201 8	1	1.181 9	1.539 4	1.938 7	1.544 5	1.726 2
C23	2.325 9	1.226 5	1	1.618 4	2.047 4	1.640 8	1.784 1
C24	1.901 8	1.118 0	0.961 3	1	1.660 5	1.414 4	1.487 1
C25	1.394 0	0.807 1	0.717 9	1.169 3	1	1.038 2	1.126 9
C16	1.910 1	1.122 9	1.086 3	1.381 3	1.467 3	1	1.195 5
C27	1.904 6	1.070 7	1.048 9	1.334 8	1.508 9	1.191 5	1

表 3-8　*B6* 的判断矩阵

B6	C28	C29	C30	C31	C32	C33	C34
C28	1	1.542 3	1.458 1	1.174 3	1.455 1	1.428 9	1.099 2
C29	1.149 2	1	1.346 1	0.981 2	1.152 6	1.209 5	0.986 9
C30	1.086 1	1.132 0	1	0.843 8	0.964 8	1.047 2	0.985 8
C31	1.577 9	1.474 5	1.371 6	1	1.375 9	1.317 1	1.140 7
C32	1.282 6	1.190 1	1.192 1	1.031 1	1	1.217 4	1.115 5
C33	1.376 3	1.264 1	1.201 7	1.169 8	1.121 6	1	1.087 0
C34	1.452 9	1.435 8	1.264 8	1.223 1	1.249 5	1.271 8	1

3. 计算判断矩阵并进行一致性检验

首先计算层次单排序，层次单排序是由判断矩阵来计算得到本层次元素对上层元素重要性次序的权重。计算各判断矩阵的特征值、最大特征根，并进行一致性检验，若 $CR<0.1$，则认为判断矩阵具有满意的一致性。计算判断矩阵的最大特征根 λmax，及其对应的特征向量，此特征向量就是各评价因素的重要性排序，也即是权系数的分配。一致性检验结果见表 3-9，给出了最大特征根 λmax，一致性指标 $CI=(\lambda max-n)/(n-1)$，平均随机一致性指标 *RI*。*RI* 是用随机的方法构造 500 个样本矩阵，构造方法是随机地用标度以及它们的倒数填满样本矩阵的上三角各项，主对角线各项数值始终为 1，对应转置位置项则采用上述对应位置随机数的倒数，表 3-10 给出了各个阶数下的平均随机一致性指标 *RI*，表 3-9 还给出了随机一致性比率 $CR=CI/RI$，当 $CR<0.1$ 时，则

说明判断矩阵通过了一致性检验，从表 3-9 来看，判断矩阵 *A* 和 *B*1-*B*6 的 *CR* 均小于 0.1，均是满足一致性的。特征向量即层次单排序结果见表 3-11 至表3-17。

表 3-9　一致性检验结果

判断矩阵	λmax	*CI*	*RI*	*CR*	一致性
A	6.078 0	0.015 6	1.26	0.012 4	是
*B*1	3.000 3	0.000 2	0.52	0.000 3	是
*B*2	10.105 0	0.011 7	1.49	0.007 8	是
*B*3	3.001 3	0.000 7	0.52	0.001 2	是
*B*4	4.014 5	0.004 8	0.89	0.005 4	是
*B*5	7.059 8	0.010 0	1.36	0.007 3	是
*B*6	7.031 4	0.005 2	1.36	0.003 8	是

表 3-10　平均随机一致性检验指标

阶数	1	2	3	4	5	6	7
RI	0	0	0.52	0.89	1.12	1.26	1.36
8	9	10	11	12	13	14	15
1.41	1.46	1.49	1.52	1.54	1.56	1.58	1.59

表 3-11　判断矩阵 *A* 的单排序结果

A	*B*1	*B*2	*B*3	*B*4	*B*5	*B*6	*Wi*
*B*1	1	2.599 1	2.625 1	2.637 1	2.852 0	2.947 7	0.294 1
*B*2	0.785 9	1	1.430 0	1.698 1	1.643 4	2.380 1	0.176 7
*B*3	0.728 1	1.094 0	1	1.398 4	1.456 9	1.981 2	0.153 6
*B*4	0.683 3	0.953 5	1.020 7	1	1.170 6	1.891 1	0.135 3
*B*5	0.566 4	1.102 1	1.127 6	1.307 8	1	1.869 8	0.138 5
*B*6	0.533 5	0.701 6	0.930 3	0.857 1	0.876 9	1	0.101 6

表 3-12 判断矩阵 *B*1 的单排序结果

*B*1	*C*1	*C*2	*C*3	*Wi*
*C*1	1	1. 586 4	1. 297 2	0. 363 9
*C*2	1. 008 7	1	0. 864 6	0. 273 8
*C*3	1. 194 3	1. 702 1	1	0. 362 4

表 3-13 判断矩阵 *B*2 的单排序结果

*B*2	*C*4	*C*5	*C*6	*C*7	*C*8	*C*9	*C*10	*C*11	*C*12	*C*13	*Wi*
*C*4	1	1. 288 7	1. 169 8	1. 183 2	1. 007 9	0. 774 2	0. 845 4	1. 018 9	1. 109 2	1. 042 3	0. 080 8
*C*5	1. 251 9	1	1. 300 2	1. 299 3	1. 076 2	0. 849 4	0. 822 2	1. 029 4	1. 135 6	1. 015 4	0. 083 3
*C*6	1. 229 1	0. 970 7	1	1. 092 6	0. 931 5	0. 739 4	0. 866 1	0. 931 1	1. 039 9	0. 980 7	0. 076 0
*C*7	1. 303 4	1. 268 5	1. 370 1	1	1. 015 4	0. 844 1	0. 856 7	0. 950 5	1. 268 2	0. 893 5	0. 082 9
*C*8	1. 628 3	1. 485 9	1. 693 8	1. 246 8	1	1. 036 2	1. 202 3	1. 212 0	1. 634 6	1. 197 2	0. 103 0
*C*9	2. 239 1	1. 972 3	2. 111 6	2. 041 4	1. 589 4	1	1. 555 5	1. 606 4	1. 901 8	1. 623 4	0. 135 0
*C*10	2. 152 6	1. 995 6	1. 966 4	1. 812 9	1. 652 0	1. 480 6	1	1. 612 3	1. 696 9	1. 533 5	0. 129 9
*C*11	1. 718 6	1. 605 9	1. 779 3	1. 726 2	1. 301 8	1. 140 1	1. 088 5	1	1. 934 7	1. 444 9	0. 112 8
*C*12	1. 486 2	1. 322 1	1. 447 5	1. 566 8	1. 139 9	1. 019 9	1. 002 4	0. 096 7	1	1. 848 8	0. 090 3
*C*13	1. 576 4	1. 480 0	1. 616 5	1. 691 0	1. 431 4	1. 069 3	1. 066 3	1. 009 6	1. 912 7	1	0. 106 1

表 3-14 判断矩阵 *B*3 的单排序结果

*B*3	*C*14	*C*15	*C*16	*Wi*
*C*14	1	1. 454 9	1. 375 3	0. 366 3
*C*15	1. 081 2	1	1. 052 2	0. 303 9
*C*16	1. 144 9	1. 274	1	0. 329 8

表 3-15 判断矩阵 *B*4 的单排序结果

*B*4	*C*17	*C*18	*C*19	*C*20	*Wi*
*C*17	1	1. 380 6	1. 565 9	1. 362 8	0. 271 5
*C*18	1. 019 5	1	1. 246 1	1. 258 6	0. 233 0
*C*19	1. 064 5	1. 382 1	1	1. 236 6	0. 240 5

（续表）

B4	C17	C18	C19	C20	Wi
C20	1.310 9	1.419 7	1.231 7	1	0.255 1

表 3-16　判断矩阵 *B5* 的单排序结果

B5	C21	C22	C23	C24	C25	C26	C27	Wi
C21	1	0.879 3	0.876 2	0.922 6	1.145 7	0.963 5	0.996 1	0.107 3
C22	2.201 8	1	1.181 9	1.539 4	1.938 7	1.544 5	1.726 2	0.171 2
C23	2.325 9	1.226 5	1	1.618 4	2.047 4	1.640 8	1.784 1	0.178 5
C24	1.901 8	1.118 0	0.961 3	1	1.660 5	1.414 4	1.487 1	0.147 2
C25	1.394 0	0.807 1	0.717 9	1.169 3	1	1.038 2	1.126 9	0.112 9
C16	1.910 1	1.122 9	1.086 3	1.381 3	1.467 3	1	1.195 5	0.142 5
C27	1.904 6	1.070 7	1.048 9	1.334 8	1.508 9	1.191 5	1	0.140 4

表 3-17　判断矩阵 *B6* 的单排序结果

B6	C28	C29	C30	C31	C32	C33	C34	Wi
C28	1	1.542 3	1.458 1	1.174 3	1.455 1	1.428 9	1.099 2	0.155 6
C29	1.149 2	1	1.346 1	0.981 2	1.152 6	1.209 5	0.986 9	0.133 6
C30	1.086 1	1.132 0	1	0.843 8	0.964 8	1.047 2	0.985 8	0.121 0
C31	1.577 9	1.474 5	1.371 6	1	1.375 9	1.317 1	1.140 7	0.158 3
C32	1.282 6	1.190 1	1.192 1	1.031 1	1	1.217 4	1.115 5	0.137 8
C33	1.376 3	1.264 1	1.201 7	1.169 8	1.121 6	1	1.087	0.141 3
C34	1.452 9	1.435 8	1.264 8	1.223 1	1.249 5	1.271 8	1	0.152 6

综上所述，“科技创新”人才评价指标的权重分配见表 3-18。

表 3-18　创新型农业科技人才评价指标权重

一级指标	二级指标
B1 职业道德 0.291 4	C1 思想政治与遵纪守法 0.363 9
	C2 勤奋敬业的工作态度 0.273 8
	C3 科研诚信和学术道德 0.362 4

（续表）

一级指标	二级指标
B2 科研产出 0.176 7	C4 技术标准 0.080 8
	C5 鉴定成果 0.083 3
	C6 专利授权 0.076 0
	C7 科学著作 0.082 9
	C8 被政府采用的调研报告、重大建议和整体规划，领导采纳性批示等 0.103 0
	C9 科技奖励 0.135 0
	C10 人才培养 0.129 9
	C11 国家或地方财政支持的科研项目 0.112 8
	C12 企业或社会基金等支持的科研项目 0.090 3
	C13 国际合作项目 0.106 1
B3 成果转化 0.153 6	C14 新品种、新产品、新技术推广应用 0.366 3
	C15 技术转移及成果转化收益 0.303 9
	C16 农业生产技术集成示范应用 0.329 8
B4 科技推广 0.153 5	C17 经济、社会和生态效益 0.271 5
	C18 社会公益性服务 0.233 0
	C19 技术推广奖励 0.240 5
	C20 被农业部门确定为主推技术 0.255 1
B5 学术影响 0.138 5	C21 在重要学术会议上发表论文或作报告 0.107 3
	C22 入选人才计划 0.171 2
	C23 产业技术体系、重点科技平台、农业科技创新联盟等首席、岗位专家、负责人或骨干 0.178 5
	C24 自身团队建设（团队结构、培育引进情况等）0.147 2
	C25 学会、行业协会、学术期刊、国际国内重要机构、组织等社会兼职 0.112 9
	C26 学术论文被引频次 0.142 5
	C27 代表性论文（领域内 A 类期刊）0.140 4
B6 管理服务 0.101 6	C28 重大报告、制度、规划、材料等起草 0.155 6
	C29 业务熟悉程度和工作效率 0.133 6
	C30 各类管理与服务模式创新 0.121 0
	C31 实验技术方法创新与设备功能开发 0.158 3
	C32 服务意识与态度 0.137 8
	C33 服务对象满意程度 0.141 3
	C34 岗位职责完成情况 0.152 6

三、农业“科技管理”人才评价体系指标权重计算结果

1. 构建评价指标体系

农业“科技管理”人才具体评价指标（表 3-19）和评价层次结构模型（图 3-2）。

表 3-19　“科技管理”类型人才评价指标体系

一级指标	二级指标
B1 职业道德	C1 思想政治与遵纪守法
	C2 勤奋敬业的工作态度
	C3 科研诚信和学术道德
B2 科研产出	C4 专利授权
	C5 科学著作
	C6 科技奖励
	C7 人才培养
	C8 国家或地方财政支持的科研项目
B3 成果转化	C9 新品种、新产品、新技术推广应用
	C10 技术转移及成果转化收益
B4 学术影响	C11 入选人才计划
	C12 产业技术体系、重点科技平台、农业科技创新联盟等首席、岗位专家、负责人或骨干
	C13 学术论文被引频次
	C14 代表性论文（领域内 A 类期刊）
B5 管理服务	C15 重大报告、制度、规划、材料等起草
	C16 业务熟悉程度和工作效率
	C17 各类管理与服务模式创新
	C18 服务意识与态度
	C19 服务对象满意程度
	C20 岗位职责完成情况

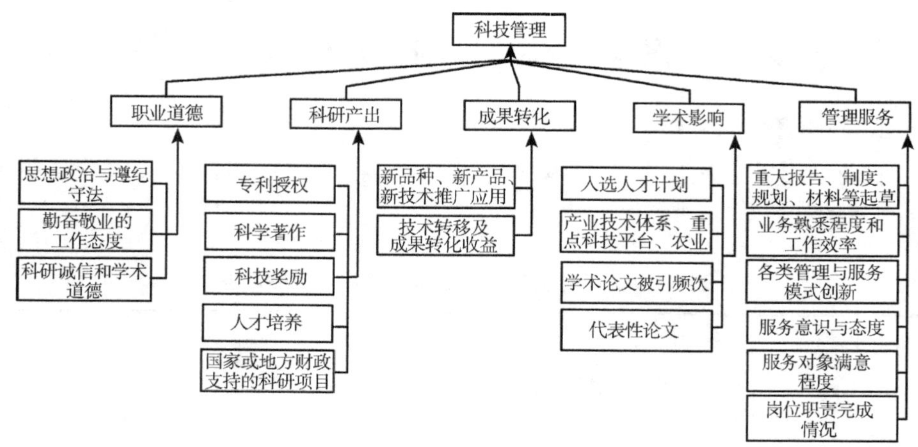

图 3-2　“科技管理”类型人才评价层次结构模型

2. 构造判断矩阵

为了得到更公正更符合实际的判断矩阵，我们邀请了 23 位“科技管理”类型的专家填写判断矩阵调查表，得到样本判断矩阵。对这 23 个样本判断矩阵进行汇总，采用加权算数平均数来进行综合。最终得到汇总后的判断矩阵表 3-20 至表 3-25。

表 3-20　*A* 的判断矩阵

A	*B*1	*B*2	*B*3	*B*4	*B*5
*B*1	1	2.213 4	2.058 4	2.397 6	1.762 5
*B*2	0.784 2	1	1.401 7	1.471 3	1.050 2
*B*3	0.819 8	1.080 8	1	1.659 4	1.334 2
*B*4	0.656 0	0.863 0	0.922 4	1	1.081 3
*B*5	0.952 7	1.807 0	1.625 5	1.954 3	1

表 3-21　*B*1 的判断矩阵

*B*1	*C*1	*C*2	*C*3
*C*1	1	1.809 4	1.985 6
*C*2	0.869 6	1	1.359 2
*C*3	0.853 9	1.349 7	1

表 3-22　B2 的判断矩阵

*B*2	*C*4	*C*5	*C*6	*C*7	*C*8
*C*4	1	1. 345 2	1. 154 5	0. 786 1	1. 216 5
*C*5	1. 195 8	1	0. 790 8	0. 719 8	1. 047 0
*C*6	1. 291 3	1. 577 0	1	1. 127 0	1. 594 0
*C*6	1. 784 8	2. 033 5	1. 523 4	1	1. 740 0
*C*8	1. 468 2	1. 812 8	1. 302 6	0. 780 7	1

表 3-23　B3 的判断矩阵

*B*3	*C*9	*C*10
*C*9	1	1. 355 1
*C*10	1. 298 6	1

表 3-24　B4 的判断矩阵

*B*4	*C*11	*C*12	*C*13	*C*14
*C*11	1	1. 282 6	1. 403 6	1. 427 4
*C*12	1. 088 4	1	1. 208 0	1. 369 5
*C*13	1. 434 8	1. 583 3	1	1. 114 2
*C*14	1. 366 1	1. 492 5	0. 857 2	1

表 3-25　B5 的判断矩阵

*B*5	*C*15	*C*16	*C*17	*C*18	*C*19	*C*20
*C*1	1	1. 465 8	1. 256 2	1. 512 5	1. 436 3	1. 107 3
*C*2	1. 015 7	1	1. 352 4	1. 295 8	1. 242 0	1. 149 7
*C*3	1. 132 2	1. 060 1	1	1. 129 5	1. 304 9	1. 084 9
*C*4	1. 478 0	1. 097 4	1. 150 1	1	1. 005 0	1. 406 0
*C*5	1. 441 4	1. 166 1	1. 381 1	1. 311 0	1	1. 299 4
*C*6	1. 628 7	1. 254 9	1. 720 9	1. 105 6	1. 011 4	1

3. 计算判断矩阵并进行一致性检验

首先计算层次单排序，层次单排序是由判断矩阵来计算得到本层次元素对上层元素重要性次序的权重。计算各判断矩阵的特征值、最大特征根，并进行一致性检验，若 $CR<0.1$ 时，认为判断矩阵具有满意的一致性。计算判断矩阵的最大特征根 λmax，及其对应的特征向量，此特征向量就是各评价因素的重要性排序，也即是权系数的分配。一致性检验结果见表 3-26，给出了最大特征根 λmax，一致性指标 $CI=(\lambda max-n)/(n-1)$，平均随机一致性指标 *RI*。*RI* 是用随机的方法构造 500 个样本矩阵，构造方法是随机地用标度以及它们的倒数填满样本矩阵的上三角各项，主对角线各项数值始终为 1，对应转置位置项则采用上述对应位置随机数的倒数，表 3-27 给出了各个阶数下的平均随机一致性指标 *RI*，表 3-26 还给出了随机一致性比率 $CR=CI/RI$，当 $CR<0.1$ 时，则说明判断矩阵通过了一致性检验，从表 3-26 来看，判断矩阵 *A* 和 *B*1-*B*5 的 *CR* 均小于 0.1，均是满足一致性的。特征向量即层次单排序结果见表 3-28 至表 3-33。

表 3-26　一致性检验结果

判断矩阵	λmax	*CI*	*RI*	*CR*	一致性
A	5.064 8	0.016 2	1.12	0.014 5	是
*B*1	3.005 1	0.002 6	0.52	0.004 9	是
*B*2	5.026 7	0.006 7	1.12	0.006 0	是
*B*3	2.000 0	0.000 0	0.00	0.000 0	是
*B*4	4.003 8	0.001 3	0.89	0.001 4	是
*B*5	6.060 6	0.012 1	1.26	0.009 6	是

表 3-27　平均随机一致性检验指标

阶数	1	2	3	4	5	6	7
RI	0	0	0.52	0.89	1.12	1.26	1.36
8	9	10	11	12	13	14	15
1.41	1.46	1.49	1.52	1.54	1.56	1.58	1.59

表 3-28　判断矩阵 *A* 的单排序结果

A	*B*1	*B*2	*B*3	*B*4	*B*5	*Wi*
*B*1	1	2. 213 4	2. 058 4	2. 397 6	1. 762 5	0. 283 2
*B*2	0. 784 2	1	1. 401 7	1. 471 3	1. 050 2	0. 174 4
*B*3	0. 819 8	1. 080 8	1	1. 659 4	1. 334 2	0. 180 9
*B*4	0. 656 0	0. 863 0	0. 922 4	1	1. 081 3	0. 141 3
*B*5	0. 952 7	1. 807 0	1. 625 5	1. 954 3	1	0. 220 2

表 3-29　判断矩阵 *B*1 的单排序结果

*B*1	*C*1	*C*2	*C*3	*Wi*
*C*1	1	1. 809 4	1. 985 6	0. 421 1
*C*2	0. 869 6	1	1. 359 2	0. 290 6
*C*3	0. 853 9	1. 349 7	1	0. 288 3

表 3-30　判断矩阵 *B*2 的单排序结果

*B*2	*C*4	*C*5	*C*6	*C*7	*C*8	*Wi*
*C*4	1	1. 345 2	1. 154 5	0. 786 1	1. 216 5	0. 177 1
*C*5	1. 195 8	1	0. 790 8	0. 719 8	1. 047 0	0. 152 9
*C*6	1. 291 3	1. 577 0	1	1. 127 0	1. 594 0	0. 212 9
*C*6	1. 784 8	2. 033 5	1. 523 4	1	1. 740 0	0. 256 7
*C*8	1. 468 2	1. 812 8	1. 302 6	0. 780 7	1	0. 200 4

表 3-31　判断矩阵 *B*3 的单排序结果

*B*3	*C*9	*C*10	*Wi*
*C*9	1	1. 355 1	0. 505 3
*C*10	1. 298 6	1	0. 494 7

表 3-32 判断矩阵 *B*4 的单排序结果

*B*4	*C*11	*C*12	*C*13	*C*14	*Wi*
*C*11	1	1.282 6	1.403 6	1.427 4	0.260 5
*C*12	1.088 4	1	1.208 0	1.369 5	0.238 1
*C*13	1.434 8	1.583 3	1	1.114 2	0.261 3
*C*14	1.366 1	1.492 5	0.857 2	1	0.240 0

表 3-33 判断矩阵 *B*5 的单排序结果

*B*5	*C*15	*C*16	*C*17	*C*18	*C*19	*C*20	*Wi*
*C*15	1	1.465 8	1.256 2	1.512 5	1.436 3	1.107 3	0.176 3
*C*16	1.015 7	1	1.352 4	1.295 8	1.242 0	1.149 7	0.160 1
*C*17	1.132 2	1.060 1	1	1.129 5	1.304 9	1.084 9	0.153 1
*C*18	1.478 0	1.097 4	1.150 1	1	1.005 0	1.406 0	0.163 0
*C*19	1.441 4	1.166 1	1.381 1	1.311 0	1	1.299 4	0.172 7
*C*20	1.628 7	1.254 9	1.720 9	1.105 6	1.011 4	1	0.174 8

综上所述，“科技管理”人才评价指标的权重分配见表 3-34。

表 3-34 科技管理型农业科技人才评价指标权重

一级指标	二级指标
*B*1 职业道德 0.283 2	*C*1 思想政治与遵纪守法 0.421 1
	*C*2 勤奋敬业的工作态度 0.290 6
	*C*3 科研诚信和学术道德 0.288 3
*B*2 科研产出 0.174 4	*C*4 专利授权 0.177 1
	*C*5 科学著作 0.152 9
	*C*6 科技奖励 0.212 9
	*C*7 人才培养 0.256 7
	*C*8 国家或地方财政支持的科研项目 0.200 4

（续表）

一级指标	二级指标
B3 成果转化 0. 180 9	C9 新品种、新产品、新技术推广应用 0. 505 3
	C10 技术转移及成果转化收益 0. 494 7
B4 学术影响 0. 141 3	C11 入选人才计划 0. 260 5
	C12 产业技术体系、重点科技平台、农业科技创新联盟等首席、岗位专家、负责人或骨干 0. 238 1
	C13 学术论文被引频次 0. 261 3
	C14 代表性论文（领域内 A 类期刊）0. 240 0
B5 管理服务 0. 220 2	C15 重大报告、制度、规划、材料等起草 0. 176 3
	C16 业务熟悉程度和工作效率 0. 160 1
	C17 各类管理与服务模式创新 0. 153 1
	C18 服务意识与态度 0. 163 0
	C19 服务对象满意程度 0. 172 7
	C20 岗位职责完成情况 0. 174 8

第五节　评价体系研究问卷设计

科学构造判断矩阵并对相关指标进行计算，从而建立更为科学的评价指标及其分值，前提在于获得符合科研人员工作实际、能够满足科研人员期望值的原始数据。为此，有必要对评价对象开展问卷调查，我们为此设计了相关问卷调查设计样本。

一、创新型农业科技人才评价指标体系研究问卷设计

本问卷所涉及的问题仅作为《创新型农业科技人才评价指标体系研究》之用。比较标度和解释见表 3-35。

表 3-35 比较标度和解释

标度 C_{ij}	含义	解释
1	C_i与 C_j的影响相同	两个要素贡献相同
3	C_i比 C_j影响稍强	一要素比另一贡献稍大
5	C_i比 C_j影响强	一要素比另一贡献大
7	C_i比 C_j影响明显强	一要素比另一贡献明显大
9	C_i比 C_j影响绝对地强	一要素比另一贡献绝对大
2、4、6、8	C_i与 C_j影响之比介于以上之间	
1、1/2、……1/9	C_i与 C_j影响之比为上面的倒数	

（一）各项在评价高层次农业科技创新人才中的重要程度

请您在下表空白处填入数字（1，2，3…9；或者 1/2，1/3……1/9），“—”处不填。评价标度如上表所示，数字越大，代表横轴所列指标的重要性越大。例如，在评价高层次创新型农业科技人才中，若您认为科研业绩 i 相对科技奖励 j 而言更为重要，则填入第二行第三列中的数字应该大于 1，数字越大，说明科研业绩的相对重要性越大；反之，则所填数字为 1/2，1/3……1/9 等，数字越小，科研业绩的相对重要性越小。详见表 3-36。

表 3-36 各项在评价高层次农业科技创新人才中的重要程度

项目	科研业绩	科技奖励	人才荣誉	学术与科研任职	学术合作与交流
科研业绩	—				
科技奖励	—	—			
人才荣誉	—	—	—		
学术与科研任职	—	—	—	—	
学术合作与交流	—	—	—	—	—

（二）各项对评价科研业绩的重要程度

详见表 3-37。

表 3-37　各项对评价科研业绩的重要程度

项目	专著与重要论文	论文被引与成果应用	重要学术会议报告	成果的政府采纳	鉴定成果及知识产权数	成果转化应用推广	人才培养	主持重要科研课题	国家级科技奖励荣誉	院士荣誉	长江学者、千人计划等荣誉	国家重点学科、实验室等学术带头人	学术科研管理职务	重要学术兼职	组织重要学术与科技会议
专著与重要论文	—														
论文被引与成果应用	—	—													
重要学术会议报告	—	—	—												
成果的政府采纳	—	—	—	—											
鉴定成果及知识产权数	—	—	—	—	—										
成果转化应用推广	—	—	—	—	—	—									
人才培养	—	—	—	—	—	—	—								
主持重要科研课题	—	—	—	—	—	—	—	—							
国家级科技奖励荣誉	—	—	—	—	—	—	—	—	—						
院士荣誉	—	—	—	—	—	—	—	—	—	—					
长江学者、千人计划等荣誉	—	—	—	—	—	—	—	—	—	—	—				
国家重点学科、实验室等学术带头人	—	—	—	—	—	—	—	—	—	—	—	—			
学术科研管理职务	—	—	—	—	—	—	—	—	—	—	—	—	—		
重要学术兼职	—	—	—	—	—	—	—	—	—	—	—	—	—	—	
组织重要学术与科技会议	—	—	—	—	—	—	—	—	—	—	—	—	—	—	—

（三）各项对获得科技奖励的贡献程度

请您在下表空白处填入数字，“—”处不填。评价标度如上表所示，数字越大，代表横轴所列指标的重要性越大。例如，在获得科技奖励中，若专著与

重要论文 i 相对论文被引与成果应用 j 而言更为重要，则第二行第三列中数字应该大于 1，数字越大，专著与重要论文的相对重要性越大；反之，则所填数字为 1/2，1/3……1/9 等，数字越小，专著与重要论文相对重要性越小。详见表 3-38。

表 3-38 各项对获得科技奖励的贡献程度

项目	专著与重要论文	论文被引与成果应用	重要学术会议报告	成果的政府采纳	鉴定成果及知识产权数	成果转化应用推广	人才培养	主持重要科研课题	国家级科技奖励荣誉	院士荣誉	长江学者、千人计划等荣誉	国家重点学科、实验室等学术带头人	学术科研管理职务	重要学术兼职	组织重要学术与科技会议
专著与重要论文	—														
论文被引与成果应用	—	—													
重要学术会议报告	—	—	—												
成果的政府采纳	—	—	—	—											
鉴定成果及知识产权数	—	—	—	—	—										
成果转化应用推广	—	—	—	—	—	—									
人才培养	—	—	—	—	—	—	—								
主持重要科研课题	—	—	—	—	—	—	—	—							
国家级科技奖励荣誉	—	—	—	—	—	—	—	—	—						
院士荣誉	—	—	—	—	—	—	—	—	—	—					
长江学者、千人计划等荣誉	—	—	—	—	—	—	—	—	—	—	—				
国家重点学科、实验室等学术带头人	—	—	—	—	—	—	—	—	—	—	—	—			
学术科研管理职务	—	—	—	—	—	—	—	—	—	—	—	—	—		
重要学术兼职	—	—	—	—	—	—	—	—	—	—	—	—	—	—	
组织重要学术与科技会议	—	—	—	—	—	—	—	—	—	—	—	—	—	—	—

（四）各项对获得人才荣誉中的贡献程度

详见表 3-39。

表 3-39　各项对获得人才荣誉中的贡献程度

项目	专著与重要论文	论文被引与成果应用	重要学术会议报告	成果的政府采纳	鉴定成果及知识产权数	成果转化应用推广	人才培养	主持重要科研课题	国家级科技奖励荣誉	院士荣誉	长江学者、千人计划等荣誉	国家重点学科、实验室等学术带头人	学术科研管理职务	重要学术兼职	组织重要学术与科技会议
专著与重要论文	—														
论文被引与成果应用	—	—													
重要学术会议报告	—	—	—												
成果的政府采纳	—	—	—	—											
鉴定成果及知识产权数	—	—	—	—	—										
成果转化应用推广	—	—	—	—	—	—									
人才培养	—	—	—	—	—	—	—								
主持重要科研课题	—	—	—	—	—	—	—	—							
国家级科技奖励荣誉	—	—	—	—	—	—	—	—	—						
院士荣誉	—	—	—	—	—	—	—	—	—	—					
长江学者、千人计划等荣誉	—	—	—	—	—	—	—	—	—	—	—				
国家重点学科、实验室等学术带头人	—	—	—	—	—	—	—	—	—	—	—	—			
学术科研管理职务	—	—	—	—	—	—	—	—	—	—	—	—	—		
重要学术兼职	—	—	—	—	—	—	—	—	—	—	—	—	—	—	
组织重要学术与科技会议	—	—	—	—	—	—	—	—	—	—	—	—	—	—	—

（五）各项对学术与科研任职的贡献程度

请您在下表空白处填入数字，“—”处不填。数字越大，代表横轴所列指标的重要性越大。例如，在学术与科研任职中，若专著与重要论文 i 相对主持重要科研课题而言更为重要，则第 2 行第 9 列中数字应该大于 1，数字越大，专著与重要论文的相对重要性越大；反之，则所填数字为 1/2，1/3……1/9 等，数字越小，专著与重要论文相对重要性越小。详见表 3-40。

表 3-40　各项对学术与科研任职的贡献程度

项目	专著与重要论文	论文被引与成果应用	重要学术会议报告	成果的政府采纳	鉴定成果及知识产权数	成果转化应用推广	人才培养	主持重要科研课题	国家级科技奖励荣誉	院士荣誉	长江学者、千人计划等荣誉	国家重点学科、实验室等学术带头人	学术科研管理职务	重要学术兼职	组织重要学术与科技会议
专著与重要论文	—														
论文被引与成果应用	—	—													
重要学术会议报告	—	—	—												
成果的政府采纳	—	—	—	—											
鉴定成果及知识产权数	—	—	—	—	—										
成果转化应用推广	—	—	—	—	—	—									
人才培养	—	—	—	—	—	—	—								
主持重要科研课题	—	—	—	—	—	—	—	—							
国家级科技奖励荣誉	—	—	—	—	—	—	—	—	—						
院士荣誉	—	—	—	—	—	—	—	—	—	—					
长江学者、千人计划等荣誉	—	—	—	—	—	—	—	—	—	—	—				
国家重点学科、实验室等学术带头人	—	—	—	—	—	—	—	—	—	—	—	—			
学术科研管理职务	—	—	—	—	—	—	—	—	—	—	—	—	—		
重要学术兼职	—	—	—	—	—	—	—	—	—	—	—	—	—	—	
组织重要学术与科技会议	—	—	—	—	—	—	—	—	—	—	—	—	—	—	—

（六）各项在学术交流与合作中的重要程度

数字越大，代表横轴所列指标的重要性越大。例如，在学术交流与合作中，若专著与重要论文 i 相对主持重要科研课题而言更为重要，则第 2 行第 9 列中数字应该大于 1，数字越大，专著与重要论文的相对重要性越大；反之，则所填数字为 1/2，1/3……1/9 等，数字越小，专著与重要论文相对重要性越小。详见表 3-41。

表 3-41　各项在学术交流与合作中的重要程度

项目	专著与重要论文	论文被引与成果应用	重要学术会议报告	成果的政府采纳	鉴定成果及知识产权数	成果转化应用推广	人才培养	主持重要科研课题	国家级科技奖励荣誉	院士荣誉	长江学者、千人计划等荣誉	国家重点学科、实验室等学术带头人	学术科研管理职务	重要学术兼职	组织重要学术与科技会议
专著与重要论文	—														
论文被引与成果应用	—	—													
重要学术会议报告	—	—	—												
成果的政府采纳	—	—	—	—											
鉴定成果及知识产权数	—	—	—	—	—										
成果转化应用推广	—	—	—	—	—	—									
人才培养	—	—	—	—	—	—	—								
主持重要科研课题	—	—	—	—	—	—	—	—							
国家级科技奖励荣誉	—	—	—	—	—	—	—	—	—						
院士荣誉	—	—	—	—	—	—	—	—	—	—					
长江学者、千人计划等荣誉	—	—	—	—	—	—	—	—	—	—	—				
国家重点学科、实验室等学术带头人	—	—	—	—	—	—	—	—	—	—	—	—			
学术科研管理职务	—	—	—	—	—	—	—	—	—	—	—	—	—		
重要学术兼职	—	—	—	—	—	—	—	—	—	—	—	—	—	—	
组织重要学术与科技会议	—	—	—	—	—	—	—	—	—	—	—	—	—	—	—

二、农业科研人员分类评价调查问卷设计

（一）个人资料

1. 您的姓名［填空题］［必答题］

____

2. 您的年龄［单选题］［必答题］

○ 20～30

○ 31～40

○ 41～50

○ 51～60

3. 您的学历［单选题］［必答题］

○大专

○本科

○硕士研究生

○博士研究生

4. 您的职称［单选题］［必答题］

○初级

○中级

○副高

○正高

5. 您所在单位 ［必答题］

____

6. 您认为是否有必要开展农业科研人员分类评价？［单选题］［必答题］

○有必要

○无所谓

○没有必要

7. 您主要从事的工作类型？［单选题］［必答题］

○科技创新

○科技服务

○科技管理

○科技支撑

○科技创新与科技服务，以科技创新为主

○科技创新与科技服务，以科技服务为主

○科技创新与科技管理，以科技创新为主

○科技创新与科技管理，以科技管理为主

○科技服务与科技管理，以科技服务为主

○科技服务与科技管理，以科技管理为主

其他______________________________

注：

⑤科技创新人员：主要是开展基础科学和前沿技术研究、应用研究的人员。

⑥科技服务人员：主要开展科技成果的转化应用和推广的人员。

⑦科技管理人员：主要从事科技项目和科技人员的管理和服务工作。

⑧科技支撑人员：主要指实验室实验员、试验田技术工人等。

8. 您认为针对您所属的科研人员类别开展评价还应加入哪些指标？[填空题]

____

9. 针对当前的科研人员分类评价工作，您还有哪些意见与建议？

（二）考核指标选择

本研究将科研人员的评价指标分为职业道德、科研投入、科研产出、成果转化、科技推广、学术影响、管理服务等指标，请您结合自己工作中的实际情况，针对您所在岗位的价值体现，对以下评价指标进行选择（表3-42），并根据您的经验审慎填写指标权重。

表3-42　考核指标

一级指标	二级指标	是否为您所属科研人员类别的重要指标（是√或否×）
职业道德	思想政治与遵纪守法情况	
	勤奋敬业的工作态度	
	科研诚信和学术道德	
	其他（请指明__________）	

（续表）

一级指标	二级指标	是否为您所属科研人员类别的重要指标（是√或否×）
科研投入	国家或地方财政支持的科研项目等	
	企业或社会基金等支持的科研项目等	
	国际合作项目	
	其他（请指明__________）	
科研产出	技术标准（国际、国家、行业、地方标准等）	
	鉴定成果	
	专利授权（含软件著作权）、专利奖励	
	科学著作	
	被政府采用的调研报告、重大建议和整体规划，领导采纳性批示等	
	科技奖励	
	新品种、新兽药、新技术、新产品等	
	其他（请指明__________）	
成果转化	新品种、新产品、新技术推广应用（应用规模、覆盖度、市场占有率）	
	技术转移及成果转化收益	
	农业生产技术集成示范应用	
	其他（请指明__________）	
科技推广	经济、社会和生态效益（包括农民增收、企业增效、代表性产业化科技成果及效益）（需相关部门证明文件）	
	社会公益性服务（科技扶贫、科技下乡、技术培训）	
	技术推广奖励	
	被农业部门确定为主推技术	
	其他（请指明__________）	

（续表）

一级指标	二级指标	是否为您所属科研人员类别的重要指标（是√或否×）
学术影响	在重要学术会议上发表论文或作报告	
	入选人才计划	
	产业技术体系、重点科技平台、农业科技创新联盟等首席、岗位专家、负责人或骨干	
	自身团队建设（团队结构、培育引进情况等）	
	学会、行业协会、学术期刊、国际国内重要机构、组织等社会兼职	
	学术论文被引频次	
	代表性论文（领域内A类期刊）	
	其他（请指明____________）	
管理服务	重大报告、制度、规划、材料等起草	
	业务熟悉程度和工作效率	
	各类管理与服务模式创新	
	实验技术方法创新与设备功能开发	
	服务意识与态度	
	服务对象满意程度	
	岗位职责完成情况	
	其他（请指明____________）	

第六节　启示与建议

一、创新型国家科研评价对我国农业科研分类评价的启示

通过以上分析，我们可以清楚的发现我国与创新型国家科研创新能力存在不少差距。例如，与日本相比，我国虽然建立了较为健全的科研机构体系，但我国的体系更像是一个以部门演化的相对独立的系统，相互之间自成体系，存

在重复设置、科研力量分散、科研资源难以优化、过度竞争的问题，严重制约了我国科学技术的进步和众多科研工作者的热情。同时，我国只有少数企业拥有自己的科研机构，大多数企业处在购买、引进科技的状态。所以，构建适合我国国情的科研评价框架和具体的科研评价准则势在必行。

在众多科研领域中，农业科研工作因为其特殊性，涉及学科多、研究内容广、花费时间长、条件比较复杂、公益成分高、创收能力低、以及舆论轻视等不利因素，其科研评价体系的改进更需我们高度重视、重点完善。在农业科研评价体系中，对农业科研人员的合理评价是评价体系的核心。创建完善的农业科研评价体系，可以激发农业科研人员的积极性和创造性，提高农业科研院的自主创新能力，改善农业科研人员转业转行的现象，更好地服务农业、服务农村、服务农民，促进科技与经济紧密结合。

2015 年，《中共中央国务院关于深化体制机制改革加快实施创新驱动发展战略的若干意见》出台，在引领科技创新，鼓励科技创业必将起到强有力的作用。不论出于什么目的采取什么解决措施，关键都在于调动科研人员积极性，让以人为本真正落实，比如推进科技项目和经费改革、科技人员和奖励评价制度，形成激励创新的正确导向，等等。

长期以来，我国大多数农业科研评价体系中对农业科研人员的评价方法是定性分析和定量分析相结合的方法。在这两者之中，又以量化考核为主要评价方法。其主要内容包括以下三方面：一是承担的科研项目，包括纵向项目和横向项目，评价指标为科研项目数、项目级别、项目经费等；二是取得的科研成果，包括学术论文、专著、获奖、专利、鉴定等；三是科技成果转化和科技服务工作，主要是以为社会发展所做贡献的大小和实际解决的技术问题为指标。其中，论文的数量和发表期刊的级别直接关系到农业科研人员的职称评定、个人收入、课题经费分配、研究团队形成等诸多方面。

对比前文讨论过的日本、法国的科研评价制度，我国现阶段的农业科研评价体系中存在的问题主要表现在以下五个方面：一是我国农业科研评价制度导向不够明确，以论文和专著数量为评价标准，造成了农业科研人员重视成果而忽略科研与生产实践的联系这一普遍现象，加上我国农业科研机构的科研人员相对缺乏企业工作经验，使农业科研与农业生产脱节日益加重；二是评价指标缺乏针对性，没有分类评价细则，不同科研领域、类别的农业科研人员使用同一种科研评价标准，缺乏“量身订做”的评价标准；三是评价指标过于片面、功利，农业科研人员为了评定职称、获得科研经费等不得不在研究成果中频繁使用“国际领先地位”“填补国内外研究空白”等结论，忽略其成果对生产实践的意义，助长很多科研人员急功近利、浮夸的不良风气，脚踏实地的研究成果反而因为低调朴实的特征而被埋没；四是“一刀切”，透明度不够，除了专门科研评价机构和科研院所之外，来自第三方的社会化评价很少，对一个农业科研成果的实际贡献评价几乎为零，一切都停留在纸上，没有来自生产实践中的反馈；五是评价考核次数频率过高，对于大多数国内科研机构来说，年度考核是普遍现象，有些单位甚至半年就要考核一次，这使农业科研人员的大部分精力都用于应付各种人才评价、项目检查、年度答辩，真正用于科研的时间少而又少。

针对以上问题和主要创新型国家的成功实践经验，我们可以得出以下完善农业科研人员评价体系的建议：一是尽可能细化科研评价标准，不同农业科研领域分类制定可执行、可量化的评价标准，保证评价的独立性，增加科研评价的可信度，调动农业科研人员的积极性；二是增加科研评价机构的透明性，加强社会监督，除需保密的科研成果外，评价结果在一定范围内公开，接受公众的评判和监督；三是以科技产出为导向，鼓励科研人员潜心科研，重视来自市场和企业的评价，确保农业科技可以产业化；四是降低评价频率，给科研人员减轻行政负担，留出充分的科研时间。

二、农业科研人员分类评价指标体系设计

（一）AHP 方法构建农业科研人员分类评价指标体系分析

从上节的矩阵计算结果看，科技创新人才评价指标的权重由高到低依次为职业道德、科研产出、成果转化、科技推广、学术影响、管理服务，其中成果转化、科技推广 2 项的权重相近。排在前 4 的指标中，职业道德的二级指标中，权重由高到低依次为思想政治与遵纪守法、科研诚信和学术道德、勤奋敬业的工作态度，其中思想政治与遵纪守法、科研诚信和学术道德 2 项的权重相近；科研产出的二级指标中，权重由高到低依次为科技奖励、人才培养、国家或地方财政支持的科研项目、国际合作项目、被政府采用的报告

建议规划、企业或社会基金等支持的科研项目、鉴定成果、科学著作、技术标准、专利授权；成果转化的二级指标中，权重由高到低依次为新品种新产品新技术推广应用、农业生产技术集成示范应用、技术转移及成果转化收益；科技推广的二级指标中，权重由高到低依次为经济社会生态效益、被农业部门确定为主推技术、技术推广奖励、社会公益性服务。数据表明，评价科技创新人才要坚持以德为先，重点抓住科技创新产出、科技成果转化与推广两个方面的业绩。

科研管理人才评价指标的权重由高到低依次为职业道德、管理服务、成果转化、科研产出、学术影响。前2项指标权重显著高于后3项指标，其中，职业道德的二级指标中，权重由高到低依次为思想政治与遵纪守法、勤奋敬业的工作态度、科研诚信和学术道德，较科技创新人才看重科研诚信和学术道德而言，科研管理人才更看重勤奋敬业的工作态度；管理服务的二级指标中，权重由高到低依次为重大报告制度规划材料等起草、岗位职责完成情况、服务对象满意程度、服务意识与态度、业务熟悉程度和工作效率、各类管理与服务模式创新。数据表明，科研管理人员评价应围绕管理服务开展，其中制度建设、履职情况和服务对象满意度等指标应放在相对突出的位置。

（二）问卷调查结果分析

上一节中《农业科研人员分类评价调查问卷》共发放给全国5家农业科研机构的下属科研机构共计81位工作人员填写，其中具有正高级职称人员18人、副高级职称人员27人、中级职称人员36人。数据显示，各项评价指标（一级指标）的下属指标（二级指标）按重要程度依次排序如下。

职业道德：①思想政治与遵纪守法情况、勤奋敬业的工作态度（并列）；②科研诚信和学术道德。

科研投入：①国家或地方财政支持的科研项目等；②企业或社会基金等支持的科研项目等；③国际合作项目。

科研产出：①科学著作；②新品种新兽药新技术新产品等、专利授权（含软件著作权）（并列）；③科技奖励；④被政府采用的调研报告、重大建议和整体规划，领导采纳性批示等；⑤鉴定成果；⑥技术标准（国际、国家、行业、地方标准等）。

成果转化：①新品种、新产品、新技术推广应用（应用规模、覆盖度、市场占有率）；②技术转移及成果转化收益；③农业生产技术集成示范应用。

科技推广：①经济、社会和生态效益（包括农民增收、企业增效、代表性产业化科技成果及效益）；②社会公益性服务（科技扶贫、科技下乡、技术培训）；③技术推广奖励或被农业部门确定为主推技术。

学术影响：①代表性论文；②学术论文被引频次；③自身团队建设（团队结构、培育引进情况等）；④入选人才计划或产业、项目、平台等首席（负责人）；⑤在重要学术会议上发表论文或作报告；⑥学会、行业协会、学术期刊、国际国内重要机构、组织等社会兼职。

管理服务：①岗位职责完成情况；②服务意识与态度；③业务熟悉程度和工作效率；④服务对象满意程度；⑤重大报告、制度、规划、材料等起草；⑥各类管理与服务模式创新；⑦实验技术方法创新与设备功能开发。

问卷调查情况统计见表 3-43。

表 3-43　问卷调查情况统计

一级指标	二级指标	认为是重要指标的人数							
		正高级职称人员		副高级职称人员		中级职称人员		全体人员	
		数量（18）	比例（%）	数量（27）	比例（%）	数量（36）	比例（%）	数量（81）	比例（%）
职业道德	思想政治与遵纪守法情况	17	94.44	23	85.19	32	88.89	72	88.89
	勤奋敬业的工作态度	16	88.89	24	88.89	32	88.89	72	88.89
	科研诚信和学术道德	17	94.44	26	96.30	28	77.78	71	87.65
	其他	1	5.56	1	3.70	0	0.00	2	2.47
科研投入	国家或地方财政支持的科研项目等	17	94.44	23	85.19	25	69.44	65	80.25
	企业或社会基金等支持的科研项目等	16	88.89	13	48.15	20	55.56	49	60.49
	国际合作项目	15	83.33	15	55.56	17	47.22	47	58.02
	其他	0	0.00	0	0.00	0	0.00	0	0.00

（续表）

一级指标	二级指标	认为是重要指标的人数							
		正高级职称人员		副高级职称人员		中级职称人员		全体人员	
		数量（18）	比例（%）	数量（27）	比例（%）	数量（36）	比例（%）	数量（81）	比例（%）
科研产出	技术标准（国际、国家、行业、地方标准等）	4	22.22	17	62.96	18	50.00	39	48.15
	鉴定成果	4	22.22	18	66.67	20	55.56	42	51.85
	专利授权（含软件著作权）、专利奖励	17	94.44	18	66.67	23	63.89	58	71.60
	科学著作	17	94.44	20	74.07	24	66.67	61	75.31
	被政府采用的调研报告、重大建议和整体规划，领导采纳性批示等	6	33.33	18	66.67	19	52.78	43	53.09
	科技奖励	15	83.33	18	66.67	22	61.11	55	67.90
	新品种、新兽药、新技术、新产品等	17	94.44	19	70.37	22	61.11	58	71.60
	其他	0	0.00	0	0.00	0	0.00	0	0.00
成果转化	新品种、新产品、新技术推广应用（应用规模、覆盖度、市场占有率）	18	100.00	17	62.96	23	63.89	58	71.60
	技术转移及成果转化收益	18	100.00	16	59.26	22	61.11	56	69.14
	农业生产技术集成示范应用	15	83.33	15	55.56	20	55.56	50	61.73
	其他	1	5.56	1	3.70	1	2.78	3	3.70
科技推广	经济、社会和生态效益（包括农民增收、企业增效、代表性产业化科技成果及效益）	17	94.44	20	74.07	19	52.78	56	69.14
	社会公益性服务（科技扶贫、科技下乡、技术培训）	17	94.44	16	59.26	19	52.78	52	64.20
	技术推广奖励	14	77.78	12	44.44	19	52.78	45	55.56
	被农业部门确定为主推技术	14	77.78	14	51.85	17	47.22	45	55.56
	其他	0	0.00	2	7.41	0	0.00	2	2.47

（续表）

一级指标	二级指标	认为是重要指标的人数							
		正高级职称人员		副高级职称人员		中级职称人员		全体人员	
		数量（18）	比例（%）	数量（27）	比例（%）	数量（36）	比例（%）	数量（81）	比例（%）
学术影响	在重要学术会议上发表论文或作报告	16	88.89	17	62.96	20	55.56	53	65.43
	入选人才计划	15	83.33	20	74.07	19	52.78	54	66.67
	产业技术体系、重点科技平台、农业科技创新联盟等首席、岗位专家、负责人或骨干	15	83.33	18	66.67	21	58.33	54	66.67
	自身团队建设（团队结构、培育引进情况等）	15	83.33	19	70.37	21	58.33	55	67.90
	学会、行业协会、学术期刊、国际国内重要机构、组织等社会兼职	14	77.78	16	59.26	17	47.22	47	58.02
	学术论文被引频次	17	94.44	20	74.07	19	52.78	56	69.14
	代表性论文	17	94.44	21	77.78	25	69.44	63	77.78
	其他	1	5.56	1	3.70	2	5.56	4	4.94
管理服务	重大报告、制度、规划、材料等起草	14	77.78	19	70.37	24	66.67	57	70.37
	业务熟悉程度和工作效率	14	77.78	22	81.48	25	69.44	61	75.31
	各类管理与服务模式创新	13	72.22	17	62.96	21	58.33	51	62.96
	实验技术方法创新与设备功能开发	12	66.67	17	62.96	18	50.00	47	58.02
	服务意识与态度	15	83.33	23	85.19	24	66.67	62	76.54
	服务对象满意程度	13	72.22	22	81.48	24	66.67	59	72.84
	岗位职责完成情况	15	83.33	24	88.89	26	72.22	65	80.25
	其他	0	0.00	1	3.70	0	0.00	1	1.23

三、分类评价关键在于尊重人才发展规律

现行的人才评价机制中存在诸多问题，最突出的是考核指标过于量化，过

度关注论文与科研项目数量。实际上，建立科学的评价机制关键在于正确认识和理解人才发展规律，尊重人才发展规律，并按照其规律办事。人才评价是一门管理科学，无法像数学建模般精确，很多情况下要用经验甚至主观判断来弥补不足。科学研究有自由探索与有组织的创新两种形式，对不同形式人才的评价要有所区别。实践中，虽然鼓励科研人员在科研上自主探索，但短期论文压力往往会迫使科研人员放弃自己的长远目标。对于科研机构而言，首先必须要求科研人员将科技创新视为“天命”；要鼓励科研人员紧盯国际科学前沿、坐得冷板凳、敢碰大科学问题；要充分发挥自身学科特色，结合国家和区域发展特点，鼓励科技人员服务国家战略，解决关键技术、产业升级、社会发展中的重大问题。这就要求科研机构不能单纯地以论文发表这一指标来评价科技人员业绩，而是要建立健全符合科研机构发展需要、适应学科发展规律、适合各类人才成长的分类管理和评价体系，激发科研人员的主观能动性。当然，在推进科技人员分类考核和评价体系建设过程中，科研机构要不断完善内部管理机制，提高服务科技人员的能力，为科技人员创造干事、创业的平台和条件，营造良好的科研生态。还要在发展中不断优化评价指标，适时提高考核“门槛”，鼓励和引导科技人员结合自身积累和优势，术业专攻，建功立业。

一是从体系上落实人才分类评价。当前，我们的人才评价体系在一些领域已经取得了很大进步，正在不断完善之中，但的确还存在一些不足之处。例如目前比较看重的“杰青”“长江学者”，这些评价当然很重要，但这些“头衔”大多是从基础研究视角考量的，侧重评价研究者在科学研究上的业绩和贡献，对于某些以应用研究和技术研究作为优势的科研机构来讲，他们的科研人员有些在解决国家重大需求和行业重大技术创新或解决关键技术瓶颈方面做出了突出贡献，就因为没有面向他们的适当的评价体系，没有得到相应的“头衔”，这对于从事这些方面的研究人员来讲是不公平的。同样的问题也经常出现在从事人文社科研究的人群中。人才分类评价对于研究人员来说是个好消息。在现阶段，人才分类评价机制的落实还存在许多要解决的具体问题，一个关键点在于基层单位落实政策要与自身定位、发展方向和目标，以及外界对科研机构整体的评价取向相契合。具体而言，目前外界有一些针对科研机构的排行榜，这些排行榜虽然侧重点各有不同，但在其背后，都有一个重要参考因素——高被引论文。如果科研机构自身对于科技人员的评价导向改变了，而社会评价机构对于科研机构的评价标准不能分类评价，单纯从知识或学术创新角度考虑，忽视在技术创新上表现卓越的这部分科研机构，就会导致评价导向上的偏差和缺失。换句话说，当科研机构对人才评价机制发生转变时，社会对于科研机构的评价却没有进行相应改变，这就会导致两种评价导向不能够相适应，从而对人才分类评价机制在科研机构中的落实产生阻碍。因此，对科研机构整体评价机制的配套转变是政策落实很关键的一点，要从体系上整体落实分类评价的导向，为科研机构的发展提供一个良好的舆论环境。

二是对人才评价“帽子”进行分类。我们制订了不少人才计划，有些是同级别的不同部门制订的。这些计划固然能够对人才起到一定的激励作用，但是也会加剧内培外引的人才对这些“帽子”的过多追逐，甚至不少归国人才也加入到争夺这些“帽子”的行列中。对科研人员而言，更需要的是静下心来认认真真做研究、搞科研，而不是将时间精力过多地浪费在这些方面。这反映了在人才评价导向上，我们究竟是更应该重“质”还是重“量”的问题。这一问题的答案是不言而喻的，人才评价必须要以质量为主，而要避免出现人才评价过于追求“帽子”数量的问题，最好的办法就是将其分类。一个人如果要申请其他的“帽子”，首先应该确定之前是否有相同级别的“帽子”。如果已经有了，就不允许其再申请同级别的“帽子”，而是鼓励他专心于科研，从而早日有实力申请更高级别的“帽子”。此外，还有一个很大的问题是许多考评与“帽子”人才数量挂钩，导致许多单位不分青红皂白的拼凑人才数量政绩，严重扰乱了人才“市场”，破坏了人才成长环境。在这方面，国家需要制定一些引导性的规范。

三是实施综合改革。实行人才分类评价机制，自然可以调动各方面人才的积极性，使其拥有积极向上的心态，这种优势是不言而喻的。但总的来说，要想真正建立人才分类评价机制，并非一两个文件就可以达到的，需要人事、学术、资源调配等多方面的配合，需要一系列的综合改革。首先，这么多年来，人才评价机制是以行政为主导的，并非同行评价同行，评价体系标准单一。这虽然是最简单的方式，最能体现行政化的特点。但是，人才本身是有很多类别的，比如科研、应用开发和管理等，多样且复杂，即使是同一个专业，也分为搞基础的、搞应用的、搞实践的等。所以，要建立同行评价机制，赋予使用人才的部门一定的自主评价权。在国家层面，要制定一些宏观指导政策，实行分类指导，规范各种人才计划的评审，改变国家级评审基本是大同行评价，各种行业、各种专业的人都在同一个平台竞争的状况，提高评价的科学性。其次，要简政放权，把人才的培养、评价与各个单位的实际需要结合在一起。国家在宏观上可以做一些管理，比如学科、编制、政策调控等，但在具体实施细节上，要真正把人才分类评价主体职能落实到单位，单位落实到同行。

四是创新评价方式方法。例如“定性评价、同行评价和社会评价”，可以说是国际上通行的好办法，因为人才领域、成就的分散性，单一的定量评价是很难做到公正、公平的，然而在中国这个人情社会，加之诚信制度、惩戒制度的欠缺，这一规定就有可能导致反面的效果，助长拉关系、走后门等不正之风。要想将其落到实处，根本在于实施的制度设计。在这方面，可以借鉴国家自然基金的人才项目评审办法。这一评审办法有着比较好的匿名通讯评审机制，核心在于建有较好的专家库和较好的监管机制，是目前国内公正性认可度最高的项目。此外，可以借助一些较大的专业学会进行评价。在这种较大的专业学会，基本能够实现真正的同行评审。

第四章　分类评价的实践应用

第一节　人员招聘

人员招聘是增加人力资源的基本渠道，是单位引进录用员工的“入口”。随着全球社会经济发展，国内外人才抢夺战日益激烈，人员招聘工作已得到国内外专家、学者和企业管理者的重视和研究，并取得了不同角度的优秀研究成果。

受计划经济时期人员招录惯性思维影响，我国事业单位公开招聘工作仍然存在一定的弊端及亟待改善的问题。尤其是现代社会对人才质量提出了更高标准和要求，更需要通过科学、合理的公开招聘评价方式去发现人才，寻找更合适的人选。农业科技行业受其行业特点和研究对象限制，人员招聘较其他行业招聘难度更大，吸引力不足。党的十八大以来，在我国人才竞争大潮中，不少农业科研机构面临着人才流失严重和人才引进困难的两难境地，急需探索优化招聘方法和手段吸引人才、聘用合适岗位要求的人才。

在实践中，人才分类评价可以应用于人事人才工作的多环节，人才招聘就是其中重要的一个方面。通过对人才招聘工作中农业科技人才分类评价方式的有效性和合理性的探讨，寻找更加符合农业科技人员招聘需求的评价模式，确保其更具有实操性和针对性，进而提高招聘工作效率，助推高素质的农业科技人才队伍建设。

一、国内外人才招聘评价研究综述

（一）国外人才招聘研究

为确保公平选拔最优秀人才，维护国家公共管理部门的权威，西方发达国家通过不断完善积累，推出符合各自国家的政策法规，如美国的《彭德尔顿法》、日本的《国家公务员法》等。从管理体制来看，通常分为 3 种类型，即独立制、部内制和混合制。以美国和日本为代表的国家执行独立制，公务员管理招聘不受行政首长和政党的干涉与控制，有利于选拔人才并调动人员积极性。以法国和德国为代表的国家执行部内制，内设人事管理机构，负责公务员的考试、招录等全过程工作，有利于实现行政一体化。以英国为代表的国家执行混合制，是介于以上两个制度之间，考试任用权是独立存在的并自成体系，其他管理采取中央统一与部门分散相结合。20 世纪中后期以来，西方国家公务员招聘管理机制相互借鉴并相互融合，美国由独立制向混合制转型，英国由混合制向部内制转型。每一种管理类型各有利弊，具体实施路径和方式根据社会发展进步不断完善并优化。

英国于 1870 年确立了以公开考试选拔国家公务员的制度，是西方最早建立的公务员考试制度。英国以考试委员会作为主持考试及选用公务员的机关，注重公开竞争，制定统一考试标准，过程公开透明，做到严格按照成绩排列名次并择优录用。现行制度中，考试构成中的面试效果和成绩逐步作为主要录用参考标准，笔试成绩和要求相对弱化甚至取消。

20 世纪后期至 21 世纪初，美国苹果电脑公司创始人史蒂夫・乔布斯的一句名言“一个出色人才能顶 50 个平庸员工”，被世界广泛认可，并形成“乔布斯法则”。关于招聘人才的原则主要为以下五项：第一，企业所需人才与岗位相适应；第二，外部招聘与内部选拔相结合；第三，企业发展与当前使用相结合；第四，招聘人才与后续服务相结合；第五，外不避仇与举贤不避亲相结合。

在全球网络信息化时代，网络招聘已成为西方发达国家人员招聘的主要方式。尤其是美国、荷兰、日本、澳大利亚和爱尔兰等国家，网络招聘已成为通用招聘方式。

（二）国内人才招聘研究

1. 官员选拔制度

我国人才选拔制度源于 2 200 多年前先秦时期的选士、养士制，经历两汉时期的察举制和魏晋南北朝时期的九品中正制，最后定型为隋唐及后期的科举制。此后，科举制度历经宋、元、明、清等封建朝代1 300多年，于1905年被清政府宣布废除。

1906年11月，孙中山首次明确提出中国应实施考选权；1912年1月，南京临时政府拟定《文官考试令》《外交官及领事官考试令》《法官考试令》等法令草案。国民文官考试制度主要问题是考试与任用脱节、党治军治色彩浓厚、派系势力干扰考试结果等。该考试制度一直实施至1947年，解放战争开始而终止。

2. 公务员录用制度

我国公务员录用制度建立起始于1980年，正式建立于1989年，经过30年的发展完善，目前已建立了比较稳定的人才录用选拔体系。《中华人民共和国公务员法》（2018年12月29日第十三届全国人民代表大会常务委员会第七次会议修订）第四章“录用”章节明确：“录用担任一级主任科员以下及其他相当职级层次的公务员，采取公开考试、严格考察、平等竞争、择优录取的办法。”《公务员录用规定（试行）》（中华人民共和国人事部令 第7号）明确公务录用程序为：发布招考公告；报名与资格审查；考试；考察与体检；公示、审批或备案等环节。

3. 事业单位人员招聘制度

我国事业单位诞生于计划经济时期，具有较强的公益属性，又不同于行政机关，不行使国家权力、不以营利为目的，是人才知识密集型的社会事业组织。事业单位人员公开招聘是我国人事管理改革的关键环节。2002年7月，人事部《关于在事业单位实行人员招聘制度意见的通知》首次明确提出除了按照国家公务员制度进行人事管理的事业单位，以及转制为企业的事业单位以外，都要逐步实行聘用制度。2005年11月，人事部正式发布《事业单位公开招聘人员暂行规定》，要求事业单位新进人员除国家政策性安置、按照干部人事管理权限由上级任命及涉密岗位等确需使用其他方法选拔人员外，都要实行公开招聘。该制度同时规定了相应的招聘程序，一直沿用至今。2012年底，我国事业单位公开招聘制度在全国范围内基本实现全覆盖。2014年，国务院以国务院令形式颁布《事业单位人事管理条例》，再次明确了事业单位新聘用工作人员应通过公开招聘方式择优录用的要求。

人力资源和社会保障部人事考试中心刘远我（2018）《事业单位公开招聘考

试的分析与思考》的研究结果表明，我国具有代表性的公开招聘考试组织实施模式包含由人社部门主导的统一招聘组织模式、在人社部门监督指导下由各地行业主管部门（分级）主导的统一招聘组织模式、在行业主管部门监督指导下的用人单位自主招聘模式。统一考试和联合招考是其中最主要的招聘方式，分别占32%和42%。但无论采用上述何种模式，我国现有的考试测评技术还远远满足不了事业单位公开招聘的要求，许多招聘考试没有触及岗位的核心胜任力。

4. 企业招聘评价研究

南京大学王聪颖博士（2017）认为，2014—2016年应届毕业生离职率高达26.5%的现象，说明组织在员工招聘工作中的质量和有效性存在一定程度的偏差，应该从双向选择的视角去理解组织招聘员工的目标。对组织而言，招聘的目标主要包含获取组织所需的人才、提高招聘质量、降低招聘成本；对应聘者个体而言，对招聘者的个人素质高低会影响其求职意愿。应聘者测评与选拔应从初步筛选开始，采取笔试和面试相结合方式进行评价。

华为公司招聘的目标是实现企业和个人的长期合作与共同发展，招聘工作是基于企业战略需求完成，是一个系统的工作，不是人力资源部门独立完成的工作。华为公司在考试过程中，重点考察应聘人员对华为公司企业文化认同度，始终把企业文化和核心价值观贯穿其中，确保所招聘员工在企业文化和价值观上与企业保持高度一致，以期产生凝聚力和向心力。

国内知名人力资源管理学者对招聘工作也有不同见解和研究。格力等国内企业也经过探索和积累，建立符合本企业特点的招聘制度。

二、农业科技人才招聘实践研究

农业科技人才是推动农业科技发展的第一资源。人员招聘既要遵循相关规章制度要求，又要紧密结合单位实际需求，找准农业科技人员成长规律和团队建设阶段性要求，做好人员引进阶段的评价和程序实施工作。人员招聘是农业科研事业单位人力资源配置的关键环节，招聘体系失效将带来较严重的后果，对人才队伍建设将起到消极作用，阻碍人才团队建设。发挥好人才招聘在人才队伍建设体系中的“入口关”作用，重心在招聘环节提高人才评价的实际效果。人员招聘评价应明确“3who、3what”关键内容，即明确：谁是评价对象、谁是评价主体、谁是决策主体；岗位要求是什么、评价要点是什么、最佳评价方式是什么。

（一）评价对象

所有按照事业单位公开招聘程序进入考试或考核环节的人员均属于评价对象。确定评价对象应注意事项如下。

（1）是否按规定要求提交报名材料，且材料齐全、真实有效。

（2）是否通过资格审查小组审查并做出明确意见。

（3）所有符合考试条件人员应纳入评价对象，不得随意剔除。

（4）通过资格审查人员名单等信息是否通过网站等方式面向社会公开。

为了科学评价应聘人员，农业科研机构宜根据其特点、职责、发展战略等，对应聘人员进行适当分类。一般而言，农业科研机构公开招聘人员一般可分为三大类进行评价：科研人员、科研管理人员和科技支撑人员。

（1）科研人员。主要指实际从事基础与应用基础研究、应用技术研发、信息软科学研究等自然和社会科学研究人员。

（2）科研管理人员。主要指从事行政和党务管理工作的人员，不包含在研究室从事行政助理或财务助理岗位的人员。

（3）科技支撑人员。主要指从事检验检测、实验技术、大田试验等支撑科研工作更好实施的科研辅助岗位人员，以及成果转化应用及推广服务技术人员。

各类人才特征如表 4-1 所示。

表 4-1　人才特征

人才类别	岗位要求
科研人员	（1）属于专业技术岗位人员，应具有聘用岗位相应的专业技术职称资格。如聘用专业技术十级岗位的，应具有助理研究员等中级专业技术职称资格。 （2）具有良好的职业道德、学术道德和团队协助精神，愿意扎根农业科研事业。 （3）具有扎实的专业知识和主动创新研究能力。 （4）具备招聘岗位相应的科学研究基础和背景，并在科研活动中取得一定的成果。
科研管理人员	（1）属于管理岗位人才，应具有聘用岗位相应的任职资格条件。如聘用管理九级岗位的，本科学历人员应有 1 年及以上工作经验。 （2）具有良好的职业道德和团队协助精神，愿意服务科研工作。 （3）具有扎实管理知识和组织协调能力，善于分析解决管理工作存在的问题。 （4）具备独立思考思维，良好的公文写作能力，落实工作部署，为单位运转提供管理支持、服务。

（续表）

人才类别	岗位要求
科技支撑人员	（1）属于专业技术岗位人员的，应具有聘用岗位相应的专业技术资格。 （2）具有良好的职业道德和团队协助精神，热爱科研支撑工作。 （3）具有扎实的专业技术知识和操作能力。 （4）具备招聘岗位相应的研究基础和工作背景。如属于成果转化及推广人才的，应通过专业技术知识，主动承担科技成果与市场的对接工作。
	（1）属于工勤技能岗位人员的，应具有聘用岗位相应的技术职业资格。如聘用工勤三级岗位的，应具有高级工等级职业资格。 （2）具有良好的职业道德和团队协助精神，肯吃苦耐劳，专心致志长期从事技术技能支撑工作。 （3）能够根据实验（试验）工作需要，运用自身职业技能，依据科研人员指导、工作规范、质量标准和要求，完成技术作业和生产操作。

注：如评价对象为初次参加工作人员，应在试用期满后根据岗位要求，做好任职定级工作。

（二）评价和决策主体

1. 评价主体

在国家没有统一要求的情况下，由招聘单位自行确定评价主体。评价主体根据考试或考核方式分别确定。

笔试评价主体一般为用人单位或第三方，确保主观题评价相对公平。

面试评价主体可根据招聘单位的实际确定，一般常见的面试评价主体如下。

（1）内部人员组成的评价小组。

一般由单位领导班子成员，人事部门、用人部门负责人和职工代表组成，人数一般不超过 13 人。

这种组成结构的优势是评价组成员熟悉单位情况，掌握实际岗位需求，能较好地分辨评价对象研究方向和内容是否符合岗位要求。不足之处是存在不公平、不公正的隐患，影响评价的客观性。

（2）内外部人员联合组成的评价小组。

一般由 1~2 名单位领导班子成员、用人部门负责人或专家、单位外同行专家组成，人数一般在 7~9 人。

这种组成结构的优势是可利用同行专家客观评价作为评价对象学术及研究水平重要参考依据。不足之处是单位外同行专家一般由单位人员邀请，存在评委信息泄密的可能性，也可能会存在外部人员无法客观开展评价的风险。

（3）外部人员组成的评价小组。

一般由单位委托第三方进行，人数一般在3~5人。

这种组织方式有利于评价结果的客观和公平性，解决并规避单位内人员干扰评价结果的隐患和风险。不足之处是评价小组成员能力水平不可控，评价结果与单位实际需求存在脱节风险、招聘成本较高。

总而言之，评价主体无论采取何种人员结构，均与评价主体的组成成员的能力水平、资质和经验等关联。招聘单位可根据招聘岗位的实际类型分别确定评价小组的组成方式，更有利于提高评价结果的有效性。

2. 决策主体

人才招聘工作中，对评价对象的决策过程涉及2个环节，一是确定入围考察人选；二是确定聘用人选。

确定入围考察人选环节的决策主体一般是单位领导班子成员，由其根据考试结果和用人部门意见，按照得分高低顺序确定等额或差额考察人选。

确定聘用人选环节的决策主体一般是单位领导班子，由其依据考察和考试结果集体研究确定。

部分事业单位赋予用人部门较大权限，授权分管业务领导确定相关环节人选。

（三）人才招聘评价方法

人才招聘评价是以现代心理学和行为科学为基础，通过笔试、面试、情景模拟等手段，对应聘人员的综合素质、专业知识、能力水平及发展潜力、个性特点等特征进行客观地测量、科学地评价。事业单位公开招聘工作过程中，涉及组织者对应聘人员进行评价的主要为资格审查、考试和考察三个环节。农业科技人员因聘用在不同岗位而要求不同，不同环节评价侧重点也各不相同。按照人员类型不同建立人才招聘评价体系，更有利于招聘评价的有效性和针对性。

1. 资格审查阶段评价方法

用人单位或组织招聘的部门应对应聘人员的资格条件进行审查，确定符合条件的人员。对于公开招聘中资格审查的进展情况应面向社会公布。本环节主要法律风险为：未按照公布的招聘计划要求条件进行审查、对应聘者身份资料未尽审查义务、存在就业歧视行为等。

报名材料是招聘单位与应聘者相互沟通的第一环节，应当以结构化的方式进行初步筛选和审核，对应聘者表现有一定的预测效果。主体包括应聘者的个人信息、各类经验、教育情况、个人特长、专业水平等。评价手段可以确定为“一阅二核三量”。

“一阅”是指阅览报名表和报名材料，从总体上分析材料的是否整洁、格式是否规范、用词是否得当、错漏字情况等等。从中研判应聘人员是否重视本次招聘工作，是否具有一定条理性，对待工作可能的态度情况等。“二核”是指审核学历和专业信息。从最高学历和专业开始着手进行审核，重点审核学历信息和职称条件的真实性。2002 年以后的高等教育学历证书已在高校学生学籍学历信息管理系统注册，可通过学信网免费查询，也可在网上免费申请学历在线认证报告（即电子认证报告）。审核应聘者提供的毕业证和学位证材料可通过学信网查询方式进行，有疑问的可联系毕业院校进行核实。审核学历和专业信息应包含所有教育经历阶段内容，全面审核应聘者学历信息的真实性。职称条件审核可通过证书授予方官方发布的信息进行审核。“三量”是指根据岗位计划条件，衡量年龄条件、研究背景和工作经历是否符合岗位要求。注意年龄条件是否在招聘公告规定上限年龄内，研究背景和工作经历是否与应聘岗位相关度大小，更换单位、变换岗位次数合理性，是否有应聘岗位所需的培训经历等等。

2. 考试阶段评价方法

农业科研事业单位公开招聘采取考试与考察相结合的方式，具体方式应当符合不同单位的实际情况，充分体现行业、专业及岗位特点。

考试内容应为招聘岗位所必需的专业知识、业务能力和工作技能，考试科目与方式根据行业、专业及岗位特点确定。考试可采取笔试、面试等多种方式，根据人事管理权限，可由单位自行组织，也可由政府人事行政部门、事业单位上级主管部门统一组织。急需引进的高层次、短缺专业人才，可采取更为灵活的考核方式。一般情况下，具有高级专业技术职称的人员，可直接通过面试或考察方式进行评价。

按照科研人员、科研管理人员和科技支撑人员等三类农业科技人员进行分类评价，主要评价方式如下。

（1）笔试。笔试是最传统的人才测评方法，主要用于对人的基本知识、专业技术、管理技能、推理及综合分析能力、文字表达能力等进行多维度的测验。事业单位人员招聘一般对非工勤技能人员采用笔试方式。2015 年人力资源社会保障部人事考试中心组织多领域专家，从理论和实践两个方面，对全国事业单位公开招聘工作进行了深入分析研究，提出了针对不同行业、专业和岗位特点的公开招聘分类实施意见，研究制定了事业单位公开招聘分类考试公共科目笔试考试大纲，并于 2015 年开始在多个省区市开展了多批次的公开招聘分类考试试点工作。

事业单位公开招聘分类考试公共科目笔试分为综合管理类（A 类）、社会科学专技类（B 类）、自然科学专技类（C 类）、中小学教师类（D 类）和医疗卫生类（E 类）五个类别。农业科技人员涉及范围主要是 A、B、C 三类。其中科研人员和拟聘专业技术岗位的科技支撑人员可采用 B、C 类考试大纲，科研管理人员采用 A 类考试大纲。考试内容包含《职业能力倾向测验》，考试时限为 90 分钟，满分为 150 分；《综合应用能力》，考试时限为 120 分钟，满分为 150 分。职业能力倾向测验主要是测查应试人员从事工作密切相关的、适合通过客观化纸笔测验方式进行考查的基本素质和能力要素，包括常识判断、言语理解与表达、数量关系、判断推理和资料分析等部分。《综合应用能力》旨在测查应试人员综合运用相关知识和技能发现问题、分析问题、解决问题的能力。除了试点地区单位统一组织、统一时间、统一试卷进行联合考试外，其他事业单位一般自行确定笔试方式。

笔试组织一般包含指定笔试组织实施方案、成立考务小组、组织命题、做好监考和评卷。其中笔试安排应面向社会进行公开。

一般而言，笔试试题形式主要包括单选题、多选题、判断题、填空题、简答题、论文写作等等。笔试设计一般委托专业机构或组成命题小组进行，一般坚持考试目标融会贯通原则，结合岗位特点命题从头到尾保持统一目标，避免左一块右一块拼凑而成，充分重视知识的实际运用能力，尽量以案例分析及讨论等方式考察应聘人员的知识运用能力。

命题应注意科学性，结合招聘岗位类型进行确定，既能考察应聘人员的专业知识、理论知识，又能反映岗位特点要求。试题难度应适中，不宜过难或过于简单。评分要注意过程公正、客观，阅卷人员不能徇私，尤其是主观题阅卷人员应严格按照评分标准和规则进行评判，并采取成绩复核制度。

（2）面试。面试是指在特定的时间和地点，由面试考官与应聘者按照面试组织方预先设计好的目的和程序，进行面谈、相互观察、互相沟通的过程。《国家公务员录用面试暂行办法》（人事部人发〔2001〕65 号）第八条明确，“面试主要测评应试人员适应职位要求的基本素质和实际工作能力，包括与拟任职位有关的知识、经验、能力、性格和价值观等基本情况。”

总而言之，面试就是双向交流、相互了解的关键环节。既能作为招聘单位了解应聘者各方面情况的重要渠道，也是应聘者通过近距离接触单位工作人员了解单位情况的重要方式。面试按其形式的不同可以分为结构化面试和非结构化面试。目前我国公务员录用考试、公开选拔党政领导干部面试、竞争上岗事业单位公开招聘大多选择结构化面试方式。结构化面试主要包含行为描述面试、情景面试两种。面试形式应根据招聘岗位特点进行确定，农业科技人员面试形式应结合人才类别确定。

行为面试属于标准化面试，通常由主考官按照事先拟定好的面试题目或提纲逐一发问，评委根据测评要素、评分参考等进行现场打分。

行为面试是结构化面试的一种。基本假设是通过一个人过去的行为能够预测其未来的行为。面试考官就主试者设定的能力指标开发问题向被试者提问，通过被试者叙述能够显示其能力的完整的行为事例以了解其能力。主试者需要了解的被试者所叙述行为事例的内容，包括三方面：①背景（Background，应试者所举的行为事例发生的背景）；②行动（Action，在事件发生时，应试者本人采取了哪些行动）；③结果（Result，事件最后的结果如何）。故亦称“寻找BAR 法”。在各种面试方法中，行为面试是效度较高的一种广泛用于组织的人员选拔的测试方法。

考核农业科技人员认知能力，可通过行为面试法，了解应聘人员影响他人的能力、工作主动性和独立工作能力等等。

为考察管理人员信息搜索能力，进一步了解应聘人员对信息的敏感性和收集信息手段及解决问题能力，可采用循序渐进的方式提出行为面试题目：①请问你近期是否遇到工作信息收集困难情况？请举例说明。②请讲讲此过程中你是否觉得有做出错误决定？③你是如何辨别信息的有效性呢？请举例说明。④你是否觉得自己没有收集不到的信息，这是跟你个人关系网大小有关系？

为考察管理人员解决问题能力，进一步了解应聘人员是否能准确清晰定义问题，善于发现问题关键关系并提出解决问题的方法，可通过以下题目评价：作为科研机构管理人员，要有较强的执行力。现在领导要求某项工作应按A方式进行，但是科研人员比较反感甚至不接受工作部署，导致单位工作安排无法落实。请问你该如何解决这个问题？

为考察科研人员创造性思维能力，进一步观察应聘人员是否能够运用想象力，产生原创性和突破性想法，可通过以下题目评价：①请谈谈近4年科研工作中，你觉得自己为科技创新采取最有效的措施是什么？②请谈谈你在科研工作印象最深刻的一件事。

为考察科技支撑人员业务知识技能，进一步了解应聘人员专业技能基础情况以及利用和传播的能力，考察其是否具备岗位所需专业技能知识以及是否愿意协助他人解决技术问题的团队精神，可通过以下题目进行评价：①当你掌握一项新的技术时，你是如何帮助其他同事了解并应用的？请举例说明。②请详细介绍一下你认为自己在难题处理中最成功的例子。

表4-2　结构化面试评分表范例（综合管理类）

序号			报考岗位					
测评要素		语言表达	综合分析能力	应变能力	人际交往能力	计划组织协调能力	举止仪表	合计
权重		10	20	20	20	20	10	100
观察要点		语言流畅用词准确条理清楚逻辑性强	能否区分问题和现象对问题根源的认识度提出解决措施，且可行具有独到见解	面试过程情绪自我控制情况思维反应速度思考问题系统性	主动合作意识有效沟通情况对人际关系的处理是否得当	是否有计划性善于协调部门间关系能否合理分配人财物	打扮得体举止端正小动作是否过多	
评分标准	好	8~10	15~20	15~20	15~20	15~20	8~10	
	中	4~7	7~14	7~14	7~14	7~14	4~7	
	差	0~3	0~6	0~6	0~6	0~6	0~3	
要素得分								
考官评语		签名：						

情景面试是采用情境模拟技术，通过给定某种工作情境，要求应聘者迅速

做出反应；从求职者对假设情境的设想、联想、假设和分析，来捕捉其某些能力或其他个性特征。情景面试的依据是目标设置理论，认为意图和设想是对未来行为的有效预测指标。情景面试方法是一种低成本但很有效的模拟工作相关事件的面试方法。目前在企业招聘销售类岗位中较为常用，可作为行为面试法的有效补充。根据设定的工作情境的不同，面试过程中常见的情景面试有：无领导小组讨论、角色扮演、即兴演讲等等。

科研管理人员可尝试采用公文处理情景面试法，考察应聘者的计划、组织、预测、决策和沟通能力。

第二节　人员年度绩效考核

绩效考核原是企业绩效管理中的一个环节，是指考核主体对照工作目标和绩效标准，采用科学的考核方式，评定员工的工作任务完成情况、工作职责履行程度和发展情况，并且将评定结果反馈给员工的过程。随着绩效管理在我国的发展和事业单位人事制度改革的不断推进，绩效考核作为一种评价方法，越来越多地被各类事业单位借鉴和使用。

2006 年，国家对事业单位工资制度进行改革，明确了实行绩效工资制度，规定绩效工资分配应以工作人员的实绩和贡献为依据，合理拉开差距。2011 年，国务院办公厅《关于深化事业单位工作人员收入分配制度改革的意见》中指出，奖励性绩效工资主要体现工作量和实际贡献等因素，根据绩效考核结果发放。十八大以来，党中央、国务院在事业单位分类改革、收入分配制度完善、深化科技体制改革等领域进行了深层次改革，明确了在收入分配领域充分发挥绩效工资的杠杆作用，激发工作人员创新活力。当前，事业单位分类改革正在稳步推进，在全面深化改革的大背景下，不断探索和完善科研事业单位工作人员绩效考核方式更加重要。

一、工作人员绩效考核方法

绩效考核是人力资源管理的重要环节，有利于把工作人员的个人目标和组织的战略目标相结合，以个人绩效的完成来推动组织的长远发展。绩效考核的过程和结果都应当客观准确，为薪酬福利、选拔晋升、岗位调整、培训开发、职业发展等人力资源管理的其他环节提供有效的参考信息和判断依据。合理有效的绩效考核不仅可以全面准确地反映员工的综合素质和实际工作情况，还可以提高组织的管理计划性和各级管理者的管理水平，有利于暴露组织中存在的管理问题，促使组织扬长避短，实现可持续发展。无论对组织整体，还是员工个人，绩效考核都是一项十分有意义的工作。绩效考核本质上是一种过程管理，是不断督促员工实现、完成目标的过程。常见的对员工开展绩效考核的方法主要包括 BSC、KPI 及 360 度考核等。

二、工作人员年度绩效考核设计

对农业科研事业单位工作人员开展年度绩效考核，在制度设计时应明确考核导向，坚持科学评价。坚持国家战略需求和问题导向，找准制约科研机构和科技人员创新活力的关键瓶颈，制定不同机构、不同类型科技人员的评价内容和指标体系，使评价结果科学准确。同时，要坚持评用结合，强化激励，将人员评价结果与绩效奖励、职称职务晋升、深造培训和评先评优等紧密挂钩，切实增强评价的导向和激励作用。

设计农业科研事业单位工作人员年度绩效考核，应根据员工主要职责任务的不同，按照不同的类型分别进行评价。

（1）以从事基础科学和前沿技术研究为主的人员。主要评价其创新思维和研究能力、学术水平与影响，对关键技术研究与应用示范的指导作用。

（2）以从事应用研究和技术开发为主的人员。主要评价其技术创新与应用能力，形成的自主知识产权和行业标准规范，成果转化前景及经济社会效益。

（3）以从事社会公益研究为主的人员。主要评价其为社会公益事业发展和公共管理决策等提供技术支撑的能力与贡献，对产业发展的指导、服务和支撑作用。

（4）以从事实验技术和科研条件保障为主的人员。主要评价其保障科研活动顺利开展、持续积累的专业技术能力与水平、共享服务的理念和责任心。

（5）以从事科技管理和科技服务为主的人员。主要评价其管理水平和服务理念、措施与服务效率、实际产生的经济社会效益。

三、工作人员年度绩效考核发展趋势

从绩效考核在我国事业单位中的运用和发展来看，农业科研事业单位工作人员的年度绩效考核存在一些明显的发展趋势。

（一）构建完整有效的绩效考核体系

为使绩效考核体系更具完整性和有效性，应该从前期的绩效计划，中期的绩效实施、绩效监控、绩效评估，后期的绩效反馈、绩效激励等多个环节入手，建立动态的闭合管理和考核系统。一个完善的绩效管理体系，先是绩效目标与计划；其次是持续沟通、指导反馈的过程；再次是绩效考评与修正；然后是激励回报；最后对修正与调整后的绩效目标进行绩效管理，是一个不断循环滚动的过程。通过绩效考核提高工作效率，优化资源配置，促进部门协调，提升经济效益，为事业单位长期战略目标服务。

（二）充分利用现代信息技术

要进行科学的绩效考核评价，涉及的原始数据十分庞大。现阶段，事业单位目前采取的主要处理方式还是人工统计、excel辅助等手段，既耗费时间成本和人力成本，又不能保证数据处理结果的准确性。利用现代迅速发展的信息技术，从绩效考核实际需求出发，不少农业科研事业单位积极着手研发一些绩效考核管理系统，为建立更具实用性、通用性的绩效考核管理系统做出了有益探索。

（三）寻求工作人员的高度认同

绩效考核的组织、实施、完善，都需要得到工作人员的理解、认同和参与。尤其是中层管理人员和核心研究人员，他们既是被考核人，也可能是评价人。要通过各式渠道广泛宣传绩效考核的重要意义和积极作用，消除工作人员的抵触情绪，吸引他们主动参与到绩效考核的指标制定、过程实施、结果反馈中来，形成绩效考核工作合力，推进绩效考核的发展。

四、中国热带农业科学院工作人员年度绩效考核实践

为适应现代科研院所人力资源管理的发展和农业科技体制改革的新形势，

中国热带农业科学院积极探索工作人员绩效考核方法，经过十多年的发展，初步探索出一整套适合本单位实际需要的工作人员年度绩效考核办法。具体的绩效考核制度设计主要内容如下。

1. 考核对象

全院在编在岗人员，其中，院领导按照农业农村部有关规定进行。

新录用人员在试用期内参加年度考核，只写评语，不确定考核等次，考核情况作为任职、定级的依据；病事假累计超过考核年度半年的工作人员，不进行考核。

2. 绩效考核组织机构

成立院工作人员年度绩效考核领导小组（以下简称“领导小组”）。

组　长：分管人事工作的院领导。

副组长：院人事处主要负责人。

成　员：院办公室、监察审计部门、机关党委主要负责人。

领导小组下设办公室，设在院人事处。

3. 考核原则

（1）客观公正原则。根据考核标准，实事求是地全面考核工作人员的德才表现，重点考核工作业绩。

（2）分级分类原则。在岗位聘任的基础上坚持目标管理，结合干部人事管理权限实行分层分级考核。

（3）定量定性相结合原则。推行考核内容具体化、数量化，统筹兼顾，以评促改。

4. 考核指标

定性指标：主要为个人德、能、勤、绩、廉的表现，包括上级测评和同（下）级测评。

定量指标：结合工作人员所在单位、部门绩效考核指标和目标责任书、个人岗位履职完成情况确定。

奖罚指标：主要为个人争优创新奖励和违规失职处罚事项。

（1）争优创新奖励。考核年度内受表彰的工作人员（不含科技成果、科技论文奖）实行加分，奖励累计加分最高不超过 5 分，见表 4-3。

表 4-3　争优创新奖励一览表

表彰级别	奖励标准
党中央、国务院，国际组织	5 分
党中央办公厅、国务院办公厅	4 分
党中央、国务院各部门和省级党委政府	3 分
党中央、国务院各部门办公厅，直属机关党委和省委、省政府各部门，副省级市党委、市政府	2 分
党中央、国务院各部门内设机构，省委、省政府各部门内设机构，市县级党委、政府，省级以上社会团体	1 分

备注：表彰若设等次，一等奖、二等奖、三等奖分别按奖励标准 100%、80%、60%计分。

（2）违规失职处罚。受党纪处分、行政处分、涉嫌违法违纪被立案调查尚未结案或者停职检查尚未有结果的人员处罚，按农业农村部有关干部年度考核工作规定要求办理。

5. 院属单位班子成员考核

按照上级测评、同（下）级测评和定量考核按 3∶3∶4 比例确定权重，其中，奖罚指标纳入定量指标计算。

考核总分=上级测评分×30%+同（下）级测评分×30%+（定量考核分±奖罚分）×40%。

（1）定量考核。考核主体为院绩效考核管理领导小组。

院属单位须明确各项定量指标的分管领导。院属单位党政一把手的定量考核分为（单位定量考核总分+分管业务项考核分平均值）/2，其他领导班子成员的定量考核分为分管业务项考核分平均值。

奖罚分≤5 分。

（2）定性考核。①上级测评：考核主体为院领导，权重 30%（其中院党政主要领导测评分占 15%、其他院领导测评分占 15%）；②同（下）级测评：考核主体为单位班子成员及以下工作人员，权重 30%；③测评分＝优秀率×100+合格率×80+基本合格率×60+不合格率×40。

6. 院机关工作人员考核

（1）定量考核。定量指标主要包括本部门量化考核、分管业务项考核、个人岗位履职考核、个人奖罚 4 个指标，根据院机关部门目标责任书完成情况和个人岗位履职情况综合确定。

（2）定性考核。定性指标分为上级测评和同（下）级测评，上级测评权重为60%，同（下）级测评权重为40%。

院机关工作人员考核的定量指标和定性指标两者之间不加权、不求和，相互独立，奖罚指标纳入定量指标计算。

7. 院属单位一般工作人员

考核指标与权重由院属单位自行确定。

8. 一票否决事项

在考核期内存在违反财经管理责任、计划生育责任、安全生产责任、综合治理责任、党风廉政建设责任等“一票否决”违规失职的单位和部门，班子成员和直接责任人不得评为优秀档次；情节严重的单位和部门，班子成员和直接责任人当年不得评为合格及以上档次；未完成上缴收入任务的单位或未完成增收节支任务的部门，单位班子成员和部门负责人不得评为优秀档次。

9. 考核程序

（1）院属单位班子成员考核。①院绩效考核管理领导小组负责院属单位领导班子成员绩效考核的指导、协调，并对院属单位班子成员定性指标和定量指标进行考核。②院人事处负责对院属单位班子成员荣誉奖项进行统计，监察审计室负责对院属单位班子成员违规失职处罚进行统计，报领导小组核准。③有关要求。a. 述职。单位领导班子主要负责人代表班子进行述职，并作个人述职述廉报告；其他领导班子成员分别作个人述职述廉报告。b. 民主测评。单位工作人员人数在100人以下的，在全体工作人员中进行；工作人员人数在100人以上的，主要在科级以上干部和中级专业技术职务以上工作人员中进行。民主测评实际参加人数必须达到应参会人数的2/3，否则测评结果无效。未参加测评会议人员一律不得会后补充投票。对单位领导班子成员进行民主测评时，优秀等次最多推荐1人。

（2）院机关工作人员考核。①处级干部考核。a. 述职。各部门召开述职会，处级干部对个人年度工作情况进行述职述廉，其中部门负责人的述职应包括对本部门主要职责履行及个人尽职情况述职，并将述职报告和个人获奖证书复印件等材料报送人事处。b. 民主测评。院领导对处级干部进行测评，部门处级干部对本部门一般工作人员进行测评，测评结果报院人事处。院人事处组织召开机关考核大会，院机关其他工作人员对处级干部开展测评。②其他工作人员考核。a. 述职。各部门召开述职会，其他工作人员对个人年度工作情况进行述职。b. 民主测评。各部门在部门内开展测评，推荐部门优秀等次人员，连同测评原始票和个人获奖证书证明材料报送院人事处。院人事处组织召开机关考核大会，对各部门推荐的优秀等次人员开展民主推优。

（3）院属单位其他人员。考核程序由所在单位研究确定。

（4）确定考核等次。工作人员年度考核结果分为优秀、合格、基本合格、不合格四个等次。其中，确定为优秀等次的必须符合以下要求：①院属单位班子成员。院属单位领导班子成员考核结果为优秀等次的，必须同时符合以下条件：考核总分 85 分及以上；民主测评优秀率和合格率合计须在 80%以上，且优秀率在 30%以上的。按本单位领导班子成员考核得分从高到低排序，确定优秀等次推荐人选，人数一般不超过 1 名。领导小组对院属单位领导班子成员考核情况进行审核，提出考核等次建议，提交院党组审定。②院机关工作人员。院机关绩效考核工作组根据院机关处级干部和其他工作人员绩效考核指标统计结果，提出考核等次的建议，提交院党组进行审定。③院属单位其他人员。院属单位优秀等次建议人数不得超过实际参加考核人数的 20%（只舍不入）。

第三节　职称评审

专业技术人员是农业科研事业单位人力资源的重要组成部分，是农业科技创新、技术集成、成果运用、服务“三农”的主体。专业技术职务任职资格评审，也就是我们常说的职称评审，是专业技术人员需要面对的各类考核评价中，最重要、最关键的一项评价制度，直接关系着专业技术人员成长成材、实现人生价值，直接体现了专业技术人员工作业绩和全社会对其的认可度，发挥着重要的“指挥棒”作用。

我国的职称评审制度大致经历了三个历史阶段。第一阶段是解放初期至 20 世纪五六十年代的技术职务任命制度。在这一阶段，国家规定统一的技术职务级别，单位根据需要和机构编制确定技术职务，专业技术人员提升职务就可增加工资。20 世纪 60 年代初期，这一制度基本处于停顿状态。第二阶段是自

1977 年至 1983 年的技术职称评定制度。这一制度的特点和做法是：一是按专业技术人员的学术、技术水平和成果，经评委会评审后由政府主管部门授予职称，是学术技术水平的标志；二是评职称没有数量限制；三是评上职称后不需聘任职务，与待遇不挂钩；四是终身享有。1983 年 9 月，中央决定暂停职称评定工作，进行全面整顿并研究改革方案。第三阶段是 1986 年开始实行的专业技术职务聘任制度。在这一制度下，专业技术职务是与行政管理职务相并行的一种职务系列，有明确的岗位、任职条件、岗位职责，并享受相应的工资待遇。专业技术职务聘任制度在专业技术人员的管理、评审、考核的科学化、规范化、制度化，以及激发专业技术人员的积极性等方面都起了积极作用，但在实施过程中也逐渐暴露出了一些弊端，主要表现为：一是职务、职称不分，将专业技术资格评审与担任专业技术职务混为一谈，造成混乱。二是“终身制”。由于职称是终身拥有的称号，只能上不能下，失去了激励功能。三是“平均主义”“吃大锅饭”“论资排辈”。不利于鼓励专业技术人员的上进心与事业心，不利于优秀人才的选拔，挫伤了有真才实学但资历较浅的年轻的专业技术人员的积极性。1995 年，职称评审制度改革工作转入到探索实行职称系列分级分类管理、强化专业技术职务聘任和推行职业资格制度的过渡探索阶段。

我国职称评审制度的三个发展阶段，都是伴随着我国经济建设和社会进步而前进和发展的，都与当时的社会环境、用人制度和经济发展水平密切相关，体现了党的知识分子政策，体现了经济建设和社会发展的要求。随着经济发展和社会进步，特别是用人和分配制度的改革和经济多元化发展的要求，我国职称评审制度正由过去的以职务聘任为主的工作定位转向建立和发展科学的、多层次的、规范的资格评价和职务聘任制度及体系的方向发展。特别是党的十八大以来，习近平总书记多次就以职称评审制度为核心的专业技术人才评价制度改革提出重要论述，中央对深化职称制度改革进行了部署。

一、基本原则

根据《中共中央办公厅国务院办公厅印发关于深化职称制度改革的意见》《中共中央办公厅国务院办公厅关于分类推进人才评价机制改革的指导意见》要求，结合农业科研事业单位实际，农业科技人才职称评审应贯彻民主、公开、竞争、择优的要求，根据“干什么、评什么”的原则，把人才评价与使用紧密结合，实施分类评价，向一线专业技术人员倾斜。

（一）坚持服务“三农”、激励创新

围绕农业产业发展和人才队伍建设需求，服务乡村振兴战略和创新驱动发展战略，充分发挥人才评价“指挥棒”作用，进一步下放评审权限给用人主体，最大限度释放和激发农业科研事业单位人才创新创造创业活力。

（二）坚持遵循规律、科学评审

遵循人才成长规律，以品德、能力、业绩为导向，完善评价标准，创新评价方式，克服唯学历、唯资历、唯论文的倾向，科学客观公正开展评价，让专业技术人才有更多时间和精力深耕专业，让作出贡献的人才有成就感和获得感。

（三）坚持问题导向、分类评审

针对现行职称制度存在的问题特别是专业技术人才反映的突出问题，精准施策。把握不同岗位、不同类别、不同层次专业技术人才特点，分类评价。

二、评审系列

农业科技人才由于具体的工作岗位类别多样，申报职称涉及的评审系列也较多，除科学研究、实验技术、农业技术等主要工作岗位外，很多单位还有从事社会科学研究、图书资料、档案管理、会计、工程技术（基建类）、教师、出版编辑、经济（农业类）、审计、工程咨询、计算机技术与软件、环境影响评价等岗位人员。

三、申报条件

农业科研事业单位专业技术人员职称评审申报条件一般分为基本条件、学历资历条件、岗位条件、业绩条件、破格条件等。

（一）基本条件

要求热爱祖国，遵纪守法，拥护中国共产党的领导，践行习近平新时代中国特色社会主义思想，遵守公民道德基本规范、社会公德规范、职业道德规

范，无学术与学风道德问题；爱岗敬业，勤奋工作，团结协作，具备履行相应岗位职责的业务水平和工作能力，积极投身农业科技事业，努力为我国农业现代化和农村发展贡献力量；参加最近某个时间段的农业科研事业单位年度考核合格以上（时间段可由单位或评审主管部门确定）；符合党纪政纪有关规定和要求。

（二）学历资历条件

目前，因为评审权限的不同，对学历资历条件要求不完全一致。

（三）岗位条件

申报评审职称的人员，必须在相应岗位上从事与申报系列相关的工作。申报科学研究系列，必须从事基础研究、应用研究、新技术开发、软科学研究、科研管理工作研究等方面工作；申报农业技术系列，必须从事农业技术推广、服务三农、农业技术成果集成应用、大田试验等方面工作；申报实验技术系列，必须从事检验检测、仪器设备管理或操作等方面工作。例如，某检测中心的仪器设备操作人员就不应申报科学研究系列，应申报实验技术系列。

（四）业绩条件

贯彻分类评审和“干什么、评什么”的要求，为不同岗位的申报人制定不同的评审业绩。一是要突出专业性，即每类人员评审条件中需要有一定数量与其从事工作密切相关的指标，确保申报人只有真正从事相关工作才能以该类型人员条件作为评审条件；二是要发挥导向性，引导业绩产出服务于农业科研事业单位的中心工作和重点工作，业绩条件应该在一定程度上与发展目标结合起来，比如国际合作人员的条件要与服务“一带一路”工作结合；比如发表论文要求提高质量，可以要求国家级或SCI收录，或者对应JCR分区；三是要具备可操作性，用于评审的条件应该是可认定、可量化或可被证明的，在实际评审中方便核实其真实性、有效性。

四、中国热带农业科学院职称评审工作实践

（一）评审历史沿革

1986年，全国职称评审改革工作会议召开，会议正式决定改革过去的职称

评定制度，实行专业技术职务聘任制。同年，原农业部授权中国热带农业科学院（前身为华南热带作物科学研究院和热带作物学院，合称“两院”，以下称“中国热科院”）组建两院高级职务任职资格评审委员会，负责受理副教授、副研究员、高级农艺师、高级工程师、高级实验师的评审工作，其中高级正职报部统一评审。

1992 年，农业部授权中国热科院评审研究员资格，并成立农业部热作专业暨华南热带作物科学研究院高级职务任职资格评审委员会，负责评审热作两院及部属单位热作专业教学、科研（含科教管理）、实验、工程、农业技术、图书档案和出版系列高级职务。

2013 年，《农业部专业技术职务任职资格评审委员会组织管理暂行办法》授权中国热科院组建农业自然科学研究（含科研管理）等系列高、中级评委会。

2018 年，农业农村部同意中国热科院继续开展自然科学研究系列高级职称（研究员、副研究员）、实验系列高级职称（高级实验师）、农业系列高级职称（高级农艺师）的评审。

（二）主要做法与成效

2018 年以前，中国热科院评审工作按年度开展，除业绩和成果条件结合自身发展实际自行制定外，学历资历等其他申报条件均参考上级有关要求制度，工作程序分为个人申报、资格审查、单位推荐、资格复审、学科组评议、高评委评议、院常务会研究、农业部审批等。科研系列主要面向以基础研究、应用基础研究、应用研究、技术开发、信息软科学研究、检验检测、科研管理为主的科技人员开展评审；实验系列主要面向实验技术人员和仪器设备管理人员开展评审；农业系列主要面向以农业技术示范推广、大田试验、园艺园林和技术集成为主的科技人员开展评审。2008 年以来，科学研究系列正高级申报评审 207 人、评审通过 118 人；科学研究系列副高级申报评审 635 人、评审通过 444 人；实验系列副高级（高级实验师）申报评审 7 人、评审通过 5 人；农业系列副高级（高级农艺师）申报评审 12 人、评审通过 7 人。

近年来，中国热科院立足热带农业科技事业发展和学科建设需求，不断探索改进职称评审工作，努力提升评审质量。为贯彻落实深化人才发展体制机制改革和分类推进人才评价机制改革精神，紧扣职称评审改革新导向，中国热科院2017年启动了职称评审改革工作，并以书面、座谈会和研讨会等多种形式广泛征求了全院科技干部职工的意见建议，历时近2年时间，于2019年出台了《中国热带农业科学院职称评审管理办法（试行）》《中国热带农业科学院职称评审业绩条件（暂行）》，较原办法主要修订的内容如下：

一是突出新精神新要求，贯彻改革导向。比如进一步加强对申报人员品德的要求，加大了对学术不端行为的惩处力度；淡化论文条件，提高了论文质量要求；强化了成果的实际应用，如实用专利需“转化”、软件著作权需“应用”；为减少重复评价，设置了“业绩绿色通道”，科研成果突出的人才可通过“绿色通道”参加评审；对外语条件不再作统一要求。

二是突出能力业绩，适度提高业绩条件。根据院“强实力、扩影响”目标要求，坚持竞争择优原则，对项目类别、论文类型、成果奖励使用等业绩条件做了完善、细化和适度提高。在系统梳理国家、地方、国际组织、行业、企业等各类项目的基础上，科学设置适用于职称评审业绩条件的项目类别；对论文质量的评价，引入“中科院JCR期刊分区”与论文影响因子共同作为参考；为激发团队活力，促进协同攻关，适当增加了高水平论文、高质量成果奖励的使用人数量。

三是突出“干什么、评什么”，推进分类评价。根据科研人员队伍现状，细化了申报人员的分类，把人才评价与使用进一步结合起来。具体由原办法的6类人员（科学研究、科技开发推广和成果转化、业务管理、检验检测、信息软科学研究、科研辅助）调整为9类人员（基础研究、应用研究、技术开发、信息软科学研究、检验检测、科研管理、仪器设备管理、农业技术示范推广、大田试验和技术集成）。

四是突出重点环节，规范评审流程。集中围绕评审这个最重要环节，把相关要求程序化、规范化和制度化，明确了申报人、所在单位、院所各级人事部门、科技部门、学术委员会的责任，进一步规范了材料审查、评审委员会组建、指标确定、专家评价、推荐比例、公示审批等环节的工作要求，严肃评审纪律，将“监督管理”在修订的办法中独立成章，对参与评审的各类工作人员明确了纪律要求及违规惩处措施。

中国热带农业科学院职称评审管理办法（试行）见附件4-1，业绩条件（暂行）见附件4-2，科研项目分类见附件4-3。

附件 4-1 中国热带农业科学院职称评审管理办法（试行）

第一章 总 则

第一条 为进一步规范我院职称评审工作，科学、客观、公正地评价专业技术人员，充分发挥职称的评价导向和激励作用，根据《中共中央办公厅国务院办公厅印发关于深化职称制度改革的意见》《中共中央办公厅国务院办公厅关于分类推进人才评价机制改革的指导意见》《中共中央办公厅国务院办公厅印发关于深化项目评审、人才评价、机构评估改革的意见》和农业农村部职称评审有关规定，结合院实际，制定本办法。

第二条 职称评审贯彻民主、公开、竞争、择优的要求，以品德、能力、业绩为评价重点，根据“干什么、评什么”的原则，把人才评价与使用紧密结合，实施分类评价，并向一线专业技术人员倾斜。

第三条 根据职称评审改革要求，有序下放评审权限。

（一）下放中级及以下职称评审权限给各院属科研机构；

（二）报经上级主管部门同意，有序下放高级职称评审权限。

第四条 评审委员会职责

（一）院组建高级职称评审委员会（以下简称“高评委”），组织开展全院高级职称评审工作；

（二）院属各科研机构分别组建本单位职称评审委员会（以下简称“初评委”），院机关和院附属单位联合组建职称评审委员会（以下简称“联评委”），组织开展中级及以下职称评审、高级职称评审推荐工作。

（三）院附属单位组建职称评审推荐委员会，组织开展向联评委推荐评审工作。

第五条 评审系列

（一）农业农村部授权我院开展科学研究系列、实验系列、农业系列职称评审。根据人才分类评价有关要求，具体参评对象包括主要从事基础与应用基础研究、应用技术研发、信息软科学研究、检验检测、科研管理、实验技术、成果转化应用及推广、大田试验等 8 类工作的专业技术人员。

（二）我院不具备权限开展的有关系列职称评审，根据属地管理及国家、农业农村部、海南省、广东省的有关规定要求进行。

第二章　申报条件

第六条　基本条件

（一）热爱祖国，遵纪守法，拥护中国共产党的领导，践行习近平新时代中国特色社会主义思想，遵守公民道德基本规范、社会公德规范、职业道德规范，无科研诚信问题。

（二）爱岗敬业，勤奋工作，团结协作，具备履行相应岗位职责的业务水平和工作能力，积极投身热带农业科技事业，努力为热区乡村振兴和“一带一路”倡议贡献力量。

（三）近 3 年（工作不足 3 年的以实际时间计算）年度考核合格以上。

第七条　参评人员范围

从事专业技术工作并符合以下条件之一：

（一）在职在岗工作人员；

（二）我院在站博士后（不含在职）；

（三）具有本科以上学历且上年度考核优秀的编制外聘用人员；

（四）经批准离岗创业或兼职不满 3 年的专业技术人员。

处于党纪政纪处分期或影响期内的人员不得申报。

第八条　业绩条件

根据院发展目标和专业技术岗位履职绩效，申报职称应具备相应的业绩条件。具体业绩条件、破格业绩条件及业绩使用要求另文规定。

第九条　学历资历条件

按农业农村部有关规定执行（见附件）。符合破格业绩条件的申报人，经单位推荐，可提前 1~2 年破格申报高一级职称。

第十条　外语条件

（一）以基础与应用基础研究、应用技术研发、检验检测为主的申报人员，应满足以下语言水平能力评价条件之一：

1. 原国家职称英语 A 级考试成绩达到 60 分以上；
2. 大学英语六级考试（CET-6）成绩达到 425 分以上或具有通过证书；
3. 大学英语四级考试（CET-4）成绩达到 500 分以上；

4. 取得全国英语等级考试（PETS）4级以上等级合格证书；

5. 托福考试（TOEFL）成绩达到60分以上；

6. 雅思考试（IELTS）成绩到达5.5分以上；

7. 全国法语水平考试（TNF）成绩90分以上；

8. 西班牙语DELE考试成绩达到A2级以上；

9. 具有日语能力测试（JLPT）N3级以上证书；

10. 具有葡萄牙语、德语、阿拉伯语、俄语、意大利语、越南语、泰语、马来语、缅甸语等其他小语种水平资质证书或有效证明，并有所在单位认定意见。

（二）满足以下条件之一，外语条件可不做要求：

1. 具有1年以上驻外使领馆工作经历或国际组织任职经历或海外（不含港澳台地区）留（访）学经历；

2. 外语专业（含辅修）毕业；

3. 具有博士学位；

4. 已出版的外文译著的第1作者；

5. 年满50周岁；

6. 参加院级以上单位举办的外语能力比赛获奖；

7. 在国际学术会议上使用外语作专题学术报告2次以上；

8. 满足拟申报职称等级的绿色通道条件。

第十一条 业绩绿色通道

为减少人才重复评价，设置业绩绿色通道。对符合业绩绿色通道要求的申报人，则对业绩条件不做要求。具体要求另文规定。

第三章 申报要求

第十二条 申报评审高一级职称，一般现已具备低一级职称。不具备初级职称的人员，满足相应学历及累年资历时间要求，可申报评审中级职称；不具备中级职称的人员，原则上不能申报评审高级职称。现取得职称与所从事的专业工作岗位相应的评审系列不符者，可直接申报与其从事工作相关的高一级职称。

第十三条 任现职以来具备1年以上留（访）学经历的申报人，可突破资历时间 1 年申报高级职称评审。

第十四条　院高层次人才可于引进或调入当年申报评审，其中 D 类以上高层次人才可直接申报评审正高级职称（不受学历资历条件限制）。来院后申报评审时，其用于评审的业绩条件不要求在我院工作期间取得，不要求我院为其来院前工作业绩的完成单位，但应为近 5 年取得（日期截止评审年度 12 月 31 日）。

第十五条　除引进的高层次人才，其余人员均须在院工作满 1 年并考核合格，方可参加职称评审，具体要求如下：

（一）新引进人员须经试用期满考核合格。其中在站时间不超过 3 年全职脱产博士后，出站后直接被我院录用的（出站后未与院外其他单位或企业建立过劳动关系），可直接申报副高级职称评审，其在站期间的科研业绩可作为来院后申报职称的业绩条件，不要求我院为在站期间科研业绩的完成单位。

（二）在站博士后进站满 1 年并考核合格，可由培养依托单位认定中级职称，可参照院新引进博士的有关要求申报高级职称。

（三）工人须在近三年内有两个年度考核为优秀等次，且限申报农业技术系列初级职称。

（四）编制外聘用人员聘用满一年后，可参照院新引进同类人员有关要求申报中级及以下职称。

（五）经批准离岗创业或兼职的专业技术人才，3 年内可在原单位按规定正常申报，其创业或兼职期间工作业绩作为评审的依据（我院单位需为成果或论文的第 1 或第 2 完成单位）。

（六）调入我院的国家公务员、军转干部及农业农村部系统单位调入我院且不具备专业技术资格人员，可参照同等资历人员申报评审科研管理类别相应的职称。其中直接申报评审正高级职称，须符合破格业绩条件。来院后申报评审时，其用于评审的业绩条件不要求在我院工作期间取得，不要求我院为其来院前工作业绩的完成单位。

第十六条　对于国家、农业农村部、海南省、广东省尚未设置正高级职称的系列，我院相关专业技术人员在取得该系列副高级职称并经我院认定后，可申报院内评审系列的正高级职称。

第十七条　以财务会计、工程技术（基建类）、审计及以图书资料管理、档案管理、工程咨询、出版编辑、产业或区域经济研究、计算机信息技术研究等工作为主的人员，中初级职称或职业资格应参加国家或地方有关部门组织的评审或考试，取得资格证书后按照管理权限报院所人事部门认定。

第四章　评审程序

第十八条　原则上按年度组织职称评审，具体按照个人申报、资格审查、单位评审与推荐、资格复审、高级资格评审、推荐公示、报农业农村部审批等程序进行。

第十九条　个人申报

符合条件的专业技术人员按要求提交申报材料至所在单位。

第二十条　资格审查

所在单位对申报人资格条件严格把关，重点审查申报人学术道德、业绩条件及申报材料的真实性。通过资格审查人员公示 5 个工作日，并报院人事处备案。

第二十一条　所在单位评审与推荐

（一）院属各单位职称评审（推荐）委员会委员人数一般在 9~15 人，应由具有高级职称人员组成，外单位专家应不少于委员人数的 30%。评委会设主任委员 1 人，可根据工作需要设秘书 1~2 人。

（二）采用个人述职、考核测评、民意调查等方式全面考察申报人的职业操守、业务水平和学术能力，院属单位职称评审（推荐）委员会对本单位申报人员进行综合评价，作出评价意见，并进行差额投票表决。

（三）院属单位领导班子根据投票表决结果进行集体研究，按照评审权限确定拟取得中级及以下职称人员和拟推荐参加高评委评审人员，并在本单位公示 5 个工作日。院属科研机构推荐至高评委参加正高级、副高级资格评审的人数和中级以下评审通过人数，以及附属单位推荐至联评委评审人数均分别按照本期各等级职称参评人数的 70%确定（小数点后只入不舍）。

（四）院机关申报人员经所在部门资格审查，部门领导班子集体研究后，将申报材料加盖部门公章报送院人事处，由联评委开展评审和推荐工作，相关要求同上。

（五）拟推荐至高评委评审人员，经公示无异议，其申报材料加盖所在单位公章，由单位统一报送院人事处。

第二十二条　资格复审

院人事处会同院学术委员会牵头组建资格复审组，对各单位推荐至高评委评审人员开展形式审查。

第二十三条　评审指标确定

院人事处根据人才发展规划、岗位数量、申报人数，研究提出高级职称评审指标数，报院常务会审定。

第二十四条　高级资格评审

（一）评议组评议。根据我院创新领域、学科建设和人才分布情况，设若干个评议组，每组评委 11～15 人，对申报高级职称人员进行学术评议。申报正高级职称和破格申报的人员，需在评议组进行现场答辩。评议组实行无记名差额投票，评委投同意推荐票比例不超过评审对象 60%（小数点后只入不舍），得票超过评议组到会专家人数 1/3 的申报人方可向高评委推荐。

（二）高评委评审。高评委委员一般在 25 人以上，由取得正高级职称人员组成。设主任委员 1 名、副主任委员 1～2 名。根据工作需要可设秘书长 1 名、秘书 1～5 人。高评委结合评议组推荐意见，经综合评价后，对申报人进行无记名差额投票表决，产生拟通过评审人员。评委投同意票比例不超过评审对象 60%（小数点后只入不舍）。高评委拟通过评审人数不得高于评审指标数，拟通过评审人员同意票数应超过到会评委的 2/3。

第二十五条　评审要求

（一）到会评委人数须超过评审委员会、评议组的 2/3，方可开展评审。

（二）评审过程中，评委重点对人才的德才、业绩和潜质等进行综合评价，主要包括专业适岗性、成果关联度、项目产出绩效和学术修养等，应摒弃“数”条件、“数”论文的评价方式，重点对申报人 代表性成果进行评价。

（三）各评委会或评议组对不同领域的评价着眼点：

1. 基础与应用基础研究领域：认识自然现象、探索自然规律，发现新原理、新知识、新方法；代表性成果、高水平论文等；

2. 应用技术研究与成果转化领域：解决生产实践中的共性理论和科学问题的效果；开发新技术、新产品、新工艺、新材料、新能源的市场应用前景、经济效益等；

3. 信息软科学研究领域：对农业重大产业政策和咨询建议，技术支撑事业发展和管理决策的能力等；

4. 科技支撑保障领域：科研活动开展的保障能力；管理服务水平与效率等。

第二十六条 结果公布

中级及以下职称评审结果由院属科研机构发文公布并报院人事处备案。高级职称评审结果经院常务会研究批准后，在院内公示5个工作日，公示无异议人员报农业农村部人事司备案审批后，予以公布。

第五章 监督管理

第二十七条 坚持德才兼备、以德为先，把品德放在首位。凡发现学术造假等不实行为的，取消其申报资格，并在两年内禁止申报职称评审。

第二十八条 凡发现为申报人开具虚假证明的单位部门，当年年度考核不得被确定为优秀等次，并给予单位或部门负责人、经办人员警告处分。

第二十九条 申报材料审核实行“谁审核、谁签名、谁盖章、谁负责”的责任追究制度。资格审查把关不严的单位部门，按照有关规定追究主要负责人和相关人员责任，并建议调整工作岗位。

第三十条 不按规定程序和要求开展评审推荐工作的单位，或推荐工作与事实不符合的，存在恶意隐瞒、明知事实不符仍作出审批同意推荐意见等情节恶劣的，追究所在单位行政领导和评审委员会负责人有关责任，给予直接相关人员警告处分。

第三十一条 泄露与评审有关的保密事项的评委、工作人员，或向评委会委员“打招呼”“递条子”，干扰职称评审工作的人员，按照有关规定追究其责任。情节严重的，给予警告处分，并建议调整或调离工作岗位。

第三十二条 严格执行回避制度，凡与申报人有亲属、师承关系的评委或工作人员，在评审时应主动回避，不得担任其主审专家，不得参与评审现场的组织工作。对于不主动履行回避制度的评审专家，一经发现将被纳入职称评审专家库“黑名单”；对于不主动履行回避制度的工作人员，将给予警告处分，并调整工作岗位。

第六章　附　则

第三十三条　参加国家、农业农村部、海南省、广东省组织的职称评审或职业资格考试的我院在编在岗人员，应经个人申请、所在单位审核同意后方可报名。其中，申报高级职称评审的，应于报名前由所在单位（部门）向院人事处报备。

第三十四条　获得中级以上职称人员给予制发职称证书。其中，取得高级职称人员证书由院制发，取得中级职称人员证书由评审单位制发。职称证书遗失补办的，经本人申请，所在单位或部门审核，由证书原制发单位予以补办。

第三十五条　本办法条件词（语）凡贯有“以上”的，均含本级或本数量。

第三十六条　本办法涉及的业绩条件及业绩绿色通道由院学术委员会负责解释，其他内容由院人事处负责解释。院学术委员会组建职称评审业绩条件争议仲裁委员会，负责对各单位业绩审查出现的争议进行仲裁。

第三十七条　本办法自2019年6月1日起实行。

（资料来源：中国热带农业科学院内部资料）

附件4-2　中国热带农业科学院职称评审业绩条件（暂行）

第一章　总　则

第一条　为贯彻《中共中央办公厅国务院办公厅关于深化职称制度改革的意见》精神，完善我院各类专业技术人员评价机制，推动高素质专业化人才队伍建设，为热区乡村振兴和热带农业“走出去”提供人才保障，根据农业农村部职称改革的有关规定，结合我院实际，制定本业绩条件。

第二条　本业绩条件适用于我院主要从事基础与应用基础研究、应用技术研发、信息软科学研究、检验检测、科研管理、实验技术、成果转化应用及推广、大田试验等8类工作的专业技术人员。

第二章　使用要求

第三条　时限要求。用于评审的业绩应为在我院工作期间取得，且为任现职以来新取得，日期截止评审年度12月31日。已立项但尚未进入执行期的项目、处于公示期间的成果奖励、取得录用通知但未见刊的论文、未正式出版的论著均不作为评审年度的业绩条件。

第四条 完成单位要求。我院单位为成果（论文）的第1完成单位（未明确第1完成单位的，我院单位名称印刷顺序应排第1），同一成果（论文）获奖以最高标准为准，不能作为多项条件重复使用。用于评审的成果奖励，以取得有效的表彰文件或证书为准。

第五条 论文适用作者要求如下：

（一）自然指数（Nature Index）收录的包含Nature、Science、Cell在内的全球顶级期刊，《美国经济评论》（American Economic Review）《管理学会杂志》（Academy of Management Journal），影响因子20.0以上SCI收录论文、10.0以上SSCI收录论文不限完成单位排名，适用于第1作者（含并列）、通讯作者（含并列）申报高级职称且不限使用人次；适用于全部作者申报中级及以下职称。

（二）影响因子10.0~20.0的SCI收录论文、6.0~10.0的SSCI收录论文适用于第1作者（含并列）、通讯作者（含并列）申报高级职称且限院内6人次使用；适用于全部作者申报中级及以下职称。

（三）影响因子7.0~10.0的SCI收录论文、JCR分区一区以上论文、SSCI分区一区以上的论文适用于第1作者（含并列）、通讯作者（含并列）申报高级职称且限院内3人次使用；适用于全部作者申报中级及以下职称；

（四）影响因子5.0~7.0的SCI收录论文、JCR分区二区以上论文、SSCI分区二区以上的论文适用于第1作者（含并列）申报中级以上职称且限院内1人次使用；适用于全部作者申报初级职称；

（五）其他论文限独立第1作者使用（并列第1作者的论文不作为评审业绩）。

第六条 SCI论文使用要求。用于评审的SCI论文仅限Article（文章）和Review（评论）两类文献，影响因子以Web of Science公布的论文发表当年影响因子为准（申报评审当年发表的以上一年影响因子为准）。Meeting abstract（会议摘要）不作为论文业绩条件，Editor material（编辑材料或资料）和News item（新闻报道）及EI收录论文视同于中文核心期刊论文。

第七条 论文层次界定。论文的JCR分区以论文发表当年中科院公布的前一年 JCR 分区为准，未单独要求按大类分区划分的论文，均以小类分区划分作为申报条件；论文的 SSCI 分区以论文发表当年 Web of Science 数据库公布的前一年 SSCI 论文分区为准；中文核心期刊指被北京大学《中文核心期刊要目总览》收录的期刊，以论文发表当年收录情况为准。国家部委主办期刊是指中共中央、国务院直属的各部和各委员会主办的期刊。国家级期刊是指国家一级学会主办或中共中央、国务院下属的各部和各委员会主管的期刊。用于评审的论文应提供我院信息所或有关权威机构出具的影响因子、收录情况及分区检索证明。

第八条　项目使用要求。项目执行期的起始时间应在任现职后，且在申报当年的 12 月 31 日前。执行期间调整主持人的，仅限主持人中 1 人使用。除申报人外的其他主持人，属我院职工的，申报人还应提供该职工同意其使用该项目作为职称评审业绩条件的声明及不再重复使用该项目申报的承诺。项目参与人以项目书明确的项目成员为准。

第九条　成果转化业绩要求。成果转化收入金额以财务实际到账金额为准，并由院开发处组织核实认定。单位或团队内个人成果转化业绩的确定按照院科技成果转化收益管理办法的有关规定执行，用于评审的成果转化业绩及其相关科技成果应在单位内部公示 5 个工作日。申报人及其所在单位应就用于评审的成果转化业绩提供单位公示情况说明。

第十条　专利使用要求。用于评审的专利相关证书权利人应注明为单位，注明为个人的证书不作为评审的条件。专利须为有效专利，专利权利人须是我院单位或院属企业。用于评审的实用新型专利须经转化产生经济效益不低于 3 万元（以转化合同和财务实际到账金额为准，并由成果转化或开发部门认定）。

第十一条　软件著作权使用要求。用于评审的软件著作权应由著作权人（我院单位）以正式文件明确完成人及排序（作为证明材料）。其中，对院外提供服务的软件须取得地方政府部门的应用证明或为本单位取得不低于 3 万元经济效益（以转化合同和财务实际到账金额为准，并由成果转化或开发部门认定）；对院内提供服务的软件须由申报人所在单位学术委员会出具软件应用情况的鉴定意见。

第十二条　著作使用要求。取得 ISBN 统一书号，并公开出版发行。用于评审的著作如涉及对撰写字数有要求，须由申报人所在单位开具证明，并有主编或第 1 副主编签名确认情况属实。编写热带农业实用技术、科普读物等推广手册，由院开发或基地管理部门提供收录证明文件或备案记录等。

第十三条 登记证及审（认）定证书使用要求。用于评审的动植物品种、工业产品、高新技术产品、农业机械、兽药、农药、肥料、添加剂等登记证和审定、认定证书应具有自主知识产权，未明确完成人排序的应由登记单位以正式文件明确完成人及排序（作为证明材料）。

第三章 业绩条件

第十四条 以基础与应用基础研究为主申报人员业绩条件

（一）晋升研究员

前置条件：截至评审年度 12 月 31 日不足 45 周岁的申报人员应担任过国家自然科学基金项目主持人。

任现职以来，主要从事本专业基础与应用基础研究，并具备以下第 1~3 条中的任一条；或具备第 4~7 条中任两条：

1. 获国家科技奖（科技进步奖、自然科学奖、发明奖）特等奖或一等奖具有获奖证书者（以国家一级证书为准，不限完成单位）；或者：Ⅰ. 我院为第 1 完成单位，获国家级二等奖前 7 完成人；Ⅱ. 我院为第 2 完成单位，获国家级二等奖前 5 完成人。

2. 在中科院 JCR 分区系统（大类分区）一区期刊发表收录论文 1 篇，或在中科院 JCR 分区系统（大类分区）二区以上期刊发表收录论文 2 篇；或在影响因子 7.0 以上期刊发表 SCI 收录论文 1 篇。

3. 主持一类科研项目 1 项，其中申报人负责的任务以基础与应用基础研究为主，须通过验收结题（提供证明材料，以下同）。

4. 获得以下科技奖项（科技进步奖、自然科学奖、发明奖）1 项以上：Ⅰ. 我院为第 1 完成单位，获国家级二等奖具有获奖证书者；获省部级一等奖前 3 完成人、二等奖前 2 完成人；Ⅱ. 我院为第 2 完成单位，获国家级二等奖前 7 完成人。

5. 主持二类以上科研项目 2 项，其中 1 项须通过验收结题（须提供证明材料）。

6. 全文发表 SCI 收录论文 2 篇，其中中科院 JCR 分区系统二区以上论文至少 1 篇或影响因子不低于 5.0 论文至少 1 篇或总影响因子不低于 8.0（本条中的论文不可与第 2 条重复使用，以下同）。

7. 完成并公开出版本专业学术著作 1 部，本人为主编，或作为副主编撰写不少于 15 万字。

（二）晋升副研究员

前置条件：截至评审年度 12 月 31 日不足 38 周岁的申报人员应担任过国家自然科学基金项目主持人。

任现职以来，主要从事本专业基础与应用基础研究，并具备以下第 1~3 条中的任一条；或具备第 4~7 条中任两条：

1. 获国家科技奖（科技进步奖、自然科学奖、发明奖）特等奖或一等奖具有获奖证书者（以国家一级证书为准，不限单位排名）；或者：Ⅰ. 我院为第 1 完成单位，获国家级二等奖具有获奖证书者；Ⅱ. 我院为第 2 完成单位，获国家级二等奖前 7 完成人。

2. 在中科院 JCR 分区系统二区以上期刊或影响因子不低于 6.0 期刊发表 SCI 收录论文 1 篇。

3. 主持二类以上科研项目 1 项且已通过验收结题；或主持三类以上科研项目 2 项，且其中 1 项已通过验收结题（须提供证明材料）。

4. 获得以下科技奖项（科技进步奖、自然科学奖、发明奖）1 项：Ⅰ. 获国家奖具有获奖证书者（以国家一级证书为准，不限单位排名）；Ⅱ. 获省部级一等奖前 5 完成人、二等奖前 4 完成人、三等奖第 1 完成人。

5. 主持三类以上科研项目 1 项且已通过验收结题（不得与第 3 条重复使用，须提供证明材料）。

6. 发表 SCI 收录论文 2 篇，其中影响因子不低于 4.0 论文至少 1 篇或总影响因子不低于 6.0 或 2 篇均为中科院 JCR 分区系统三区以上论文（本条中的论文不可与第 2 条重复使用，以下同）；或发表 SCI 论文和中文核心期刊论文合计 5 篇。

7. 完成并公开出版本专业学术专著 1 部，本人为主编、副主编或撰写不少于 8 万字。

（三）晋升助理研究员

任现职以来，主要从事本专业基础与应用基础研究，并符合下列条件中的任两条：

1. 获得以下科技奖项 1 项：国家科技奖（科技进步奖、自然科学奖、发明奖）具有获奖证书者（以国家一级证书为准，不限单位排名）；或省部级科技奖一等奖、二等奖具有获奖证书者；或省部级科技奖三等奖前 6 完成人；或市级二等奖以上科学技术奖励前 3 完成人。

2. 发表 SCI 论文和中文核心期刊论文合计 3 篇；或参与发表影响因子 7.0 以上、JCR 分区一区以上、SSCI 分区一区论文 1 篇。

3. 至少参加 3 项四类以上的科研项目，其中三类以上项目不少于 1 项。

4. 参与完成并公开出版本专业学术专著 1 部，本人撰写部分不少于 5 万字。

（四）晋升研究实习员

主要从事本专业基础与应用基础研究，具备以下任一条：

1. 至少参加 2 项四类以上的科研项目。

2. 发表 SCI 论文或中文核心期刊或国家级期刊论文 1 篇；或参与发表影响因子 5.0 以上、JCR 分区二区以上、SSCI 分区二区以上的论文 1 篇。

3. 具有市级三等奖以上科技奖证书，不限排名。

第十五条 以应用技术研发为主申报人员业绩条件

（一）晋升研究员

任现职以来，主要从事本专业应用技术研发，并具备以下第 1~3 条中的任一条；或具备 4~6 条中一条并同时具备第 7~9 条中一条：

1. 获国家科技奖（科技进步奖、自然科学奖、发明奖）特等奖或一等奖具有获奖证书者（以国家一级证书为准，不限单位排名）；或者：Ⅰ. 我院为第 1 完成单位，获国家级二等奖前 7 完成人；Ⅱ. 我院为第 2 完成单位，获国家级二等奖前 5 完成人。

作为第 1 完成人，获省级以上审（认）定机构审（认）定的育成品种、登记育成品种或（和）引进品种 3 个（以证书为准），或 3 件国家发明专利，或 2 件农业农村部农（兽）药登记证，或 2 件国家农业转基因生物安全证书，或获省级审定品种、登记品种、引进品种、国家发明专利、实用新型专利、软件著作权、农业农村部农（兽）药登记证、国家农业转基因生物安全证书共 5 件（我院为第 1 完成单位，证书专利权人应为本单位，以下同），或发现（表）5

个新物种。

3. 主持一类科研项目 1 项，其中申报人负责的任务以应用技术研发研究为主，须通过验收结题。(提供证明材料，以下同)

4. 获得科技进步奖、发明奖、转化奖、丰收奖 1 项，具体要求为：Ⅰ. 我院为第 1 完成单位，获国家级二等奖具有获奖证书者；获省部级一等奖前 3 完成人、二等奖前 2 完成人。Ⅱ. 我院是第 2 完成单位，获国家级二等奖限到前 7 完成人。

5. 作为前 2 完成人，至少有 1 个育成品种（审定、认定、登记品种）或 1 项技术进入农业农村部主推品种和技术目录，或至少有 2 个育成品种（审定、认定、登记品种）或 2 项技术进入省区或农业农村部主推品种和技术目录（提供收录证明)；或作为第 1 完成人，通过国家级审（认）定机构审（认）定的育成品种 1 个，或 1 件植物新品种保护权，或国家农业转基因生物安全证书 1 件，或获国家发明专利 2 件，或获省级审（认）定品种、登记品种、国家发明专利、软件著作权共 3 件。

6. 主持二类以上科研项目 2 项，其中 1 项须通过验收结题（须提供证明材料)；或主持横向技术委托、技术合作项目合同经费累计达 200 万元以上（须有财务证明，仅限项目主持人或技术负责人使用，不能重复使用，以下同)。

7. 发表 SCI 收录论文 2 篇，其中中科院 JCR 分区系统二区论文至少 1 篇或影响因子不低于 4. 0 论文至少 1 篇或总影响因子不低于 6. 0；或发表 SCI 论文和中文核心期刊论文合计 7 篇。

8. 完成已发布的国家标准 2 项或行业标准 3 项；或完成已发布的国家标准、行业标准共 3 项（限第 1 完成人)。

9. 完成并公开出版专著 1 部，本人为主编，或作为副主编撰写不少于 15 万字；或主笔向国家部委、热区省委省政府提出政策建议（研究报告、战略规划等）1 项，并获得国家部委主要领导或热区省委省政府主要领导肯定性批示，相关研究成果或工作建议被采纳使用或施行（须提供证明材料)。

（二）晋升副研究员

任现职以来，主要从事本专业应用技术研发，并具备以下第 1~3 条中的任一条；或具备 4~6 条中一条并同时具备第 7~9 条中一条：

1. 获国家科技奖（科技进步奖、自然科学奖、发明奖）特等奖或一等奖具有获奖证书者（以国家一级证书为准，不限单位排名）；或者：Ⅰ. 我院为第 1 完成单位，获国家级二等奖具有获奖证书者；Ⅱ. 我院为第 2 完成单位，获国家级二等奖前 7 完成人。

2. 作为第 1 完成人，获省级以上审（认）定机构审（认）定的育成品种、登记育成品种 1 个（以证书为准），或 1 件国家发明专利，或 1 件农业农村部农（兽）药登记证，或实用新型专利、软件著作权共 3 件。

3. 主持二类以上科研项目 1 项且已通过验收结题；或主持三类以上科研项目 2 项，且其中 1 项已通过验收结题（提供证明材料，以下同）。

4. 获得以下科技奖项（科技进步奖、发明奖、转化奖、丰收奖）1 项以上：Ⅰ. 获国家级二等奖具有获奖证书者（以国家一级证书为准，不限单位排名）；Ⅱ. 获省部级一等奖前 6 完成人、二等奖前 5 完成人、三等奖第 1 完成人。

5. 作为前 3 完成人，至少有 1 个育成品种（审定、认定、登记品种）或 1 项技术进入农业农村部主推品种和技术目录，或至少有 2 个育成品种（审定、认定、登记品种），或 2 项技术进入省区或农业农村部主推品种和技术目录（提供收录证明）；或作为前 2 完成人，通过国家级审（认）定机构审（认）定或登记的育成品种 1 个以上，或获 1 件植物新品种保护权，或获国家农业转基因生物安全证书 1 件，或获国家发明专利 2 件或农业农村部农（兽）药登记证 2 件或软件著作权 3 件，或获国家发明专利、农业农村部农（兽）药登记证、软件著作权、实用新型专利共 4 件；或作为第 1 完成人，发现（表）2 个以上新物种。

6. 主持三类以上科研项目 1 项且已通过验收结题（不得与第 3 条重复，须提供证明材料）；或主持横向技术委托、技术合作项目合同经费累计达 100 万元以上（提供合同及财务到账证明）。

7. 发表 SCI 收录论文 2 篇，其中影响因子不低于 3.0 论文至少 1 篇或总影响因子不低于 5.0 或中科院 JCR 分区系统三区以上论文至少 2 篇或发表 SCI 论文和中文核心期刊论文合计 5 篇。

8. 完成已发布的国家标准 1 项或行业标准 2 项或地方标准 3 项；或完成已发布的国家标准、行业标准和地方标准共 3 项（限前 2 完成人）。

9. 完成公开出版本专著或编著 1 部，本人为主编或副主编，或撰写不少于

8 万字；或主笔向国家部委、热区省委省政府有关司局或厅局提出政策建议（研究报告、战略规划等）1 项，并获得有关司局或厅局主要领导肯定性批示，相关研究成果或工作建议被采纳使用或施行（须提供证明材料）。

（三）晋升助理研究员

任现职以来，主要从事本专业应用技术研发，并符合下列条件中的任两条：

1. 获得以下科技奖项 1 项：国家科技奖（科技进步奖、自然科学奖、发明奖）具有获奖证书者（以国家一级证书为准，不限单位排名）；或省部级科技奖一等奖、二等奖具有获奖证书者；或省部级科技奖三等奖前 6 完成人；或市级二等奖以上科学技术奖励前 3 完成人。

2. 发表 SCI 论文和中文核心期刊论文合计 3 篇；或参与发表影响因子 7.0 以上、JCR 分区一区以上、SSCI 分区一区论文 1 篇。

3. 作为参与完成人之一，有 1 个育成品种（审定、认定、登记品种）或 1 项技术进入农业农村部主推品种和技术目录，或至 1 个育成品种（审定、认定、登记品种），或 1 项技术进入省区或农业农村部主推品种和技术目录（提供收录证明）；或通过国家级审（认）定机构审（认）定或登记的育成品种 1 个以上，或获 1 件植物新品种保护权，或获国家农业转基因生物安全证书 1 件。

4. 获 1 件国家发明专利，或 2 件软件著作权或实用新型专利，或软件著作权、实用新型专利共 2 件；或参与完成已发布的国家标准 1 项或行业标准 1 项或地方标准 2 项，或参与完成已发布的国家标准、行业标准和地方标准共 2 项（均限前 3 完成人）；或发现（表）1 个以上新物种（限第 1 完成人）。

5. 至少参加 3 项四类以上的科研项目，其中三类以上项目不少于 1 项。

6. 参与完成并公开出版本专业学术专著 1 部，本人撰写部分不少于 5 万字。

（四）晋升研究实习员

主要从事本专业应用技术研发，具备以下任一条：

1. 参加 2 项四类以上以应用技术研发研究为主的科研项目。

2. 发表 SCI 论文或中文核心期刊或国家级期刊论文 1 篇；或参与发表影响因子 5.0 以上、JCR 分区二区以上、SSCI 分区二区以上的论文 1 篇。

3. 作为参与完成人之一，有 1 个育成品种（审定、认定、登记品种）或 1 项技术进入农业农村部主推品种和技术目录，或至 1 个育成品种（审定、认定、登记品种），或 1 项技术进入省区或农业农村部主推品种和技术目录（提供收录证明）；或通过国家级审（认）定机构审（认）定或登记的育成品种 1 个以上，或获 1 件植物新品种保护权，或获国家农业转基因生物安全证书 1 件。

4. 作为完成人之一，获 1 件国家发明专利，或 2 件软件著作权或实用新型专利，或软件著作权、实用新型专利共 2 件；或参与完成已发布的国家标准 1 项或行业标准 1 项或地方标准 2 项，或参与完成已发布的国家标准、行业标准和地方标准共 2 项。

5. 具有市级三等奖以上科技奖证书，不限排名。

第十六条 以信息软科学研究为主申报人员业绩条件

（一）晋升研究员

任现职以来，从事本专业信息软科学研究，并具备以下第 1~4 条中的任一条；或具备 5~8 条中一条并同时具备第 9~12 条中一条：

1. 获国家特等奖或一等奖具有获奖证书者（以国家一级证书为准，不限单位排名）；或者：Ⅰ. 我院为第 1 完成单位，获国家级二等奖前 7 完成人；Ⅱ. 我院为第 2 完成单位，获国家级二等奖前 5 完成人。

2. 在信息软科学研究领域，发表 SCI 或 SSCI 收录论文 3 篇，其中至少在中科院 JCR 分区系统一区期刊发表论文 1 篇或在 Web of Science 数据库 SSCI 论文分区一区期刊发表论文 1 篇；或在《中国农村经济》《中国农村观察》《农业经济问题》《农业技术经济》《管理世界》《中国软科学》《科学学研究》期刊累计发表论文 4 篇。

3. 主持一类科研项目 1 项，须通过结题验收（须提供证明材料）。

4. 获得中国出版政府奖、全国优秀工程咨询成果一等奖（限第 1 完成人）。

5. 获得以下成果奖励 1 项：获国家级二等奖具有获奖证书者（以国家一级证书为准）；或获省部级一等奖前 3 完成人、省部级二等奖前 2 完成人；或获得中国出版政府奖第 1 完成人、中华优秀出版物奖第 1 完成人；或获全国优秀工程咨询奖，一等奖前 2 完成人、二等奖第 1 完成人；或以第 1 负责人策划、组织编辑的期刊获 1 次国家期刊奖。

6. 在信息软科学研究领域，获 2 项国家发明专利；或 4 项实用新型专利；或 5 项软件著作权；或国家发明专利、实用新型专利、软件著作权共 5 项（限第 1 完成人）。

7. 主持二类以上科研项目 2 项，或参与一类科研项目 3 项，以上项目至少 1 项须通过结题验收（须提供证明材料）。或作为第 1 完成人承担国家级培训项目 3 项并通过验收，或作为第 1 完成人承担省部级培训项目 10 项并通过验收（提供国家部委或省厅的任务书或委托合同及验收等相关证明材料）。

8. 在信息软科学研究领域，作为第 1 完成人颁布国家标准 2 项或行业标准 3 项；或颁布国家标准、行业标准共 3 项。

9. 在信息软科学研究领域，发表 SCI 或 SSCI 收录论文 3 篇，其中至少在中科院 JCR 分区系统二区以上期刊发表论文 1 篇或在 Web of Science 数据库 SSCI 论文分区二区以上期刊发表论文 1 篇；或在《中国农村经济》《中国农村观察》《农业经济问题》《农业技术经济》《管理世界》《中国软科学》《科学学研究》期刊累计发表 3 篇论文。

10. 在信息软科学研究领域，完成并公开出版本专业专著 1 部，本人为主编，或作为副主编且撰写不少于 15 万字。

11. 作为前 2 完成人撰写国家重大研究报告、建议等，并被国家有关部门采纳使用或领导肯定性批示；或作为第 1 完成人撰写国家、省、部级 2 个可行性报告和发展规划通过验收或发布。

12. 作为第 1 完成人为获批的国家级科技奖励成果提供科技查新报告 5 项（须提证明材料）。

（二）晋升副研究员

任现职以来，从事本专业信息软科学研究，并具备以下第 1~4 条中的任一条；或具备 5~8 条中一条并同时具备第 9~12 条中一条：

1. 在信息软科学研究领域，获国家奖具有获奖证书者（以国家一级证书为准，不限单位排名）。

2. 在信息软科学研究领域，发表 SCI 或 SSCI 收录论文 2 篇，其中至少在中科院 JCR 分区系统二区以上期刊发表论文 1 篇或在 Web of Science 数据库 SSCI 论文分区二区以上期刊发表论文 1 篇；或在《中国农村经济》《中国农村观察》《农业经济问题》《农业技术经济》《管理世界》《中国软科学》《科学学研究》期刊累计发表2篇论文。

3. 主持二类以上科研项目2项，其中1项通过结题验收（须提供证明材料）。

4. 获得中国出版政府奖前2完成人、全国优秀工程咨询成果一等奖励前2完成人。

5. 获得以下成果奖项1项：或获省部级一等奖前6完成人、二等奖前5完成人、三等奖第1完成人；或获得中国出版政府奖前3完成人、中华优秀出版物奖前2完成人、省级出版物政府奖第1完成人；或获得全国优秀工程咨询奖，一等奖前3完成人、二等奖前2完成人、三等奖第1完成人；或获省部级优秀工程咨询奖一等奖第1完成人。

6. 在信息软科学研究领域，获1项国家发明专利；或3项实用新型专利；或4项软件著作权；或国家发明专利、实用新型专利、软件著作权共4项（限排名前2完成人）。

7. 主持二类以上科研项目1项，或主持三类以上科研项目2项，或参与二类以上科研项目3项，以上项目至少1项须通过结题验收（须提供证明材料）。或作为前3完成人承担国家级培训项目3项并通过验收；或作为前3完成人承担省部级培训项目10项并通过验收；或作为前3完成人承担县市级培训项目20项并通过验收（提供国家部委或省厅及市县有关部门的任务书或委托合同及验收等相关证明材料）。

8. 在信息软科学研究领域，作为前2完成人颁布国家标准1项或行业标准2项或地方标准3项；或作为前2完成人颁布国家标准、行业标准、地方标准共3项。

9. 在信息软科学研究领域，发表SCI或SSCI收录论文2篇，其中至少在中科院JCR分区系统三区以上期刊发表论文1篇或在Web of Science数据库SSCI论文分区三区以上发表期刊论文1篇；或在《中国农村经济》《中国农村观察》《农业经济问题》《农业技术经济》《管理世界》《中国软科学》《科学学研究》期刊发表1篇论文。

10. 在信息软科学研究领域，完成并公开出版本专业专著1部，本人为主编、副主编或撰写部分不少于8万字。

11. 作为前 3 完成人撰写国家重大研究报告、建议等撰写，并被国家有关部门采纳使用或领导肯定性批示；或作为前 3 完成人 2 次撰写国家、省、部级可行性报告和发展规划并通过验收或发布。

12. 作为第 1 完成人为获批的国家级科技奖励成果提供科技查新报告 3 项；或为获批的省部级科技奖励成果提供科技查新报告 10 项（须提证明材料）。

（三）晋升助理研究员

任现职以来，从事本专业信息软科学研究，并符合下列条件中任两条：

1. 获 1 项省部级以上奖励（含出版政府奖、工程咨询成果奖），以证书为准，不限排名。

2. 发表 SCI 论文和中文核心期刊论文合计 3 篇；或参与发表影响因子 7.0 以上、JCR 分区一区以上、SSCI 分区一区论文 1 篇。

3. 在信息软科学研究领域，参与完成并公开出版本专业著作 1 部，本人撰写部分不少于 5 万字。

4. 参与四类以上科研项目 3 项，其中三类以上项目不少于 1 项。

5. 在信息软科学研究领域，作为完成人之一获 1 项国家发明专利、实用新型专利、软件著作权。

6. 作为完成人之一，颁布国家标准或行业标准或地方标准 1 项

7. 作为主要完成人参与培训项目 10 项并通过验收，同时担任各类培训班班主任开展培训工作时间年均达到 70 天以上或年均超过 7 个班次（提供单位证明材料）。

8. 以第一完成人完成科技查新报告 10 项。（须提证明材料）

（四）晋升研究实习员

从事本专业信息软科学研究，符合下列条件之一：

1. 获 1 项市级以上奖励，以证书为准，不限排名。

2. 在本职工作相关领域，发表 SCI 或中文核心期刊或国家级期刊论文 1 篇；或参与发表影响因子 5.0 以上、JCR 分区二区以上、SSCI 分区二区以上的论文 1 篇。

3. 在信息软科学研究领域，参与完成并公开出版本专业著作 1 部，本人撰写部分不少于 1 万字（由主编、副主编及单位共同提供证明材料）。

4. 作为主要完成人参与培训项目 6 项并通过验收，同时参与培训班班级管

理服务工作年均达到 100 天以上或年均超过 10 个班次（提供单位证明材料）。

5. 参与完成查新报告 8 项；或参与各类可行性研究报告或者发展规划 3 项；或独立完成 16 期刊物排版工作（须提供合同等相关证明材料）。

6. 参与四类以上科研项目 2 项。

第十七条 以检验检测为主申报人员业绩条件

（一）晋升研究员

任现职以来，从事检验检测技术工作，具备 1~3 条中的任一条并同时具备 4~9 条中的任两条；或具备 1~3 条中的任一条并同时具备 10~12 条中的任一条：

1. 在国家、部或省的机构评审、评估、检查中，作为直接负责人承担的相关工作检查结果均无不符合项和基本符合项≤1 项；或者一版质量体系文件的前 2 完成人。

2. 代表单位参加指定项目的国际实验室能力比对结果评价为“满意”2 次；或者代表单位参加国家或部、省等组织的检测或测试能力验证，首次结果评价为“满意”或“合格”4 次。

3. 农业农村部植物新品种三性（DUS）鉴定测试任务 5 项。

4. 以第 1 完成人完成发布国家或行业标准共 2 项。

5. 发表 SCI 收录论文 2 篇，其中影响因子不低于 4. 0 论文至少 1 篇或总影响因子不低于 6. 0 或 2 篇均为中科院 JCR 分区系统三区以上论文；或发表 SCI 和中文核心期刊论文合计 6 篇。

6. 符合以下条件之一：①以第 1 完成人完成农产品质量安全检测原始记录 3 000 份或检验报告 15 000 份；②以第 1 完成人完成药效试验项目 150 个；③以第 1 完成人完成转基因成分报告 100 份；④以第 1 完成人完成转基因作物环境安全评价报告 1 份；⑤以第 1 完成人从事种子种苗检测的检验报告或原始记录 150 份；⑥以第 1 完成人从事植物品种 DUS 测试的测试报告或原始记录 60 份。

7. 研发检测测试新设备、新材料或新方法、新软件等，并获国家发明专利授权 2 件；或知识产权共 4 件，包括国家发明专利、软件著作权、实用新型专利等（限第 1 完成人，证书专利权人应为本单位）。

8. 获得以下科技奖项 1 项：获省部级一等奖前 3 完成人、二等奖前 2 完成人、三等奖第 1 完成人。

9. 完成并公开出版专著1部，本人为主编，或作为副主编且撰写不少于15万字。

10. 主持完成一类科研项目1项，或主持完成二类以上科研项目2项（其中风险评估项目可承认第1执行人），须通过验收或结题（须提供证明材料）。

11. 发表SCI收录论文2篇，且中科院JCR分区系统二区以上论文至少1篇或影响因子不低于5.0论文至少1篇或总影响因子不低于8.0。

12. 获国家科技奖（科技进步奖、自然科学奖、发明奖）具有获奖证书者，或者获省部级一等奖第1完成人。

（二）晋升副研究员

任现职以来，从事检验检测技术工作，具备1~3条中的任一条并同时具备4~9条中的任两条；或具备1~3条中的任一条并同时具备10~12条中的任一条：

1. 在国家、部或省的机构评审、评估、检查中，作为直接负责人承担的相关工作检查结果均为无不符合项，基本符合≤1项；或者一版质量体系文件的前3完成人。

2. 代表单位参加指定项目的国际实验室能力比对结果评价为“满意”1次；或者代表实验室参加国家或部、省等组织的检测或测试能力验证，首次结果评价为“满意”或“合格”3次。

3. 农业农村部植物新品种三性（DUS）鉴定测试任务3项。

4. 以第1完成人完成发布国家或行业标准1项或地方标准2项；或完成已发布的国家标准、行业标准和地方标准共2项。

5. 发表SCI收录论文1篇且影响因子不低于3.0；或发表中科院JCR分区系统三区以上论文1篇；或发表SCI和中文核心期刊论文合计4篇。

6. 符合以下条件之一：①以第1完成人完成农产品质量安全检测原始记录2 000份或检验报告10 000份；②以第1完成人完成药效试验项目120个；③以第1完成人完成转基因成分报告60份；④参与完成转基因作物环境安全评价报告1份；⑤从事种子种苗检测的检验报告或原始记录100份；⑥从事植物品种DUS测试的测试报告或原始记录50份。

7. 研发检测测试新设备、新材料或新方法、新软件等，并获国家发明专利1件，或知识产权共3件，包括软件著作权、实用新型专利等（限第1完成人，证书专利权人应为本单位）。

8. 获得以下科技奖项 1 项：获省部级一等奖前 6 完成人、二等奖前 5 完成人、三等奖前 2 完成人。

9. 完成公开出版专著或编著 1 部，本人为主编或副主编，或撰写部分不少于 8 万字。

10. 作为主持人或第 1 执行人主持二类以上科研项目 1 项须通过验收或结题，或作为主持人完成三类科研项目 2 项须通过验收或结题（须提供证明材料）。

11. 在检验检测领域，发表 SCI 收录论文 2 篇，且影响因子不低于 4.0 论文至少 1 篇或总影响因子不低于 6.0 或 2 篇均为中科院 JCR 分区系统三区以上论文。

12. 获得以下科技奖项（科技进步奖、自然科学奖、发明奖）1 项：Ⅰ. 获国家奖具有获奖证书者（以国家一级证书为准，不限单位排名）；Ⅱ. 获省部级一等奖前 4 完成人、二等奖前 3 完成人。

（三）晋升助理研究员

任现职以来，从事检验检测技术工作，具备 1~6 条中的任两条：

1. 在国家、部或省的机构评审、评估、检查中，作为直接负责人承担的相关工作检查结果均为无不符合项，基本符合≤2 项。

2. 代表单位参加国家或农业农村部组织的检测机构能力验证及比对实验，结果评价为“满意”或“合格”1 次（须提供相关机构证明材料）。

3. 在检验检测领域，发表 SCI 和中文核心期刊论文合计 3 篇；或参与发表影响因子 7.0 以上、JCR 分区一区以上、SSCI 分区一区论文 1 篇。

4. 符合以下条件之一：①以第 1 完成人完成农产品质量安全检测原始记录 600 份或检验报告 5 000 份；②以第 1 完成人完成药效试验项目 100 个；③以第 1 完成人完成转基因成分报告 30 份；④从事种子种苗检测的检验报告或原始记录 50 份；⑤从事植物品种 DUS 测试的测试报告或原始记录 30 份。

5. 在检验检测领域，参与完成发布国家标准或行业标准 1 项或地方标准 2 项（限前 3 完成人）；或参与完成发布的国家标准、行业标准和地方标准共 2 项（限前 3 完成人）；或者完成农残试验报告 2 份（限前 2 完成人）。

6. 在检验检测领域，参与完成并公开出版本专业专著或编著 1 部，本人撰写部分不少于5万字。

（四）晋升研究实习员

从事检验检测技术工作，满足条件1，并同时满足2~4条中的任一条：

1. 持有与从事的业务工作相关的上岗证，并熟悉仪器设备的日常维护、保养。掌握有关产品标准、检测方法标准及相关法律法规；填写的原始记录或报告准确、规范，无差错。

2. 至少参加2项四类以上的科研项目。

3. 发表SCI或中文核心期刊或国家级期刊论文1篇；或参与发表影响因子5.0以上、JCR分区二区以上、SSCI分区二区以上的论文1篇。

4. 具有市级三等奖以上科技奖证书，不限排名。

第十八条　以科研管理为主申报人员业绩条件

（一）晋升研究员

任现职以来，从事科研管理工作，符合条件1和2，并具备3~7条中任两条：

1. 在本研究领域有系统研究，在管理工作上至少2个方面的创新，并在管理工作实践中产生明显效果（提供证明材料）。

2. 主持起草或作为主要撰稿人，提出3份对我院或4份对我院及院属单位有重要指导意义的研究报告、发展规划、规章制度、实施方案并在实际工作中产生明显效果（提供证明材料）。

3. 获省部级社会科学成果奖或管理工作相关的研究成果奖项1项：一等奖前3完成人、二等奖前2完成人。

4. 公开出版管理类专著或编著1部，本人为主编；或公开出版管理类专著或编著2部，本人为副主编。

5. 主笔撰写重大研究报告、建议等，研究成果或工作建议被国家部委、热区省委省政府采纳使用或实行；或作为前2完成人撰写国家、省、部级2个可行性报告和发展规划通过验收或发布（提供证明材料）。

6. 主持省部级以上软科学/社科类基金或调研课题2项，并完成研究报告（提供证明材料）；或主持30万元以上管理类研究项目2项。

7. 在中文核心期刊、国家部委主办期刊全文发表与本职工作相关的管理论文3篇。

（二）晋升副研究员

任现职以来，从事科研管理工作，符合条件 1 和 2，并具备 3~7 条中任两条：

1. 在本研究领域有较系统研究，在管理工作上至少 1 个方面的创新，并在管理工作实践中产生明显效果。（提供证明材料）

2. 主持起草或作为主要撰稿人，提出 1 份对我院或 2 份对我院及院属单位有重要指导意义的研究报告、发展规划、规章制度、实施方案并在实际工作中产生明显效果（提供证明材料）。

3. 获省部级社会科学成果奖或管理工作相关的研究成果奖项 1 项：一等奖前 6 完成人、二等奖前 4 完成人、三等奖前 2 完成人。

4. 完成并公开出版管理类专著或编著 1 部，本人为主编或副主编，或参与撰写字数不少于 8 万字。

5. 主持国家部委司局、一级学会或地方政府部门各类软科学/社科类基金或委托的调研课题 1 项，并完成研究报告。

6. 作为前 2 完成人撰写重大研究报告、建议等，研究成果或工作建议被国家部委有关司局、热区省委省政府直属厅局采纳使用或实行；或作为前 3 完成人 2 次撰写国家、省、部级可行性报告和发展规划并通过验收或发布。

7. 在中文核心期刊、国家级期刊全文发表与本职工作相关的管理论文 5 篇。

（三）晋升助理研究员

任现职以来，从事科研管理工作，符合条件 1 并具备 2~6 条中任两条：

1. 能起草本单位工作计划或撰写本单位工作总结、有关规章制度、工作实施意见等。（提供证明材料）

2. 获省部级社会科学奖或管理工作相关的研究成果奖项 1 项以上（限前 6 完成人）。

3. 参与完成并公开出版业务管理类专著或编著 1 部，其中本人撰写部分不少于 4 万字。

4. 参与国家部委、一级学会或地方政府部门各类软科学/社科类基金或委托的调研课题 1 项，并作为主要执笔人之一撰写研究报告；或参与 10 万元以上管理类研究项目 2 项。（提供证明材料）

5. 在国家级期刊发表管理论文 3 篇。

6. 作为编制人员参与 2 项基建项目的编制并获批复立项；或担任 2 项基建项目的项目执行组成员（以单位正式发文为准）且项目按项目书计划时间通过验收。

（四）晋升研究实习员

从事科研管理工作，符合条件 1 并具备 2~6 条中任一条：

1. 能参与起草本部门工作计划或撰写本部门工作总结、规章制度等（提供证明材料）。

2. 获省部级社会科学奖或管理工作相关的研究成果奖项 1 项以上（不限排名）。

3. 参与完成并公开出版业务管理类专著或编著 1 部（作为编写人员之一）。

4. 参与各类软科学/社科类基金、调研课题或 10 万元以上管理类研究项目 1 项。

5. 发表国家级期刊管理论文 1 篇；或参与发表中文核心期刊、国家部委主办期刊管理论文 1 篇；

6. 作为编制人员参与基建项目的编制并获批复立项；或担任基建项目的项目执行组成员（以单位正式发文为准）且项目按项目书计划时间通过验收。

第十九条　以实验技术为主申报人员业绩条件

（一）晋升研究员

任现职以来，从事实验技术相关工作，具备以下第 1~3 条中的任一条；或具备以下第 4~9 条中的任两条：

1. 通过改善实验设备性能和技术研发实现共享，个人近五年累积为单位取得创收不少于 800 万元或近三年年均为单位取得创收不少于 200 万元（由财务、开发部门出具证明）。

2. 以第 1 技术负责人完成通过实验室 CNAS（中国合格评定国家认可委员会）认可或中国计量认证（CMA），并获国家级证书（提供证明材料）。

3. 以前 2 负责人身份组织开展国际合作，推进仪器设备使用功能研发取得重大突破，有效解决大型实验技术难题或关键实验技术问题达到国际一流或国际先进水平；或以主持人身份组织创造或改善实验技术条件，设计、加工特殊的实验装置或零部件，改进仪器设备的性能指标取得重大突破，在实际科研工作中发挥了重大作用（由院资产处组织专家组鉴定并出具证明）。

4. 在实验技术方面，发表 SCI 影响因子不低于 5.0 或中科院 JCR 分区系统二区以上论文 1 篇或中文核心期刊论文 7 篇。

5. 通过改善实验设备性能和技术研发实现共享，个人近三年年均为单位取得创收不少于 100 万元。（由财务、开发部门出具证明）

6. 在实验技术方面，以第 1 完成人获国际发明专利 1 件；或国家发明专利授权 2 件；或知识产权共 4 件，包括国家发明专利、软件著作权、实用新型专利等（限第 1 完成人，证书专利权人应为本单位）。

7. 主持二类以上科研项目 2 项，其中至少 1 项须通过验收结题（须提供证明材料）。

8. 在实验技术方面，完成并公开出版高水平的专著、教材、实验指导书 1 部，本人须为主编。

9. 在实验技术方面，以第 1 完成人发布的国家标准 2 项或行业标准 3 项或地方标准 4 项；或发布国家标准、行业标准和地方标准共 4 项。

（二）晋升高级实验师

任现职以来，从事实验技术相关工作，具备以下第 1~3 条中的任一条；或具备以下第 4~9 条中的任两条：

1. 通过改善实验设备性能和技术研发实现共享，个人近五年累积为单位取得创收不少于 600 万元或近三年年均为单位取得创收不少于 150 万元（由财务、开发部门出具证明）。

2. 以前 2 负责人完成通过实验室 CNAS（中国合格评定国家认可委员会）认可或中国计量认证（CMA），并获国家级证书；或以第 1 负责人完成通过中国计量认证（CMA），并获省部级证书。（须提供证明材料）

3. 以前 3 主持人身份组织开展国际合作，推进仪器设备使用功能技术开发取得重大突破，有效解决大型实验技术难题或关键实验技术问题达到国内一流或国内先进水平；或独立创造或改善实验技术条件，设计、加工特殊的实验装置或零部件，改进仪器设备的性能指标取得较大突破，在实际科研工作中发挥了重要作用（由院资产处组织专家组鉴定并出具证明）。

4. 在实验技术方面，发表 SCI 影响因子不低于 3.0 或中科院 JCR 分区系统三区以上论文 1 篇或中文核心期刊论文 5 篇。

5. 通过改善实验设备性能和技术研发实现共享，个人近三年年均为单位取得创收不少于 75 万元（由财务、开发部门出具证明）。

6. 在实验技术方面，以前 2 完成人获 1 项国家发明专利（国际发明专利）；或 3 项实用新型专利；或 3 项软件著作权；或实用新型专利、软件著作权共 3 项以上。

7. 主持二类以上科研项目 1 项或三类以上科研项目 2 项，或参与二类以上科研项目 2 项，以上涉及项目至少 1 项通过验收结题（须提供证明材料）。

8. 在实验技术方面，完成并公开出版较高水平的专著、教材、实验指导书 1 部，本人须为主编、副主编或撰写部分不少于 8 万字。

9. 在实验技术方面，以前 2 完成人发布国家标准 2 项或行业标准 3 项或地方标准 4 项；或发布国家标准、行业标准和地方标准共 4 项。

（三）晋升实验师

任现职以来，从事实验技术相关工作，符合下列条件之二：

1. 参与改善实验设备性能和技术开发实现共享，累积为单位取得创收不少于 100 万元（由财务部门和成果转化部门提供证明）。

2. 以前 4 负责人完成通过实验室 CNAS（中国合格评定国家认可委员会）认可或中国计量认证（CMA），并获国家级证书；或以前 3 负责人完成通过中国计量认证（CMA），并获省部级证书（须提供证明材料）。

3. 在实验技术方面，发表 SCI 和中文核心期刊论文合计 3 篇，或参与发表影响因子 7.0 以上、JCR 分区一区以上、SSCI 分区一区论文 1 篇。

4. 在实验技术方面，以前 2 完成人获得国家发明专利（国际发明专利）1 项；或实用新型专利 2 项或软件著作权 2 项或实用新型专利、软件著作权共 2 项。

5. 作为项目主要成员参与三类以上科研项目 2 项，并通过验收结题（须提供证明材料）。

6. 近两年准确无误出具实验报告 30 份（限 1 人使用，出具单位学术委员会鉴定意见和实验委托合同）。

7. 在实验技术方面，参与公开出版较高水平的专著、教材、实验指导书 1

部，本人撰写部分不少5万字（由主编、副主编和单位提供证明）。

8. 在实验技术方面，以前3完成人发布国家标准、行业标准或地方标准共2项。

（四）晋升助理实验师

任现职以来，从事实验技术相关工作，符合下列条件之二：

1. 在实验技术方面，发表SCI或中文核心期刊或国家级期刊论文1篇；或参与发表影响因子5.0以上、JCR分区二区以上、SSCI分区二区以上的论文1篇。

2. 准确无误出具实验报告10份（限1人使用，出具单位学术委员会鉴定意见和实验委托合同）。

3. 作为项目成员参与四类以上科研项目2项（须提供证明材料）。

4. 在实验技术方面，作为完成人之一参与制定国家标准、行业标准、地方标准1项。

5. 在实验技术方面，作为完成人之一获国家发明专利（国际发明专利）、实用新型专利、软件著作权任1项。

（五）晋升实验员

具备仪器设备管理的基本知识，掌握基本操作技术，能够出具实验报告。

第二十条　以成果转化应用及推广为主申报人员业绩条件

（一）晋升研究员

任现职以来，主要从事成果转化应用及推广工作，必须满足条件1~4条中一条，并同时具备第5~7条中任两条；或同时具备1~4条中任两条：

1. 作为技术负责人主持完成2项农业新技术、新品种的生产示范、推广应用工作，且有1个育成品种或技术进入农业农村部主推品种和技术目录，或至少有2个育成品种或技术进入省区主推品种和技术目录（提供具体证明材料）。

2. 主持完成1项以上新技术、新品种、新材料、新工艺、新装置或专利、软件、品牌等知识产权的自行投资、合作实施转化、生产示范、推广开发工作，上述成果在近三年实际应用中累计为单位收入不少于1 500万元，其中个人累计为单位创收不少于600万元；或作为培训负责人开展的科技培训三年累计取得收入不少于1 000万元（经济效益提供单位评价意见和开发、财务部门证明材料）。

3. 主持完成 1 项以上新技术、新品种、新材料、新工艺、新装置或专利、软件、品牌等知识产权的转让、许可使用、作价投资等形式转移应用工作，上述成果在近三年实际应用中取得显著经济效益，累计为单位收入不少于 1 000 万元（提供单位评价意见和财务、开发部门证明材料）。

4. 作为负责人运营管理院科技成果转移转化平台（企业）、院农业推广服务平台或开展休闲农业、智慧农业等新产业开发工作，近三年累计取得收入不少于 3 000 万元或获批高新技术企业（提供单位评价意见和财务、开发部门证明材料）。

5. 在中文核心期刊或国际学术期刊或国家部委主办期刊全文发表科技成果转化、农业技术示范推广、科技培训等相关论文 2 篇。

6. 完成并公开出版成果转化应用及推广类著作 1 部；本人为主编或副主编，或撰写不少于 15 万字；或编写热带农业实用技术、科普读物等推广手册不少于 5 册（限第 1 完成人）。

7. 深入一线或企业或国外从事技术开发、技术服务等成果转移转化或从事大田试验、示范、推广、生产、扶贫、服务等工作时间年均不少于 6 个月（提供单位证明材料），或参与农业科技类培训班办班时间年均不少于 60 天。

（二）晋升高级农艺师

任现职以来，主要从事成果转化应用及推广工作，必须满足条件 1~4 条中一条，并同时具备第 5~7 条中任两条；或同时具备 1~4 条中任两条：

1. 作为技术负责人主持或作为主要骨干参与完成 1 项农业新技术、新品种的生产示范、推广应用工作，且有 1 个育成品种或技术进入农业农村部主推品种和技术目录，或至少有 1 个育成品种或技术进入省区主推品种和技术目录（提供具体证明材料）。

2. 主持或作为主要骨干参与完成 1 项以上新技术、新品种、新材料、新工艺、新装置或专利、软件、品牌等知识产权的自行投资、合作实施转化、生产示范、推广开发工作，上述成果在近三年实际应用中累计为单位收入不少于 1 000 万元，其中个人累计为单位创收不少于 400 万元；或担任培训项目具体实施人开展的科技培训三年累计取得收入不少于 400 万元（提供单位评价意见和财务证明材料）。

3. 主持或作为主要骨干参与完成1项以上新技术、新品种、新材料、新工艺、新装置或专利、软件、品牌等知识产权的转让、许可使用、作价投资等形式转移应用工作，上述成果在近三年实际应用中取得显著经济效益，累计为单位收入不少于600万元（提供单位评价意见和财务、开发部门证明材料）。

4. 作为负责人或副负责人运营管理院科技成果转移转化平台（企业）、院农业推广服务平台或开展休闲农业、智慧农业等新产业开发工作，近三年累计取得收入不少于2 000万元或获批高新技术企业（提供单位评价意见和财务、开发部门证明材料）。

5. 在中文核心期刊或国际学术期刊或国家部委主办期刊全文发表科技成果转化、农业技术示范推广、科技培训等相关论文1篇，或发表与以上工作相关的国家级期刊论文4篇。

6. 完成并公开出版成果转化应用及推广类著作1部；本人为主编或副主编，或撰写不少于8万字；或编写热带农业实用技术、科普读物等推广手册不少于4册（限前2完成人）。

7. 深入一线或企业或国外从事技术开发、技术服务等成果转移转化或从事大田试验、示范、推广、生产、扶贫、服务等工作时间年均不少于7个月，或参与农业科技类培训班办班时间年均不少于70天（提供单位证明材料）。

（三）晋升农艺师

任现职以来，主要从事成果转化应用及推广工作，必须满足条件1~3条中一条，并同时具备第4~6条中任两条：

1. 从事作物、园艺、中草药、食用菌等选育种、栽培、土肥、植保、服务等业务技术工作，因地制宜制定本地区、本单位、本专业的生产计划、工作方案，提出示范推广项目实施方案或可行性研究报告，获得单位批准并实施；或主要从事技术的研发、成果转化以及产业化应用有关的经济技术活动，能因地制宜制定本单位、本平台、本专业的技术开发计划或撰写工作总结、工作实施意见等，提出技术开发项目实施方案或可行性研究报告，获得单位批准并实施（提供具体证明材料）。

2. 有较丰富的专业技术工作经验，能在农业试验示范基地、农业科技园区、标准化示范区、美丽乡村建设、科技扶贫、“走出去”等生产实践中解决有一定难度的技术问题，做出贡献，取得良好社会经济效益；或担任培训项目具体工作人员参与开展的科技培训累计为单位创收不少于 100 万元（提供具体证明材料）。

3. 有较丰富的专业技术工作经验，能在自有技术开发应用，先进技术的引进、吸收、消化，技术集成开发、“走出去”等科技成果转化、产业化实践中作出贡献，形成商品并打开市场，参与完成 1 项以上新技术、新品种、新材料、新工艺、新装置、新模式或专利、软件、品牌等知识产权的自行转化、合作实施、转让、许可使用、作价投资等形式转移应用工作，上述成果在实际应用中累计为单位取得收入不少于 600 万元（提供单位评价意见和财务、开发部门证明材料）。

4. 发表有关农业技术示范推广、科技培训等相关论文国家级期刊论文 2 篇，或参与发表中文核心期刊或国际学术期刊或国家部委主办期刊有关农业技术示范推广、科技培训等相关论文 2 篇。

5. 参与完成并公开出版科技推广类著作 1 部，其中本人撰写部分不少于 5 万字；或编写热带农业实用技术、科普读物等推广手册不少于 2 册（限前 3 完成人）。

6. 深入一线或企业或国外从事技术开发、技术服务等成果转移转化或从事大田试验、示范、推广、生产、扶贫、服务等工作时间年均不少于 8 个月或参与农业科技类培训班办班时间年均不少于 80 天（提供单位证明材料）。

（四）晋升助理农艺师

任现职以来，主要从事成果转化应用及推广工作，必须满足条件 1~2 条中一条，并同时具备第 3~5 条中任两条：

1. 从事作物、园艺、中草药、食用菌等选育种、栽培、土肥、植保、服务等业务技术工作，能参与制定本地区、本单位、本专业的生产计划、工作方案，能参与提出示范推广项目实施方案或可行性研究报告，获得单位批准并实施；或主要从事技术的研发、成果转化以及产业化应用有关的经济技术活动，能参与撰写技术开发工作总结、工作实施意见等（提供具体证明材料）。

2. 有从事专业技术工作经验，能在农业试验示范基地、农业科技园区、标准化示范区、美丽乡村建设、科技扶贫、科技服务、科技培训、“走出去”等生产实践中解决有关的技术问题，做出贡献，有社会经济效益；或担任培训项目具体工作人员参与开展的科技培训累计为单位创收不少于50万元（提供具体证明材料）。

3. 发表有关农业技术示范推广、科技培训等国家级期刊论文1篇，或参与发表中文核心期刊或国际学术期刊或国家部委主办期刊有关农业技术示范推广、科技培训等相关论文1篇。

4. 参与完成并公开出版科技推广类著作1部；或参与编写热带农业实用技术、科普读物等推广手册1册。

5. 深入一线或国外从事大田试验、示范、推广、生产、扶贫、服务等工作时间年均达到9个月以上；或参与农业科技类培训办班时间年均不少于90天（提供单位证明材料）。

（五）晋升技术员

深入一线或国外从事大田试验、示范、推广、生产、扶贫、服务等工作时间年均达到9个月以上；或参与农业科技类培训办班时间年均不少于90天（提供单位证明材料）。

第二十一条 以大田试验为主申报人员业绩条件

（一）晋升研究员

任现职以来，从事大田试验工作，必须满足条件1，并同时具备第2~9条中三条：

1. 具有本学科较系统的坚实的基础知识和专业知识，在学术上、技术上有独到见解，能制定本专业领域生产发展规划和实施方案，并指导或主持实施，能解决农业生产中较复杂且具有重要意义的技术问题；具有指导和组织项目组开展工作的能力，以及指导和培养初、中级专业技术人员、研究生工作和学习的能力。

2. 主持一类项目至少1项，且本人负责的任务以技术示范为主，须通过验收或结题；或主持二类以上项目2项，其中1项通过结题验收。

3. 获得农业农村部丰收奖等省部级奖1项，一等奖前3完成人、二等奖前2完成人，三等奖第1完成人；或获省部级二等奖以上科学技术奖励（科技进步奖、发明奖、转化奖），具体包括国家级奖具有证书者（不限单位排名），省部级一等奖前3完成人、省二等奖前2完成人、三等奖第1完成人。

4. 以第 1 完成人制修订已发布的国家标准 2 项或行业标准 3 项；或完成已发布的国家标准、行业标准共 3 项。

5. 作为第 1 完成人授权国家发明专利、软件著作权 2 件，或实用新型专利 3 件，或 4 件知识产权，包括国家发明专利、软件著作权、实用新型专利等（所有权人应为我院单位，以下同），且知识产权转化到账金额合计 80 万以上（须出具转让协议和财务证明，院开发处认定）。

6. 了解本专业国内外现状和发展趋势，能运用国内外先进科学技术，开展技术推广、成果转化，进行试验示范，连续 3 年为本单位创收 300 万元/年以上（须出具成果转化部门和财务部门证明，院开发处认定）。

7. 按照国家《高标准农田建设通则》（GB/T 30600—2014），牵头建设 500 亩以上高标准农田，并通过验收考核；或通过技术集成切实解决生产实际问题，在保持其他生产指标稳定的基础上，增产 20%以上或产值增加 20%以上或节肥 30%以上。

8. 主编至少 2 部正式出版的高效栽培技术规程，并得到推广应用（提供证明材料）。

9. 在大田试验领域，发表 SCI、EI、CPCI、中文核心期刊、国家部委主办期刊论文 3 篇。

（二）晋升高级农艺师

任现职以来，从事大田试验工作，必须满足条件 1，并同时具备第 2~9 条中三条：

1. 具有本学科较系统的坚实的基础知识和专业知识，能制定本专业领域生产发展规划和实施方案，并指导或主持实施，能解决农业生产中较复杂且具有重要意义的技术问题；具有指导和组织项目组开展工作的能力，以及指导和培养初、中级专业技术人员工作和学习的能力。

2. 主持二类以上项目 1 项，且本人负责的任务以技术示范为主，须通过结题验收；或主持三类以上项目 2 项；或参与二类以上科研项目 2 项，上述涉及项目须至少 1 项通过结题验收。

3. 获得农业农村部丰收奖等省部级奖 1 项，一等奖前 6 完成人、二等奖前 4 完成人、三等奖前 2 完成人；获省部级三等奖以上科学技术奖励（科技进步奖、转化奖、发明奖），具体包括国家奖具有证书者（不限单位排名）、省部级一等奖前 6 完成人、二等奖前 4 完成人、三等奖前 2 完成人。

4. 作为前 2 完成人制修订已发布的国家标准 2 项或行业标准 3 项或地方标准 4 项；或制修订已发布的国家标准、行业标准和地方标准共 4 项。

5. 获 2 件国家发明专利或软件著作权；或 3 件实用新型专利；或 4 件知识产权，包括软件著作权、国家发明专利、实用新型专利等（限前 2 完成人，证书专利权人应为我院单位，以下同）。

6. 了解本专业国内外现状和发展趋势，能运用国内外先进科学技术，开展技术推广、成果转化，进行试验示范，连续 3 年为本单位创收 150 万元/年以上（须出具成果转化部门和财务部门证明，院开发处认定）。

7. 按照国家《高标准农田建设通则》（GB/T 30600—2014），牵头建设 200 亩以上高标准农田，并通过验收考核；或通过技术集成切实解决生产实际问题，在保持其他生产指标稳定的基础上，增产 10%以上或产值增加 10%以上或节肥 15%以上。

8. 作为主编或第 1 副主编编写 1 部正式出版的本领域认可的高效栽培技术规程，并得到推广应用。（提供证明材料）

9. 在大田试验领域发表 SCI、EI、CPCI、中文核心期刊、国家部委主办期刊论文 2 篇。

（三）晋升农艺师

任现职以来，从事大田试验工作，必须满足条件 1，并同时具备第 2~8 条中三条：

1. 具有本学科较系统的坚实的基础知识和专业知识，能制定本专业领域生产发展规划和实施方案，并指导或主持实施，能解决农业生产中较复杂且具有重要意义的技术问题；能正确运用业务理论知识指导实践，有较高的技术水平，能总结工作经验，能研究分析技术问题，能处理技术难题，能承担技术咨询。

2. 主持四类以上项目 1 项，且本人负责的任务以技术示范为主；或者参与三类以上项目 2 项。

3. 作为完成人之一获市级以上科学技术奖励 1 项（以证书为准）。

4. 作为前 3 完成人获 2 项国家发明专利、实用新型专利或新品种审定、植物新品种权、软件著作权等相应水平的成果。

5. 作为前 3 完成人制修订已发布的国家标准 1 项或行业标准 2 项或地方标准 3 项；或制修订已发布的国家标准、行业标准和地方标准共 3 项。

6. 参与技术推广、成果转化，进行试验示范，连续两年为本单位创收 75 万元/年以上（须出具开发和财务部门证明）。

7. 参与编写 1 部正式出版的高效栽培技术规程，并得到推广应用（提供证明材料）。

8. 在大田试验领域，发表国家级期刊论文 2 篇，或参与发表 SCI、EI、CPCI、中文核心期刊、国家部委主办期刊论文 2 篇。

（四）晋升助理农艺师

任现职以来，从事大田试验工作，必须满足条件 1，并同时具备第 2~6 条中一条：

1. 具有一定的大田试验或技术集成的工作经验，掌握一定的专业知识，具有一定的业务技术工作能力，能解决农业生产中的技术问题。

2. 参与四类以上项目 2 项。

3. 作为完成人之一获得 1 项国家发明专利、实用新型专利或新品种审定、植物新品种权、软件著作权等相应水平的成果。

4. 作为完成人之一参与制修订已发布的国家标准、行业标准或地方标准 1 项。

5. 参与编写 1 部正式出版的高效栽培技术规程。

6. 在大田试验领域，发表国家级期刊论文 1 篇，参与发表 SCI、EI、CPCI、中文核心期刊、国家部委主办期刊论文 1 篇。

（五）晋升技术员

具有一定的大田试验或技术集成的工作经验，掌握一定的专业知识，具有一定的业务技术工作能力，能解决农业生产中的技术问题。

第四章　业绩绿色通道

第二十二条　申报正高级职称具有以下条件之一者，对业绩条件不作要求：

（一）获国家自然科学奖、技术发明奖、科学技术进步奖一等奖前 7 完成人、二等奖前 3 完成人，或中国发明专利金奖发明人排名前 2 完成人、中国青年科技奖获得者、中华农业英才奖获得者；

（二）国家“千人计划”“万人计划”及“百千万人才工程”人选、国家自然科学基金杰出/优秀青年基金获资助者、中华农业科技奖创新团队奖牵头专家、国家重点研发计划项目主持人、国防军工重大项目主持人、省级人才计划第一层次人选或领军人才层次以上高层次人才、全国会计领军人才或经评委会认定的相当级别人才计划（项目）人选；

（三）以第1作者在自然指数（Nature Index）收录的包含Nature、Science、Cell在内的全球顶级期刊发表论文；或在《美国经济评论》（American Economic Review）《管理学会杂志》（Academy of Management Journal）发表论文；或在本专业领域发表影响因子单篇20.0以上SCI收录论文或影响因子单篇10.0以上SSCI收录论文；

（四）主持完成1项以上知识产权的自行投资、合作实施转化开发工作，且相关成果在近三年实际应用中累计为单位取得收入不少于2 500万元，其中个人累计为单位创收不少于1 000万元；或主持完成1项以上知识产权的转让、许可使用、作价投资等形式转移应用工作，且相关成果在近三年累计为单位收入不少于1 500万元。

第二十三条 申报副高级职称具有以下条件之一者，对业绩条件不作要求：

（一）获国家自然科学奖、技术发明奖、科学技术进步奖一等奖前9完成人、二等奖前5完成人、中国发明专利金奖发明人排名前3完成人或优秀奖第1发明人、省部级科技奖励一等奖第1完成人；

（二）获省级人才计划（项目）第二层次人选或拔尖人才层次以上高层次人才、入选中国科协青年人才托举工程人选、国家重点研发计划课题负责人、国防军工重大项目课题负责人、省级会计领军人才或经评委会认定的相当级别人才计划（项目）人选；

（三）以第1作者在中科院JCR分区（大类分区）系统一区期刊上发表科技论文；或在Web of Science数据库SSCI论文分区一区期刊上发表科技论文；

（四）主持完成1项以上知识产权的自行投资、合作实施转化开发工作，且相关成果在近三年实际应用中累计为单位取得收入不少于1 500万元，其中个人累计为单位创收不少于 600 万元；或主持完成 1 项以上知识产权的转让、许可使用、作价投资等形式转移应用工作，且相关成果在近三年累计为单位收入不少于 1 000 万元；

（五）符合申报正高级职称的业绩绿色通道。

第二十四条　申报中级职称具有以下条件之一者，对业绩条件不做要求：

（一）获国家自然科学奖、技术发明奖、科学技术进步奖具有证书者、中国发明专利金奖发明人排名前 5 完成人或优秀奖发明人排名前 2 完成人、省部级科技奖励一等奖前 5 完成人、二等奖前 3 完成人、三等奖第 1 完成人；

（二）以第 1 作者在中科院 JCR 分区系统二区期刊上发表科技论文；或在 Web of Science 数据库 SSCI 论文分区二区期刊上发表科技论文；或在《中国农村经济》《中国农村观察》《农业经济问题》《农业技术经济》上发表论文；

（三）主持或作为主要骨干参与完成 1 项以上知识产权的自行投资、合作实施转化开发工作，且相关成果在近三年实际应用中累计为单位转化收入不少于 1 000 万元，其中个人累计为单位创收不少于 400 万元；或主持或作为主要骨干参与完成 1 项以上知识产权的转让、许可使用、作价投资等形式转移应用工作，且该些成果在近三年累计为单位收入不少于 600 万元；

（四）符合申报正高级或副高级职称的业绩绿色通道。

第五章　破格条件

第二十五条　破格申报须具备正常申报的业绩条件，并同时具备申报职称等级的业绩绿色通道条件（业绩不可重复使用）。

第六章　附　则

第二十六条　本条件词（语）凡贯有“以上”的，均含本级或本数量。

第二十七条　本条件由院学术委员会负责解释。

第二十八条　本条件自 2019 年 6 月 1 日起执行。

（资料来源：中国热带农业科学院内部资料）

附件 4-3 科研项目分类

等级	自然科学类	社会科学类
一类	(1) 国家基金委项目：国家自然科学基金重大项目、重大研究计划项目（不包括“培育项目”）、重点项目、优秀青年科学基金项目、国家杰出青年科学基金项目、国际（地区）合作研究项目、创新研究群体、国家重大科研仪器研制项目。 (2) 科技部项目：国家科技重大专项、国家重点研发计划、技术创新引导计划、基地和人才专项项目，“863”计划项目、“973”计划项目、国家科技支撑计划项目、农业科技成果转化资金重大项目、农业科技成果转化资金重点项目、国际科技合作重点项目（专项）、星火计划重大项目、火炬计划重大项目等。 (3) 工信部、财政部联合项目：国家重大科技成果转化项目。 (4) 财政部项目：公益性行业科研专项。 (5) 农业农村部项目：国家转基因生物新品种培育重大专项、国家产业体系首席科学家。 (6) 国际组织和国际基金会资助的重点项目：项目经费 200 万元以上。 (7) 省级项目：省级重大科技计划项目等同级别项目。 (8) 其他项目：项目经费总量达到 1 000 万元以上。	(1) 国家社科基金重大项目。 (2) 国家软科学研究计划重大项目。 (3) 其他同级别项目。
二类	(1) 国家基金委项目：除一类中列出之外的其他类别国家自然科学基金项目。 (2) 科技部项目：国家科技重大专项课题、国家重点研发计划课题、技术创新引导计划课题、基地和人才专项课题、“863”计划课题、“973”计划课题、科技支撑计划课题、公益性行业专项课题、“973”前期研究专项项目、转制科研院所创新能力专项资金项目、农业科技成果转化资金一般项目、星火计划面上项目、火炬计划面上项目、国家重点新产品计划、国际科技合作计划等项目。 (3) 农业农村部项目：“948”项目、国家现代农业产业技术体系岗位科学家、试验站站长及年度经费 50 万元以上的农业农村部部门预算项目。 (4) 其他部委及省级同类项目：人社部留学回国人员科技活动项目择优资助重点类、国家标准制修订项目，经费 50 万元以上的省级重大科技计划项目课题、省级科技计划项目、南南合作援助基金项目、国际区域合作专项基金项目等。 (5) 境外组织资助的国际合作项目：项目经费达 50 万元以上。 (6) 其他项目：项目经费总量达到 200 万元以上。	(1) 国家社科基金项目。 (2) 国家软科学研究计划项目。 (3) 其他部委同级别项目。 (4) 国家政策引导类科技计划（国家软科学研究计划）。 (5) 国家各部委、各省、自治区、直辖市及地方政府委托委托专项课题（研究经费 20 万元以上）。 (6) 企业以产学研合作方式委托咨询类课题（研究经费 30 万元以上）。 (7) 省软科学研究计划（重点项目）。
三类	(1) 农业农村部一般项目：农业行业标准制修订项目，年度经费 10 万元以上的农业技术示范项目、物种资源保护项目等。 (2) 其他部委及省级一般项目：省基础与应用基础研究计划（省自然科学基金）青年和面上项目等项目，人社部留学回国人员科技活动项目择优资助优秀类等部委项目。 (3) 国际合作项目：南南合作援助基金项目、国际区域合作专项基金项目、国家外专局引智项目、国家公派出国留学项目等。 (4) 境外组织资助的国际合作项目：项目经费达 8 万元以上。 (5) 基本科研业务费：重点人才培养类项目。 (6) 其他项目：项目经费总量达到 50 万元以上。	(1) 省软科学研究计划（一般项目）、省哲学社会科学规划项目等省级项目。 (2) 国家各部委、各省、自治区、直辖市委托专项课题（研究经费 10 万元以上）。 (3) 企业以产学研合作方式委托咨询类课题（研究经费 15 万元以上）。

（续表）

等级	自然科学类	社会科学类
四类	（1）农业农村部其他项目：年度经费10万元以下的农业技术示范项目、物种资源保护项目等。 （2）其他部委及地厅级项目：人社部留学回国人员科技活动项目择优资助启动类。 （3）境外组织资助的国际合作项目。 （4）基本科研业务费：院级创新团队、基础高新类。 （5）其他项目：项目经费总量达到20万元以上。	（1）国家各部委、各省、自治区、直辖市委托专项课题（研究经费5万元以上）。 （2）企业以产学研合作方式委托咨询类课题（研究经费5万元以上）。

备注：基本科研业务费仅包括托举工程重点人才培养类、院级创新团队、基础高新类项目。

第四节　专业技术人员聘期考核评价

在聘期结束后，对专业技术人员开展聘期绩效考核评价，是农业科研事业单位人力资源管理体系的重要组成部分，是农业科研事业单位对专业技术人员在现任岗位聘期内的工作职责履行情况、岗位聘期匹配程度等多方面进行考量、评价，其考核评价结果可作为专业技术人员评聘、晋升、奖惩等工作的重要依据。

一、基本原则

科学合理的聘期考核评价制度，应是符合农业科研发展规律和人才成长规律的考核制度，对专业技术人员和农业科研事业单位的发展具有极强的引导性作用。农业科研事业单位专业技术人员聘期考核应遵循以下几个原则。

一是遵循民主公开、客观公正、注重实效的原则。聘期考核评价的结果与专业技术人员的评聘和晋升密切相关，科学合理的考核标准，严肃严谨的考核程序，规范公平的考核过程，是提高考核公信度的关键所在。

二是坚持分类评价的原则。在深化岗位分类管理的基础上，结合岗位从事工作的性质和特点，制定不同等级和不同类型岗位的考核标准，进行分类指导和评价。

三是坚持目标管理和综合评价的原则。实行聘期合同目标管理，明确聘期内岗位目标和职责，同时遵循专业技术人员成长规律，对于大项目大成果或基础性研究可适当延长考核周期，根据专业技术人员在学术道德、科技创新和社会服务等方面的贡献进行综合评价。

四是坚持聘期考核与中期考核（阶段性考核）、年度考核相结合的原则，全面考核专业技术人员在聘期内不同阶段的政治意识、道德情操和业务技能。

二、存在的问题

当前，农业科研事业单位专业技术人员聘期考核评价还存在评价体系不系统，评价标准不科学，评价方法不完善，非学术因素介入过多等问题，以量化指标为主的考核评价制度中的指标单一化、标准定量化、结果功利化的“GDP式”问题，日益暴露出不利于良好创新生态构建等制约科技发展的诸多弊端，更与新时期我国科技支撑乡村振兴和人才强国战略的要求不相适应，亟待深化改革。

（一）重数量轻质量

在考核方法上重定量评价轻学术评议，评价指标主要围绕期刊影响因子、SCI论文数量、学术奖项、科研经费和论文引用量。特别是SCI论文、影响因子多少等不仅作为评价科研人员的主要手段，同时还作为单位对外展示成绩的标志，导致了低质量论文的泛滥。

（二）重形式轻内容

将聘期评价当成是一种形式、一个过场，评委专家们彼此不负责任打钩画叉的结果，体现出更多的是虚空的关系网，容易导致形成“干的好不如说得好、说得好不如关系好”的科研从业生态。“一把尺子量到底”的形式较常见，对不同类型人才都使用学历、资历、论文数量、外语和计算机水平等进行简单量化衡量。

（三）重短期轻长远

年度考核、项目中期考核等短期考核评价催生了低水平的成果，科研人员疲于应付填写各类检查表格、参加各类答辩会、评审会，导致研究领域“好啃的骨头都啃完了，难啃的骨头没人去啃”的现象。需要长期探索的基础类研究人员，存在频繁“翻盖子”论短长的问题。

三、构建科学有效的专业技术人才评价标准

（一）建立科学的考评机制

农业科研事业单位专业技术人员绩效考评机制要与农业科技发展的战略和策略相结合，符合人才特点，遵循学术规律和人才成长规律，考核评价方式和指标要有利于创新和出高质量、高水平的学术成果，由重视过程管理向更加重视目标管理转变，由重视研究思路向更加重视聘期考核转变，由重视单纯的数量评价向更加重视质量评价转变，更加注重研究思路与科研进展的创新性。要结合农业科技研究周期相对较长的特点，结合不同人员的主要职责，分类确定绩效考核评价重点。评价基础研究人才，应以同行学术评价为主，注重引入国际同行评价，适当延长评价考核周期；评价应用研究和技术开发人才，应突出职业特点能力和业绩，突出市场化评价；评价社会科学人才则应更加强调社会化。采用工作分析、组织分析与关系分析技术，确定不同岗位与职业的评价主体，并建立健全评价主体数据库。充分发挥专业组织、第三方评价机构的作用，对人才进行独立、专业评价。实行“谁评价、谁负责”机制，增强评价主体的专业荣誉感和法律意识，保障评价的专业性、公平性和公正性。

（二）建立以业绩和能力为导向的评价体系

建立以业绩和能力为核心、科学合理的农业科技专业技术人才考核机制和评价体系。对专业技术人才的评价不片面强调发表论文和获奖的数量，不急功近利地规定时间和期限等刚性条件，避免简单“拿尺度量”进行学术评价，注重其在学科领域的影响和同行专家的认可，认真探讨不同领域之间、学术成果的内在规律，注重科研成果对学术和技术应用的贡献和价值的评价，注重其工作思路及工作成果的创新性和发展潜力等柔性评价。评价标准从重数量向重质量、重头衔向重贡献的转变，看科技成果是否是 0 到 1 的重大突破，是否是颠覆性突破；看创新研究的科技成果，是否具有国际一流水平，是否能够在领域内领先；看科技成果的应用价值，是否能够应用于社会经济，鼓励一篇好论文就足以“以一当十、以一当百”。

（三）设立分类分级的管理体系

根据具体工作职责不同，将农业科研事业单位专业技术人员分类划分成不同类别层次，细化分类评价标准，针对不同类型人才进行成才规律分析与工作周期分析，设计工作绩效的核心指标与关键指标，提高人才评价的针对性和有效性。

以应用基础研究为主人员：突出学术水平与影响力提升，研究内容的前瞻性与原创性，研究方法的创新等。

以应用研究为主人员：作物类研究人员要突出作物新品种、新基因、新技术；动物类研究人员要突出动物新品种、重大疫病防控和畜禽养殖技术；资源环境类研究人员要突出农业资源利用与环境保护的重大关键技术和产品；农业工程类研究人员要突出农业重大工程装备与技术、新工艺、新方法和新标准。

以技术开发为主人员：对关键技术研究与应用示范的指导作用，取得经济社会效益，个人技术创新与应用能力等。

以信息软科学研究为主人员：突出农业重大产业政策和咨询建议，技术支撑事业发展和管理决策的能力等。

以检验检测为主人员：突出安全评价、认证、检测、检验等相关技术能力，技术支持农产品质量安全、环境安全的能力等。

以科研管理为主人员：突出管理服务水平与效率提升，工作方法有改进，体制机制改革措施有效等。

以仪器设备管理为主人员：突出保障科研活动顺利开展，条件建设与资源共享水平提升，个人专业技术能力与水平提升等。

以农业技术示范推广为主人员：突出对“三农”工作和产业发展的指导、服务和支撑作用增强，取得经济效益和社会影响力等。

以大田试验和技术集成为主人员：突出田间工作属性，强调技术综合利用水平，试验成果的应用情况、推广潜力及效益等。

四、考核评价实施的保障措施

（一）完善的组织机构

完善的组织机构是聘期考核制度得以实施的基础和保障。考核评价工作应自上而下，在单位统一领导下实施，并成立专门的考核小组具体负责，涉及学术方面的业绩由学术委员会负责评议，评议结果交由考核小组进行认定。此外，考核小组还应负责对考核结果进行解释，以及有关争议处理和申述受理等工作。

（二）培训与宣传

专业技术人员聘期考核工作涉及面广、内容繁杂，与被考核对象的利益息息相关，关系到单位发展的目标和方向，做好聘期绩效考核评价，需注重加强培训和宣传。在考核前期就考核事宜向全体专业技术人员进行考核办法解读；对考核小组成员进行考核工作培训，提高考核工作效率和考核实施过程公开性、公平性。

（三）反馈与引导

聘期考核结果运用并不仅仅在于为专业技术人员聘期的晋升、奖惩提供依据，更重要的是通过绩效考核评价，促进发现专业技术人员自身或者是农业科研事业单位发展过程中存在的不足。有效的绩效考核结果反馈机制更加有利于专业技术人员发现自身的发展短板，从而及时调整方式方法加以改进。如此不断循环反复，突破短板，农业科研事业单位专业技术人员队伍的综合实力将不断增强，才能达到绩效考核的最终目的。

五、中国热带农业科学院专业技术人员聘期考核实践

为打破专业技术“铁岗位”，建立退出机制，真正实现“能上能下”，进一步激发科技人员活力，2017 年，中国热科院启动了专业技术岗位聘用改革，探索建立专业技术岗位聘用动态调整机制（以下简称“动态调整”），制订了动态调整实施办法。2018 年，结合中期考核工作，中国热科院首次实施了动态调整，全院 1 388 名人员参加，通过竞争择优，其中 259 人提高了岗位聘用等级，40 人降低了岗位聘用等级，让合理的“上”提升干事创业的动力、常态的“下”传递从严管理的压力。

（一）紧盯人才问题

中国热科院紧紧围绕农业农村部党组中心工作，立足于科技支撑乡村振兴战略和农业“走出去”的出发点来谋划科技人才发展。

一方面，及时把脉人才问题。院领导班子深入贯彻习总书记人才优先发展

战略思想，领会习总书记两院院士大会上的重要讲话精神，坚持第一时间研究人才问题，直面专业技术职务评聘矛盾，突出解决岗位布局碎片化、研究力量分散化、考核方式单一化问题。

另一方面，坚持问需问计问效于职工。院所人事部门既吃透上情，也掌握下情，加强职工思想引导，将职工利益关切的制度办法广泛征求意见，在动态调整中做到“四公示”（考核办法、解聘人员、竞聘方案、聘用人员），做细做实全过程工作，实现零投诉、零举报。

（二）校准评价导向

贯彻中央关于分类推进人才评价机制改革精神，通过明确岗位聘期任务目标，细化考核标准，优化考核手段，在综合分析现聘人数、岗位数量、人员类别、聘期目标完成情况的基础上，开展考核评价。

一是先分类。以分类为基础，完善人才评价的规则制定、分类管理和有效监督，积极打造“让同行评、让研究所自主评”的评价环境，指导院属各所以“主责主业”作为关键词，对不同领域、不同工作性质的人才细分考核评价标准，高级岗位向重点学科领域和作出贡献的科技人员倾斜。以科技信息研究所为例，将人员划分为科技创新、成果转化与推广服务、科技管理、图书档案管理等4类，由25位专家组成考核组，考核得分去掉3个最高分和3个最低分取平均分。

二是考内涵。考核内容各有侧重，基础研究人员侧重于学术水平、创新思维、研究能力、行业活跃度和影响力等；应用研究人员侧重于取得自主知识产权、行业标准规范和经济社会效益等；信息软科学研究人员侧重于对热带农业和热区农村工作的服务支撑作用；实验技术和科研支撑人员侧重于保障科研活动顺利开展、条件建设与资源共享水平等。院属各所围绕创新能力、质量和贡献制定考核指标，不再泛泛而论、泛泛而评，突出“干什么、考什么”，引导“考什么、干什么”，打造“加油站”式的评价。

三是破“四唯”。在动态调整过程中，坚持不唯文凭看水平、不唯资历看业绩、不唯年龄看素质、不唯数量看质量的人才考核评价导向，论文条件的考核由数量向质量转变，成果条件的考核由奖项高低向转化效益转变，允许“高职低聘”，摒弃“靠资历吃饭”“靠年头升级”的岗位晋升模式，特别是破除现聘高级专业技术岗位人员“船到码头车到站”的不思进取状态，突出事业至上，给冲劲足、基础好、目标明、绩效优的科研人员打通上升的通道。

（三）突出有为有位

通过实施动态调整实现人员岗位“能上能下”，一方面有效增强了科技人员危机意识，营造内部创新进取氛围，激发创新活力；另一方面为下一步开展人才分类评价工作积累经验。

一是“退”岗有指向。经动态调整，退出现聘岗位等级的主要有考核未达合格等次人员、同一等级现聘人员经考核排在末位比例的人员、岗位聘用期满人员等三类人员。本次动态调整共有 90 人从现聘岗位“退出”，经过参加岗位竞聘，其中 50 人聘回原等级岗位，40 人降低了岗位聘用等级。降低岗位聘用等级人员包括四级岗人员 3 名、五级岗人员 7 名、六级岗人员 16 名、七级岗人员 3 名、八级岗人员 1 名、九级岗人员 10 名。

二是聘岗有“升降”。在符合岗位聘用条件的前提下，“退”岗人员和其他满足聘任条件人员按岗位等级由高到低逐级参加竞聘。通过竞聘，有 4 人岗位变动幅度达 3 个等级，其中 1 人从十级岗聘至七级岗，1 人从十三级岗聘至十级岗，1 人从五级岗聘至八级岗，1 人从八级岗聘至十一级岗；有 55 人岗位变动幅度达 2 个等级，有 240 人岗位变动幅度为 1 个等级。

三是“优绩”有“优酬”。经动态调整重新聘用岗位的专业技术人员，按照“以岗定薪，岗变薪变”原则，重新确定工资福利待遇，使业绩突出的有回报，业绩一般的有压力，业绩较差的有鞭策，使动态调整真正成为调动单位人才队伍积极性创造性，推动提升人才核心竞争力的重要手段。

能者上、庸者下，中国热科院专业技术岗位不再是“铁饭碗”。部分职工表示，虽然“震动”很大，但对结果心服口服，因为过程公开透明，全凭实绩说话，认为“新时代真的到来了”，以后“不能再混了”，也“不再好混了”。

中国热带农业科学院专业技术岗位聘用动态调整实施办法（暂行）见附件 4-4。

附件 4-4 中国热带农业科学院专业技术岗位聘用动态调整实施办法（暂行）

第一章 总 则

第一条 贯彻深化人才发展体制机制改革和事业单位人事制度改革精神，为动态加强专业技术岗位管理，建立基于业绩贡献为导向的竞争择优机制，给冲劲足、基础好、目标明、绩效优的专业技术人才发展打通上升通道和途径，充分调动工作积极性，最大限度激发创新创造活力，特制定本办法。

第二条 本办法适用于我院获得专业技术资格，从事专业技术岗位工作，并符合专业技术相应等级岗位聘任条件的专业技术人员。

第三条 坚持公开公平公正的原则，推进竞争、择优、调整机制，体现重能力、重业绩、重贡献导向，按照科学评价、考核调整、竞聘上岗的工作思路，根据考核、竞聘结果和单位实际情况，积极稳妥实施专业技术岗位聘用动态调。

第二章 岗位目标

第四条 各单位科学设置各等级专业技术岗位聘期内人员可量化、可评价、易于鉴定成效的工作任务，并与拟聘人员签订包含岗位职责、聘期目标、年度目标在内的《岗位目标责任书》。

第五条 岗位职责应明确工作内容以及应当承担的责任范围，聘期目标应包含聘期内应完成的全部工作任务。年度目标是对聘期目标的具体分解。

第六条 聘期目标应包括以下主要内容：

（一）核心任务

《岗位目标责任书》的核心任务应围绕院重点领域、重点学科和服务单位科技发展规划应作出的主要贡献进行设置。

（二）不同类型人员应侧重承担的主要任务

1. 基础科学和前沿技术研究人员：学术水平与影响力提升，对关键技术研究与应用示范的指导作用，个人创新思维和研究能力提升等。

2. 应用研究和技术开发人员：形成的自主知识产权、行业和地方标准规范，产出具有转化前景的成果，取得经济社会效益，个人技术创新与应用能力提升等。

3. 信息软科学研究人员：对“三农”工作和产业发展的指导、服务和支撑作用增强，为事业发展和管理决策提供技术支撑的能力增强等。

4. 实验技术和科研条件保障人员：保障科研活动顺利开展，条件建设与资源共享水平提升，个人专业技术能力与水平提升等。

5. 科研管理和科技服务人员：管理服务水平与效率提升，工作方法与措施有效，取得经济社会效益等。

第三章　岗位考核

第七条　依据《岗位目标责任书》的内容，组织开展岗位考核工作，具体形式分为年度考核、聘期考核和阶段性考核等，考核结果分为优秀、合格、基本合格和不合格四个等次，考核结果及排名作为动态调整的依据。根据岗位情况，可适时启动阶段性考核。

第八条　年度考核按自然年度举行，聘期考核在聘任期满举行，阶段性考核根据单位需要不定期举行。相同年份的不同类考核工作应做好统筹安排，做到同部署、同开展。

第九条　年度考核由专业技术人员人事关系所在单位组织开展，按院工作人员绩效考核有关规定执行。

第十条　根据分级管理权限，二、三级专业技术岗位专业技术人员的阶段性考核和聘期考核工作由院人事处组织，院学术委员会负责评议评价。四级及以下岗位专业技术人员由各单位按院的要求自行组织实施。

第十一条　阶段性考核启动条件

当单位专业技术某等级岗位空余数满足以下条件之一时，启动对该等级岗位现聘人员的阶段性考核：

1. 该等级岗位空余数不足该岗位总量的20%；

2. 该等级岗位空余数不足2个；

单位根据工作需要，专业技术某等级岗位剩余数大于该岗位总量的20%或大于1时，也可启动阶段性考核。

第十二条　满足阶段性考核启动条件的岗位，开展阶段性考核间隔时间不得超过3年。

第十三条　考核方案由考核实施单位制定，并在单位内部充分征求意见后，由单位正式发文公布。考核方案主要包括考核时间与流程、考核方式、考核指标、评价标准等内容。考核方案需于工作开展前至少5个工作日报送院人事处备案。

第十四条 考核评价应突出品德、能力、业绩导向，注重个人评价与团队评价相结合，尊重和认可团队所有参与者的实际贡献，团队负责人的考核成绩以团队考核成绩为主。注重标志性成果的质量、贡献、影响，在成果完成人及完成单位排名使用上合理设置。注重发挥同行评议机制的作用。

第十五条 考核指标应符合院所发展定位，指向明确、具体细化、合理可行，是岗位工作任务的细化量化分解，是衡量岗位目标实现程度的重要考评工具。按照相关性、重要性、可比性及系统性原则，采取定量与定性相结合的办法制定岗位考核指标，按照不同类型人员任务要求，按需选择岗位职责履行、科研进度完成、科研产出与影响力、成果转化与贡献、国际合作与交流、产业发展支撑能力、管理决策咨询能力、条件建设与资源共享、管理服务水平与效率、学术诚信等内容开展评价。

第四章 岗位解聘

第十六条 解聘条件

（一）现聘专业技术二级岗位满足下列条件之一：

1. 考核未达合格等次人员；
2. 阶段性考核排序靠后10%人员（四舍五入）；
3. 聘期已满。

（二）现聘专业技术三级岗位满足下列条件之一：

1. 考核未达合格等次人员；
2. 阶段性考核排序靠后15%人员（四舍五入）；
3. 聘期已满。

（三）现聘专业技术四级及以下岗位满足下列条件之一：

1. 考核未达合格等次人员；
2. 连续2年年度考核在该等级岗位现聘人员中排序最后1名；
3. 阶段性考核：现聘人数大于等于6人的岗位，排序靠后25%人员（四舍五入）；现聘人数小于等于5人的岗位，排序最后1名。
4. 聘期已满。

第十七条　岗位解聘基本程序

（一）确定拟解聘人选：根据考核结果与聘期时间，确定拟解聘人员。二、三级岗位专业技术人员解聘由院人事处牵头，依托院学术委员会组织开展。四级及以下岗位专业技术人员解聘由各单位组织开展。

（二）公示：拟解聘人员、考核结果及排序应公示不少于5个工作日。

（三）会议研究：根据分级管理权限，在新一轮岗位竞聘前由单位领导班子集体研究决定解聘人员。

（四）备案：将解聘人员名单在新一轮竞聘前报院人事处备案。

第五章　岗位竞聘

第十八条　因聘任期满或经考核解聘后腾退的岗位，由高到低逐级开展新一轮竞聘工作。竞聘工作与解聘工作应在时间上有效衔接。

第十九条　实施动态调整后的岗位解聘人员，在参与新一轮岗位竞聘时，应与其他竞聘人员同等对待，公平竞争，但考核未达合格等次人员应从解聘岗位的下一等级岗位参加竞聘。

第二十条　根据分级管理权限，二、三级岗位竞聘由院人事处牵头，依托院学术委员会组织开展。四级及以下岗位竞聘由各单位按院的要求自行组织实施。

第二十一条　竞聘条件

岗位竞聘的基本条件和具体任职条件按照《中国热带农业科学院岗位聘用管理办法》（热科院人〔2014〕196号）执行。四级及以下岗位竞聘的基本业绩条件由各单位自行制定。

第二十二条　岗位竞聘模式

建立资格审查、量化打分和学术评议“三位一体”的评价考核与竞争上岗机制。资格审查以“符合基本条件、具体任职条件和基本业绩条件情况”作为审查的核心要素；量化打分围绕可量化的岗位工作业绩开展；学术评议围绕学术水平或管理创新能力及服务水平开展。量化打分和学术评议分值权重由各单位自行设定。

第二十三条　岗位竞聘方案需于工作开展前至少5个工作日报送院人事处备案。

第二十四条 岗位竞聘基本程序

（一）公布岗位：在本单位或更大范围内公布聘用岗位及其职责、聘用条件、聘期等事项。

（二）个人申报：应聘人员根据岗位条件要求，自主申报岗位。

（三）资格审查：用人单位对申报人员的资格、条件进行严格审查。

（四）公开竞岗：用人单位组织公开竞聘，提出拟聘人员名单。

（五）研究聘用：根据分级管理权限，由领导班子集体研究决定聘任人选。

（六）公示和备案：公示不少于 5 个工作日，按照专业技术岗位聘任管理权限进行备案。

（七）签订合同：聘用单位法定代表人或者其委托代理人与受聘人员签订聘用合同。一个聘用期限为 3~5 年，同等级岗位聘期应一致，不因人而异。聘期截至时间应为自然年度的 12 月 31 日。

第二十五条 二、三级岗位聘用须经院常务会研究；四级及以下岗位聘用须经院属单位领导班子集体会议研究，会议研究通过的拟聘人员根据农业农村部和院的有关规定按程序进行聘用。院属单位聘用人选情况应于会议研究通过后 5 个工作日内向院人事处报备，聘用时间以会议决策当日为准。

第六章 监督管理

第二十六条 坚持德才兼备、以德为先，把品德放在首位。凡发现学术造假、谎报成绩的个人，当年考核结果不得为合格及以上等次，并降本人现任专业技术岗位二个等级参加岗位竞聘。

第二十七条 对考核和竞聘结果有异议的个人，可在公示期内提出书面申诉，并附上相关的证明材料。二、三级岗位竞聘情况向院学术委员会提出，四级及以下岗位竞聘情况向所在单位学术委员会、人事部门提出。

第二十八条 考核和竞聘材料审核实行“谁审核、谁签名、谁盖章、谁负责”的责任追究制度。资格审查把关不严的单位或部门，按照有关规定追究主要负责人和相关人员责任，并建议调整其工作岗位。

第七章 附 则

第二十九条 按照农业农村部有关规定不占岗位数的特殊人才或不足一个

聘期退休人员，经所在单位同意，可在现聘岗位任职至退休，保留相应的待遇。

第三十条　未竞聘上岗人员，不服从单位转岗安排的，给予3个月的择业流动期，并只发给基本工资，择业流动期满后，原人事关系自动终止，本人须提出辞职或由用人单位办理辞退手续。

第三十一条　本办法由院人事处负责解释，自印发之日起实行。

（资料来源：中国热带农业科学院内部资料）

第五章　评价结果的运用

第一节　在科技资源配置中的运用

2014 年 9 月 29 日，习近平总书记在中央全面深化改革领导小组第五次会议上的讲话中强调，我们的科技计划在体系布局、管理体制、运行机制、总体绩效等方面都存在不少问题，突出表现在科技计划碎片化和科研项目取向聚焦不够两个问题上。要彻底改变政出多门、九龙治水的格局，坚持按目标成果、绩效考核为导向进行资源分配，统筹科技资源。科技资源就是指进行系统的专业性很强的学问所必须的社会资源的总和。农业科研机构中的科技资源通常是指组成、维持、参与并服务于农业科技创新的资源，包括在创新性科研活动中与之密切相关的人、财、物等有形资源以及技术、管理等无形资源。

一、科技评价的焦点问题

在人类历史的大部分时期，政府没有专门的科技政策，也没有大规模的科技投入，也就不需要进行政府主导的科技评价。科技政策的出现主要是在二战之后从美国开始兴起。在此之前，科学研究的资金主要来自于科学家自己或者其他私人捐助，科学家的评价问题主要由科学共同体进行，评价结果会影响到科学家的学术声誉，但不直接与科学家的经费或者职务等利益挂钩。科学家们为了获得学术声誉，主要看重自己的研究结果是否真正具有突破性贡献和学术影响力，而不太关心科研经费的多少，也不太关心论文数量和刊物的影响因子。技术开发方面的研究则完全由企业或者个人投入，其评价主要靠市场进行，政府无需干预。在 1945 年万尼瓦尔·布什向美国总统杜鲁门提交《科学——永无止境的前沿》报告之后，美国逐步加强政府科技投入，逐步有了科技政策和政府科技评价，其他国家也纷纷效仿。随着政府科技投入的大幅增加，政府有责任向纳税人说明科技投入的绩效。政府科技评价不仅关注科技创新的进展，更关注科技创新的效益。因此，科技评价出现的问题，并不只是评价方法或者评价体系的问题，也可能是科技资源投入带来的问题。科技资源投入导向什么方面，科技创新活动自然会偏重什么方面。

我国科技评价的焦点问题是经费导向和论文导向。经费导向的根本原因在于竞争性经费过多，而保障性经费偏少。据财政部教科文司的统计，中央级科研经费中竞争性经费的比例一度达到接近80%的比例。由于保障性经费投入不足，高校和院所自然会把机构的生存压力转嫁给科学家。科学家被迫投入大量的时间和精力去竞争科研经费，科技活动的评价指标自然也会向外争经费倾斜。论文导向也可以从资源配置结构上找到原因。根据美国科技政策学家斯托克斯的研究，基础研究分为两种类型：一种是兴趣导向、不考虑应用的基础研究，被称为玻尔象限；另一种是应用导向的基础研究，被称为巴斯德象限。许多国家设立的自然科学基金主要鼓励兴趣导向的自由探索研究，基本上属于玻尔象限范畴。玻尔象限由于和应用关联性不高，其研究成果主要以学术论文的形式体现。我国仅在2008—2015年的7年，国家自然科学基金经费占财政基础研究投入比重从24.3%急剧上升到40.4%（从53亿元增长到222亿元），如果加上各省市投入的自然科学基金、教育部门和科研部门的科学研究基金，对以个人兴趣为导向的基础研究投入比重会显示更高。玻尔象限经费数量的急剧增长必然导致论文产出数量增加，最终导致论文导向的科技评价被进一步强化。美国绝大部分财政基础研究经费投入到了国家卫生研究院（NIH）、国家航天局（NASA）、能源部（DOE）等应用部门，自然科学基金（NSF）经费占联邦财政基础研究投入比重仅维持在12%~16%。也就是说，美国联邦财政基础研究投入的重点是应用导向的巴斯德象限，相关科学发现和技术突破能够进一步带动企业和社会组织等部门的研发投资，源源不断地形成创新竞争优势。近年来，美国NSF也在不断总结和改革，开始逐步摒弃过于重视兴趣导向的政策，而在立项和评价中不断加强应用导向，也就是关注重点由玻尔象限向巴斯德象限迁移。

总而言之，我国科技评价中出现的种种问题，主要根源在于科技资源配置结构出现了问题。仅仅依靠科技评价方法和程序的修修补补，不可能从根本上解决评价导向的偏差问题。要消除科技评价的导向偏差，政府科技投入必须坚持“三个面向”，以应用基础研究为突破口，改变过分关注玻尔象限的投入模式，加大对巴斯德象限的投入。要降低竞争性经费比例，加大对战略科技力量的保障性经费支持，形成知识、技术、产业创新体系相互衔接和配套，产学研用协同创新的新格局。只有科技评价真正回归多元价值导向，科技资源配置才能更好地为创新型国家建设和创新驱动发展战略服务。

二、科技资源配置存在的问题

（一）科技管理体制存在多头管理、部门分割、缺乏统筹的问题

目前，中央财政科技投入的分配管理涉及多个部门和单位。各个部门都设立了名目繁多的科技计划和项目，各部门之间又难以统筹协调，导致科研重复立项、科技资源配置分散和浪费。与此同时，科技资源分配的公开透明度也亟待提高。根据九三学社近年所做的万份问卷调查显示，82.5%的科技人员认为在科技经费分配、成果评估和评奖过程中行政的操控权过大。中国科学院科技政策与管理科学研究所课题组针对 8 000 余位科研人员所做的科研环境状况调查也显示，对于本地区政府部门科研资助机制，除 32%的科研人员没有给出明确判断外，选择“整个资助机制公开、透明”选项的人员比例不到 5%，而认为“过程非常不透明，各种潜规则非常严重”的比例达 13%，另有 30%科研人员认为存在一些不公正和不合理的地方，“但不是很严重”。我国农业科研机构在科技资源配置方面同样出现诸多问题，自上而下的行政干预致使创新性科研团队的科技资源配置方式单一，整齐划一，缺乏积极的能动性，对创新性科研团队的建设产生了负面的影响。比如，有些创新性科研团队负责人虽是专业领域的专家，但缺乏团队人力资源管理经验，在团队成员的选择、培训、任务分配、激励制度等方面经验欠缺，使团队人员配置不合理，合作精神差，缺乏相互协作支持，从而导致团队绩效不高。

（二）人力、项目、物资等资源配置问题

一是在人力资源配置上的不协调。在我国农业科研机构的人力资源配置中存在一种管理支配学术的状况。在我国农业科研机构内部，管理人员所占的比

例很高，农业科研机构成为一个庞大的官僚行政体系。此外，科技人员队伍和研究生的配置比例不尽合理，绝大部分农业科研机构不具备自主招生资格，需要从高校争取研究生培养指标，且困难较大。二是在项目经费配置上的不合理。近几年来，我国加大了科研经费投入，但科研经费配置以行政力量为主导，一些在科研院所中担任行政领导职务的可以方便地获取课题项目经费资助；学术等级思想严重，一些有学术头衔的在科技资源配置中处于强势地位；有的主管部门在科研经费的申请和管理上还存在门户之见，优先照顾本系统内的高校和申请者。尽管我国每年的科技资助投入在不断增加，但是相对于庞大的科技人才群体来说，资助额度仍相对有限。由于现有科技人才评价体系和制度的不完善，形成了“小经费，大评审；中等的，小评审；大经费，不评审”的非良性循环格局。大额科研经费的投向往往由几个学术权威说了算，使得亟需科研经费哪怕是少量启动经费的年轻人得不到资助，而失去了获得创新成果的机会，同时滋生了关系评审、“派系”竞争等学术腐败和学术不端行为，造成国家有限的科研资源浪费。三是在物力资源配置上的过剩与不足并存。在当前我国科技投入不断增加的情况下，农业科研机构的实验室越来越大、仪器设备购置也越来越多，但在少部分单位存在实验室空置和各种设备闲置利用效率低下的问题。

（三）人员收入分配的问题

人员收入分配仍以按职务与职称分配为主，以按劳按知分配为辅。农业科研机构传统的分配体制体现的是人才的职称或者职务，而不是其所拥有的知识，这与当前知识是第一生产要素的理论相悖。按劳分配的内涵绝不仅是劳动量的积累，还有劳动的最终产品和效益，是劳动价值的市场体现。现行的平均主义分配方式未能充分认可科研人员所从事的创造性劳动，极大地挫伤科研人员的积极性。目前有的科研机构根据单位实际，遵照中央有关文件精神，以建立健全约束机制与科研激励为载体，积极开展分配体制创新，制定了一些科研奖励制度，把技术投入和科研成果等作为参与效益分配的要素，使有杰出贡献的科研人员能够通过自己的努力较大幅度地增加收入，树立起令人羡慕的社会公众形象，起到模范带头作用。例如，有些科研机构实行科研工作量化管理制度，首先对科研人员提出相应的科研工作量的要求，重奖高水平的科研成果，奖励力度强，奖金数额大，影响面广；对超过工作量的那部分实行奖励；科研业绩作为主要考核指标之一，与单位人事分配制度紧密结合，科研业绩的好坏影响着科研人员岗位津贴数额的多少与津贴等级的高低等。但从目前农业科研机构分配制度改革的执行情况看，并没有完全摆脱传统分配体制的束缚，表现为对专业技术人员特殊岗位津贴等级设置的主要依据依然是专业技术人员的职务与职称，特殊岗位津贴等级实行“上封顶、下保底”，没有完全按照分配原则执行。

三、在科技资源配置中运用的实践案例

科技资源配置应结合科研机构分类改革和职责定位，加强对科研机构中长期目标考核，建立与考核评价结果挂钩的科技资源配置机制。加强科技资源配置的统筹协调和公开透明，完善同行评审机制，让资源更多分配给真正能出成果的科研团队。以中国热科院为例，自 2006 年设置基本科研业务费专项以来，有效弥补了竞争性科研经费的不足，培养了一批骨干人才，建立了一批创新团队，拓展了创新领域，优化了学科布局，提高了科技创新能力，孵化了一批重要项目和重大成果，有力地推动了科技事业的发展。在项目执行中，中国热科院重视对各单位开展专项年度考核和中期绩效评价工作，考核结果和评价结果作为专项经费动态调整和下年度安排的重要依据。其中，年度考核主要对照与院签订的工作任务书，考核项目承担单位的年度基本科研业务费情况，主要包括专项组织管理、科研工作进展与成效、资金使用情况、科研信用情况、存在问题、改进措施与建议等。各项目承担单位于次年 2 月底前提交本单位的年度基本科研业务费使用情况报告。院管理咨询委员会对各承担单位的年度经费使用情况进行审议，作出“优秀”“良好”和“一般”的评价结果，经院常务会和院党组会审定后全院公示。评价结果将作为下一年度经费分配的重要依据；中期绩效评价一般每三年开展一次，评价结果分为“优秀”“良好”和“一般”三个档次，报财政部备案，作为以后年度预算安排的重要依据，对评价结果为“一般”的，提出警告和整改要求。

中国热带农业科学院基本科研业务费专项资金管理实施细则（试行）见附件 5-1。

附件 5-1　中国热带农业科学院基本科研业务费专项资金管理实施细则（试行）

第一章　总　则

第一条　为规范和加强中国热带农业科学院中央级公益性科研院所基本科研业务费专项资金（以下简称专项）的组织实施与管理，提高资金使用效益，充分发挥专项在我院学科布局优化、科研团队建设和人才培养以及原始创新能力、产业引领支撑能力、成果转化能力提升中的培育和导向作用，根据《国务院印发关于深化中央财政科技计划（专项、基金等）管理改革方案的通知》（国发〔2014〕64 号）、《中共中央办公厅 国务院办公厅印发〈关于进一步完善中央财政科研项目资金管理等政策的若干意见〉的通知》（中办发〔2016〕50 号）、《财政部关于印发〈中央级公益性科研院所基本科研业务费专项资金管理办法〉的通知》（财教〔2016〕268 号）和《农业部办公厅关于印发〉农业部基本科研业务费专项资金管理办法〉的通知》（农办财〔2016〕85 号）等有关规定，结合我院实际情况，制定本实施细则。

第二条　专项用于支持开展符合我院所公益职能定位、适应农业供给侧结构性改革和农业发展方式转变的新要求、满足现代热带农业重大需求、代表热带农业学科发展方向、体现我院所前瞻布局的自主选题研究工作。专项重点支持各单位开展以下工作：

（一）自主选题开展的农业科研工作。围绕我院重点领域、重点学科和产业需求自主选题，开展学科优势明显、发展潜力大、能保持或提升科研院所持续发展能力的储备性研究；开展具有重要科学意义、学术思想新颖、能够拓展学科新生长点的创新性研究；开展具有重要应用前景或重大公益意义、有望取得重要成果、对产业发展有重大推动作用的孵化性研究。

（二）热带农业基础性、支撑性、应急性科研工作。围绕农业部工作部署和院重点工作安排，开展热带农业基础性、长期性科学数据监测，产业发展关键技术和产品、生产亟需实用技术研发，技术集成示范，科技成果转化，管理体制机制创新，发展战略研究与政策创设基础性、支撑性科技工作，以及根据院党组决策部署安排的其他应急性科技工作。

（三）团队建设及人才培养。围绕院“十百千人才工程”，支持有利于培育优秀科研人才和团队的科研选题，重点稳定支持院级创新团队、青年科研人才等开展产业共性关键技术、应用基础与前沿技术研究，以及国家自然科学基金培育、重大科研项目预研、重大成果的熟化完善和集成示范。

（四）国际科技合作与交流。针对热带农业科技国际合作和“走出去”科技需求，开展有利于引进国外种质资源和先进技术、增强自主创新能力、有利于支撑热带农业“走出去”等的相关研究工作，打造特色鲜明、支撑有力的国际合作人才队伍和平台。

（五）农业科技基础性工作等其他工作。开展除热带农业基础性长期性数据之外的其他农业科学数据、科学标本、资料、信息的采（收）集、整理、存储、共享以及与制定相关技术基础标准相关的工作，为热带农业科学研究与技术开发提供共享资源和条件的工作。

第三条 专项管理和使用遵循以下原则：

（一）突出重点，统筹兼顾。专项坚持任务目标统筹、科研力量统筹、经费分配统筹，突出“全院一盘棋”思路，集中力量，聚焦和解决热带农业发展重大科技需求和事关全院发展的重大问题，兼顾各单位科技创新能力提升和持续发展能力。

（二）稳定支持，长效机制。专项项目以滚动项目为主，稳定支持中青年优秀科研人才培养和创新团队建设，稳定支持热带农业基础性长期性科研工作，为院所（站、中心）形成有益于持续发展、不断创新的长效机制提供稳定经费支持。

（三）绩效管理，动态调整。以绩效目标为导向，实行预算编制有目标、任务执行有监控、工作完成有评价、评价结果有应用的专项管理和运行机制，绩效评价结果作为下一年度承担单位预算分配、项目滚动支持和负责人承担专项项目的重要依据。

（四）三级管理，专款专用。专项支持对象为院属预算单位，包括各直属研究所（站、中心）及院本级。实行“院-所-项目组”三级管理，院负责全院基本科研业务费专项的统筹管理，各单位为专项管理和使用的责任主体，负责本单位承担的专项项目的具体管理和组织实施，项目组是专项项目实施的基本单元。各单位应落实专项管理的法人责任制，建立健全专项内部管理制度和内控流程，将专项资金纳入单位财务统一管理，单独核算，专款专用。

第二章　职责分工

第四条　院主要职责：

（一）制定院基本科研业务费管理实施细则；

（二）组建院基本科研业务费管理咨询委员会；

（三）组织提出全院基本科研业务费支出规划；

（四）统筹提出全院基本科研业务费年度资助任务及预算分配方案；

（五）批转院基本科研业务费年度预算；

（六）指导和监督各单位基本科研业务费管理工作；

（七）组织各单位开展专项动态监测和绩效评价；

（八）组织编报基本科研业务费年度经费使用情况报告；

（九）配合农业部开展中期绩效评价工作；

（十）监督各单位专项预算执行；

（十一）承担其他相关工作。

第五条　各单位为院基本科研业务费管理和使用的责任主体，主要职责包括：

（一）履行法人管理主体责任，单位法定代表人对基本科研业务费负有第一责任；

（二）组织提出本单位自主选题科研工作的近期和中长期任务规划；

（三）制定本单位基本科研业务费管理实施细则；

（四）组建本单位基本科研业务费管理咨询委员会；

（五）本单位承担专项项目的全过程管理工作，建立常态化的自查自纠机制；

（六）为项目实施提供必要的保障；

（七）根据院专项经费分配方案，做好本单位专项支出规划，组织本单位专项项目的评审立项工作，提出本单位基本科研业务费项目任务和年度预算；

（八）编制本单位年度基本科研业务费工作任务书，并与项目负责人签订工作任务书；

（九）具体组织实施基本科研业务费资助任务和预算方案；

（十）建立专项的项目负责人责任制；

（十一）承担其他相关工作。

第三章　组织管理

第六条　院设立院级基本科研业务费管理咨询委员会，由农业部科技教育司和财务司相关负责人，院法定代表人，分管科研和财务工作的副院长，院属各科研机构和试验场负责人，院学术委员会相关人员，院科技处、财务处、研究生处、国际合作处、开发处、基地管理处及监察审计室等相关部门负责人，科研人员代表等组成。管理咨询委员会设主任委员一名，由院法定代表人担任；设执行主任委员一名，由分管科技的副院长担任，代行主任委员职责，负责委员会的过程领导管理。管理咨询委员会根据实际工作需要定期或不定期调整。

第七条　院级基本科研业务费管理咨询委员会的主要职责为：

（一）对全院专项预算建议方案进行咨询评议；

（二）对各承担单位法人工作任务书调整、执行过程中的重大事项等事宜开展审议，并提供审议意见。

第九条　各单位参照院级管理咨询委员会成立本单位的所级基本科研业务费管理咨询委员会，负责评议本单位基本科研业务费资助任务及建议方案、审议外拨经费、项目执行过程重大事项咨询等事宜。所级咨询委员会名单须报院科技处备案。

第四章　申请与立项

第十条　根据农业部重点任务、院发展规划和年度重点科技工作安排，结合本年度各单位专项项目和预算执行情况，院科技处会同相关职能部门，于每年 10 月提出下一年度专项支持的重点任务及预算分配建议方案，经院级管理咨询委员会评议、院常务会和院党组会审议通过后，下达到各单位。

第十一条　各单位根据院重点工作安排和经费预算分配方案，组织本单位项目申报和评审立项工作。

（一）项目申报

项目申请人填写专项项目申报书。项目申请内容应当与单位职能定位、院所科技发展规划以及团队、研究室、平台研究方向相一致，并与各级各类科技计划项目有效衔接、合理分工，避免资源重复配置。

（二）资格审查

项目承担单位对项目申请人资格、项目内容等进行审查。申请者应当具备以下条件：

1. 原则上为我院正式在编科研人员；

2. 恪守科学道德，学风端正扎实，并有足够的时间保证；

3. 能够组建以中青年科技人员为主、研究方向相对稳定、目标明确的研究队伍；

4. 申请人作为负责人在同一年度原则上只限申报1项专项项目，已获专项支持但尚未结题的专项项目负责人，由项目承担单位对其在研项目进行检查后确定其能否申报新项目。

5. 在研国家科技计划（包括原国家科技支撑计划、“863”、“973”计划项目及课题，公益性行业（农业）科研专项项目，海南省重大科技计划专项项目等）负责人、国家现代农业产业技术体系首席科学家、岗位科学家、综合试验站站长原则上不得作为项目负责人申报专项项目。

（三）项目评审

项目承担单位组织召开本单位基本科研业务费咨询委员会会议对项目内容和经费预算等进行咨询审议。咨询审议意见分为“同意资助”和“不予资助”两种，并对同意资助项目按照优先顺序排序。各单位推荐项目中40岁以下青年科研人牵头负责的科研工作比例不得低于本单位专项预算的30%。在本单位公示5个工作日后，以正式文件形式将年度资助项目方案和资金分配情况统计表、资金评审情况统计表报送院科技处。

第十二条　院科技处汇总审核各单位拟立项项目，报院级基本科研业务费管理咨询委员会执行主任委员批准后，在全院公示5个工作日（涉密项目除外）。院科技处对有异议的项目进行调查并组织复议。经调查复议，淘汰确有严重问题的项目，由原单位重新组织遴选项目递补。

第十三条　公示无异议后，院正式发文公布专项年度资助项目。各承担单位法人与项目负责人签订工作任务书，院与各项目承担单位签订法人工作任务书。

第十四条　管理咨询委员会应在2/3以上委员到会时开展咨询审议，并建立回避制度。项目评审和咨询审议过程中，申请人和其他可能影响公正的人员应当主动申请回避，保证项目评审和咨询公开、公平、公正。

第五章 实施与过程管理

第十五条 项目承担单位根据法人工作任务书，组织实施项目，并为项目实施提供必要的科研条件，做好项目监督检查，加强项目管理。项目负责人根据工作任务书，具体组织项目实施。

第十六条 任务书一经签订，一般不得变动。如确需调整，应履行一定程序：

（一）法人单位工作任务书调整：项目承担单位以公文形式提出正式书面申请，经院专项管理咨询委员会审议，并报院负责人批准后，重新签订工作任务书。

（二）项目工作任务书调整：项目执行过程中，如需变更或调整项目工作任务书中的项目目标、研究内容、项目负责人、关键技术方案、考核指标等内容，须由项目负责人提出正式书面申请，经本单位基本科研业务费管理咨询委员会审议，并报本单位负责人批准后重新签订项目工作任务书。

第十七条 项目承担单位应加强专项过程管理，组织科技、财务、监审等部门加强项目执行进度和经费的监督检查，对检查中发现的问题及时整改，重大问题及时上报。

第十八条 项目执行过程中应及时总结和宣传创新成果。

第六章 结题验收

第十九条 项目执行到期后三个月内，应进行项目验收，验收程序为：

1. 项目承担单位下达项目验收通知，项目负责人向所在单位科技管理部门提交项目结题验收材料，主要包括：项目任务书、项目总结报告、成果（论文、专利、产品等）证明材料、购置的仪器设备等固定资产清单、项目经费使用情况表、相关会计凭证等。

2. 项目承担单位对项目结题验收材料进行审查并组织验收。项目验收时，应成立项目验收专家组。专家人数不少于 5 人，且必须包括 1 名外单位财务专家，本单位验收专家比例不得超过 1/3。必要时，由院科技处组织开展验收工作，或委托第三方验收。

3. 验收专家组须对每个项目作出具体验收意见。验收意见包括验收时间、验收对象、验收形式、项目产出和取得的成效、经费使用情况等内容，最终给出“通过验收”或“不通过验收”的验收结论，并经每位验收专家签字确认。验收结果在本单位公示5个工作日。

第二十条　被验收项目存在下列情况之一者，不能通过验收：

1. 违规使用经费；

2. 未完成考核指标；

3. 提供的验收文件、资料、数据不真实；

4. 擅自修改项目任务书考核目标、内容、技术路线等；

5. 存在院所主管部门、学术委员会或管理咨询委员会认为不应通过验收的其他情况。

第二十一条　因故需要延期的项目，由项目负责人提出书面申请，经所在单位批准后执行。每个项目可延期一次，最长不超过一年。

第二十二条　不通过验收的项目，取消项目负责人下一年度专项申报资格。项目执行到期无故不参与验收的，按项目不通过验收处理，项目负责人列入基本科研业务费不良记录名单，取消项目负责人三年专项申报资格。

第二十三条　项目验收后1个月内，项目负责人应按照科研项目档案管理要求，将项目申请书、任务书、阶段性自查报告、结题报告、验收评议意见、有关重要成果等技术材料归档并提交至项目承担单位，项目承担单位及时将项目档案移交院档案馆。

第七章　经费与预算管理

第二十四条　各单位根据审核确定的基本科研业务费任务和预算规模，按照部门预算编报要求编制支出规划和年度预算，院汇总后统一上报农业部，经财政部核定后以项目支出“基本科研业务费”方式随部门预算下达到各单位。

第二十五条　各单位可以使用基本科研业务费联合院外单位共同开展研究工作。合作研究经费一般不能拨至院外单位，确需外拨时应经所级管理咨询委员会审议通过，并在部门“二上”预算申报材料中予以说明，在承担单位与项目签订工作任务书的同时签订外拨经费科研任务书或合同。院属单位之间开展联合研究工作，应在部门预算“二上”之前签订科研任务合同，经费预算直接细化到相应单位，各单位间不得拨付合作研究经费。

第二十六条 各单位应提高预算编制的科学性和准确性，项目之间经费不得调整。对多年期项目，应根据项目执行情况和实际需求，做好年度经费预算分配。

第二十七条 专项资金的开支范围主要包括材料费、设备购置费、测试化验加工费、燃料动力费、差旅会议和国际合作与交流费、出版/文献/信息传播/知识产权事务费、劳务费、专家咨询费，以及项目研究过程中发生的除上述费用之外的其他支出（应当在申请时单独列示，单独核定）。

第二十八条 专项工作所发生的会议费、差旅费、劳务费、专家咨询费、国际合作费用等支出按照国家和院相关规定执行。

第二十九条 专项不得开支与研发任务无关的支出以及有工资性收入的人员工资、奖金、津补贴和福利支出，不得分摊院所公共管理和运行费用（含科研房屋占用费），不得开支罚款、捐赠、赞助、投资等，不得购置单价人民币5万元以上的仪器设备，不得购置办公设备，外拨经费不得购置固定资产，不得偿还单位债务。严禁以任何方式谋取私利。

第三十条 专项实施所发生的会议费、差旅费、小额材料费和测试化验加工费等，应当按照《财政部科技部关于中央财政科研项目使用公务卡结算有关事项的通知》（财库〔2015〕245号）规定和院所相关财务规定，实行“公务卡”结算。劳务费、专家咨询费等支出，原则上应当通过银行转账方式结算，从严控制现金支付。

第三十一条 专项支付应按照国库集中支付制度和院所有关规定执行，属于政府采购范围的，应当按照政府采购的有关规定执行。

第三十二条 基本科研业务费收支情况应纳入单位年度决算统一编报。

第三十三条 项目实施过程中，确需对经费预算进行调整的，应按照相关规定执行。

第三十四条 各项目承担单位和项目组应当加强预算执行，年度经费原则上必须当年执行完毕。专项项目实施期间年度确有剩余资金的，可结转下一年度继续使用。连续两年未用完或者完成任务目标并通过验收、项目中止等形成的剩余资金，逐级上报财政部确认为可留归院所使用的结余资金后，由院所根据基本科研业务费的管理和使用要求在 2 年内统筹安排，纳入部门预算统一编报。

第八章　知识产权和固定资产管理

第三十五条　专项形成的研究成果，包括论文、论著、技术文件、专利、成果报道等应注明“中国热带农业科学院基本科研业务费专项资金（项目编号）”，英文为“Central Public-interest Scientific Institution Basal Research Fund for Chinese Academy of Tropical Agricultural Sciences（NO.）”。同一研究成果只能用于一项专项项目验收，且成果内容必须与项目研究内容相符合，成果完成人员必须为项目组成员，成果完成单位必须为项目承担单位。外拨经费形成的知识产权归属应在签订的科研任务书中予以明确。

第三十六条　专项形成的科技成果归国家所有，按照国家和院有关科学技术保密、科技成果登记、知识产权保护、科学技术奖励等有关规定和办法办理相应手续。专项经费形成的科学数据、自然科技资源、科技成果等，按照规定开放共享，并按规定提交科技报告。

第三十七条　专项形成的固定资产、无形资产等属于国有资产，应当按照国家和院所国有资产管理有关规定进行管理。

第三十八条　对于涉密项目，严格按照国家和院所相关保密规定执行。

第九章　绩效管理

第三十九条　院组织对各单位开展专项年度考核和中期绩效评价工作。年度考核和中期绩效评价应定性与定量评价相结合，考核结果和评价结果作为专项经费动态调整和下年度安排的重要依据。

第四十条　年度考核主要对照与院签订的工作任务书考核项目承担单位的年度基本科研业务费情况，主要包括专项组织管理、科研工作进展与成效、资金使用情况、科研信用情况、存在问题、改进措施与建议等。各项目承担单位于次年 2 月底前提交本单位的年度基本科研业务费使用情况报告，必要时，院组织项目承担单位进行会议汇报。院管理咨询委员会对各承担单位的年度经费使用情况进行审议，作出“优秀”、“良好”和“一般”的评价结果，经院常务会和院党组会审定后全院公示。评价结果将作为下一年度经费分配的重要依据。

第四十一条 院配合农业部对项目承担单位组织开展专项中期绩效评价，对专项组织管理、支持形成有益于持续发展和不断创新的长效机制、科研工作完成情况、科技产出与影响力、成果转化与贡献、团队建设及人才培养、国际合作与交流、资金使用管理等内容进行全面考核和分析评估。

中期绩效评价一般每三年开展一次，评价结果分为“优秀”、“良好”和“一般”三个档次，报财政部备案，作为以后年度预算安排的重要依据。对评价结果为“一般”的，提出警告和整改要求。

第十章 监督检查

第四十二条 各项目承担单位应严格遵守国家财政财务制度和财经纪律，规范内部控制，明确科研管理、财务管理、监察审计等相关部门职责权限，在任务安排、经费分配、经费使用等方面加强内部控制机制建设，建立常态化的自查自纠机制，并自觉接受、配合院科技、财务、监察审计及上级部门的监督检查。按照院相关规定加强外拨经费监管。

第四十三条 院科技、财务、监察审计、资产等部门和院属单位相关职能部门应对专项项目的执行情况加强内部监督管理。对执行不力的项目提出整改措施；对出现重大违规违纪的项目追回项目资金，并依法依规处理。

第四十四条 院所两级加强专项项目的科研诚信管理，对院基本科研业务费专项咨询委员会委员、项目承担单位、项目负责人、参与人在项目申请、评审、实施、考核、验收等过程中发生科研不端行为，一经发现，将参照《国家科技计划实施中科研不端行为处理办法（试行）》和院有关规定进行处理。

第四十五条 专项预算安排、项目和预算执行、监督检查中发现的问题等相关信息应在一定范围内及时公开，接受监督。

第十一章 附 则

第四十六条 各单位应根据《中央级科研院所基本科研业务费专项资金管理办法》《农业部基本科研业务费专项资金管理办法》和本实施细则，制定本单位基本科研业务费实施细则，建立基本科研业务费的所级管理制度，并报院科技处、院财务处备案。

第四十七条　本实施细则由院科技处、院财务处负责解释。

第四十八条　本实施细则自发布之日起施行

（资料来源：中国热带农业科学院内部资料）

第二节　在薪酬管理中的运用

为加快实施创新驱动发展战略，激发科研人员创新创业积极性，在全社会营造尊重劳动、尊重知识、尊重人才、尊重创造的氛围，中共中央办公厅、国务院办公厅印发了《关于实行以增加知识价值为导向分配政策的若干意见》，明确科研人员收入与岗位职责、工作业绩、实际贡献紧密联系，要把人作为政策激励的出发点和落脚点，健全中长期考核评价机制，突出业绩贡献，强化绩效评价与考核，使收入分配与考核评价结果挂钩；要求科研机构、高校要履行法人责任，按照职能定位和发展方向，制定以实际贡献为评价标准的科技创新人才收入分配激励办法，突出业绩导向，建立与岗位职责目标相统一的收入分配激励机制。对从事基础性研究、农业和社会公益研究等研发周期较长的人员，收入分配实行分类调节，通过优化工资结构，稳步提高基本工资收入，加大对重大科技创新成果的绩效奖励力度，建立健全后续科技成果转化收益反馈机制，使科研人员能够潜心研究。对从事应用研究和技术开发的人员，主要通过市场机制和科技成果转化业绩实现激励和奖励。对从事哲学社会科学研究的人员，以理论创新、决策咨询支撑和社会影响作为评价基本依据，形成合理的智力劳动补偿激励机制。完善相关管理制度，加大对科研辅助人员的激励力度。科学设置考核周期，合理确定评价时限，避免短期频繁考核，形成长期激励导向。

无论是国家和地区之间的竞争，还是单位之间的竞争，归根结底是核心优势人才的竞争。具有增值潜力的人力资源是单位成长的第一资源。如何吸引高素质核心人才，保留并激励其提升技能，为组织创造价值增值，成为单位管理中最重要的问题。在核心人才的竞争中，薪酬水平和分配制度是重要的因素，直接影响职工工作满意度与组织绩效，关系到单位的进一步发展。因此，建立科学公平的薪酬体系，对激发员工潜力、增强单位活力、培养竞争优势，具有十分重要的现实意义。只有不断发展和完善薪酬体系，才能更好地吸引和留住核心人才，从而提高单位的竞争力。与薪酬体系密切相关的，是绩效考核评价体系，只有建立科学合理的分类评价体系，才能更科学地判断、认可人才的工作情况和实际业绩，科学的分配体系才能有坚实的基础。

在职位等级薪酬体系组织结构中，员工薪资的增长只能随着在组织中职位的提升而增长。这种分配模式的弊端是，由于职位高低决定了薪资水平的高低，而员工晋升的机会和空间都相对有限，晋升机会的缺乏无疑会打击那些为组织创造更大价值的，尤其是稀缺性人才的工作积极性，甚至造成优秀员工的流失。只有打破按照职位层级分配的固有模式，建立一种与实际贡献密切挂钩的分配机制，才能最大程度地调动员工的积极性和创造力，才能最大程度地给组织创造价值。从薪酬分配的现状和未来发展趋势来看，农业科研机构需要借助岗位评价的研究方法来设计科学合理的薪酬体系，才能实现薪酬水平对外具有竞争性，对内具有公平性，探索出形式多样的分配机制，真正做到因时因地相宜的分配体系。

一、分类评价与薪酬的关系

（一）岗位评价的重要性

1. 岗位价值的平衡作用

在单位中一般同一个部门内部纵向的岗位差异比较容易确定，但是当单位、部门、区域不同时，就无法衡量岗位的横向价值，这也为薪酬制度的设计增添了难度。在薪酬制度设计中应用岗位评价方法，可以有效解决这一问题，通过对单位内的岗位“规模”进行衡量，可以较为客观进行岗位比较，在此基础上对岗位级别进行有效的区分，从而对不同岗位的价值进行平衡，解决岗位价值的横向比较问题。

2. 薪资级别的建立基础

利用岗位评价，可以建立明确的岗位职级图，就可以根据所有岗位之间的差异进行区分，确定薪酬等级差，从而设计单位内部不同岗位的薪酬级别，进而明确薪酬结构中的岗位薪资水平。

3. 绩效工资支付政策的依据

目前事业单位中基本工资和国家统一的津贴补贴已经有明确的执行依据，是工资收入中保障性部分。绩效工资是单位根据自身发展需要制订的符合单位自身需要的部分，是影响职工工资收入水平最重要的部分，单位在不同的发展阶段、发展规模、赢利水平、所在行业等差异，绩效工资政策自然不同。职工对于薪酬问题主要看重的就是薪酬方案的公平性以及合理性，这些可以通过岗位评价来实现，完善薪酬体系的不足。

4. 长期性作用

单位在运行过程中，会结合实际情况适时调整薪酬结构。在岗位评价基础上建立薪酬制度，薪酬结构的调整只需要结合单位内部以及岗位内容的变化进行，不仅可以有效节省时间以及精力，减少其中的人为因素，有效减少单位的管理风险，还可以让薪酬制度发挥出长期相对适用的作用，对职工起到长期激励作用。

（二）基于分类评价探索薪酬分配

薪酬作为最能体现工作价值的手段，是科研院所发展战略的落脚点，对科研院所战略目标的实现具有全面的影响。科研院所薪酬制度可以在分类评价的基础上，更加精准地针对不同性质的人群设计分配方式和分配办法，才能更好地发挥薪酬的激励作用，吸引人才、留住人才和激励人才。

1. 薪酬体系设计原则

薪酬体系设计实际上是单位的一种战略决策，与单位的发展密切相关，单位在设计薪酬体系时首先要确定薪酬设计的的原则。详见图 5-1。

（1）公平性原则。公平性作为薪酬体现的基础，职工的工作积极性不仅受到绝对报酬的影响，还受到相对报酬的影响，只有职工认为单位的薪酬体系设计是基于公平性的这一前提下，才可能对单位设计的薪酬体系产生认同感。公平还分为：①横向公平，即所有职工之间的薪酬标准，衡量尺度应该是一致的；②纵向公平，即职工过去的投入产出比和现在乃至将来的应该是基本一致的或者是提高的，其获得的报酬应与劳动付出成正比；③外部公平，即同一行业、同一地区及同等规模的单位的相似岗位的报酬应该是基本相等或接近的。

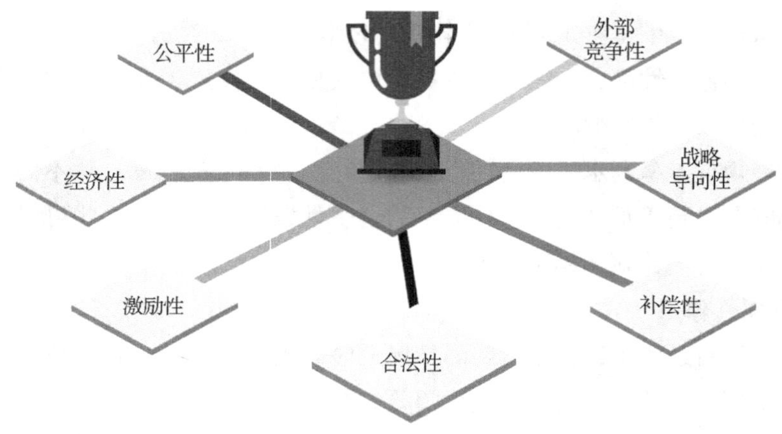

图 5-1 薪酬体系设计原则

（2）经济性原则。单位在设计薪酬制度时必须充分考虑单位的实际情况，一方面要保证薪酬水平有一定的竞争性和激励性；另一方面要保证留存单位发展资金，以确保单位的可持续发展。在确定薪资水平时，平衡好当期分配和满足未来发展需求之间的关系非常重要。

（3）激励性原则。不同的薪酬组合对员工所产生的的激励效果是不一样的，简单的高薪只是饮鸩止渴，并不能完全实现有效的激励。单位内部各级职务之间的薪酬水平，应在合理的基础上适当拉开差距，以此来鼓励职工提高业务能力，激发职工的潜能，这对职工是最持久也是最根本的激励。

（4）合法性原则。单位的薪酬制度必须符合国家的政策与法律，如一定的基本生活保障，合理的约束，工作时间等等。

（5）补偿性原则。单位应保证职工的收入足以补偿其付出的费用，包括日常生活开销，保证职工的付出和收获成正比。

（6）战略导向性原则。合理的薪酬制度有助于单位发展战略的实现。单位在进行薪酬设计时，必须从单位战略的角度进行分析，即分析薪酬体系中那些因素相对重要、哪些因素相对次要，并赋予这些因素相应的权重，从而确定各岗位薪酬水平的高低。

（7）外部竞争性原则。单位要想获得优秀人才，或者培养出优秀人才，就必须制定出对其具有吸引力并在行业中具有竞争力的薪酬体系。单位在设计薪酬体系是必须考虑到同行业、同类型单位的整体薪酬水平，保证单位的薪酬水平在市场上具有一定的竞争力，才能在激烈的人才竞争中具有相对优势，保证为发展提供充分的高质量的人才支撑。

2. 薪酬体系设计步骤

在设计薪酬体系时一般要经过图 5-2 所示的步骤。

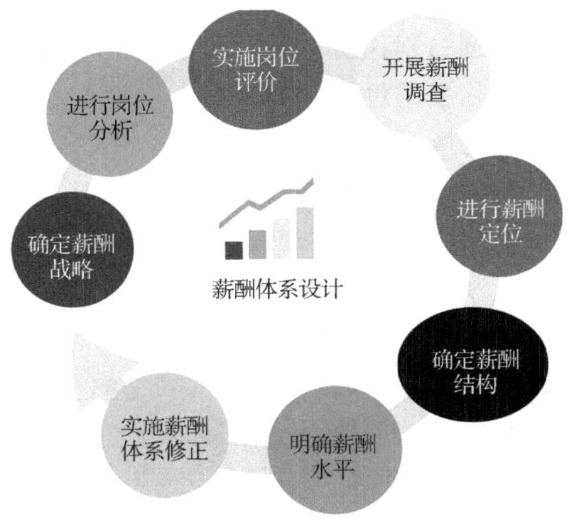

图 5-2　薪酬体系设计步骤

（1）确定薪酬战略。单位的发展战略决定薪酬战略。单位发展战略不同，其薪酬制度、薪酬水平、薪酬结构也会有所不同。

（2）进行岗位分析。通过岗位分析，单位可以明确各岗位的工作性质、所承担责任的大小、劳动强度的轻重、工作环境的好坏及岗位任职资格等，岗位分析为岗位评价及其薪酬水平的制定提供了客观的依据。

（3）实施岗位评价。《关于分类推进人才评价机制改革的指导意见》中明确，“建立科学的人才分类评价机制，对于树立正确用人导向、激励引导人才职业发展、调动人才创新创业积极性、加快建设人才强国具有重要作用”，岗位评价是保证薪酬体系内部公平性的重要手段之一，它不仅有助于比较单位内部各个岗位之间的相对价值，还为薪酬市场调查制定了统一的岗位评估标准，确保不同单位的同类岗位之间、单位内部不同岗位之间薪酬水平的可比性。岗位评价，也称为职务评价或者工作评价，是指采用一定的方法对各种岗位的价值作出评定，是对岗位的难易程度、责任大小、工作强度、所需资格条件等相对价值进行评价，目的是发现和确认实现单位战略目标的关键岗位，明确哪些岗位需要更高的管理、业务和技能水平，以及现有人员是否符合岗位的任职要求等，从而为改善管理水平提供依据。岗位评价的实质是将工作岗位的劳动价值、劳动者的贡献与薪酬三者有机结合起来，通过对岗位劳动价值的量化比较，从而为确定单位工资等级结构提供重要依据的过程。

实施岗位评价时应注意：一是进行评价时，评价的是岗位而不是岗位的任职者；二是让更多的职工积极参与评价。

（4）开展薪酬调查。开展薪酬调查的目的主要是为了解决单位薪酬外部均衡性的问题，也可以为单位整体薪酬水平的调整、薪酬晋升正常的调整、薪酬级差的调整等提供重要的参考依据。单位职工的薪酬水平应与单位所在地、同行业的薪酬水平保持基本一致，二者之间不能偏差太大。在进行薪酬调查时，应该就员工薪资收入的所有组成部分开展调查，即调查的应该是“总收入”，而不能仅仅就某一方面或某几个方面进行调查，特别是“绝对同行业比较”，更能清晰的分析出在同一领域或主责相同的单位在薪酬水平上存在的差距。

（5）进行薪酬定位。薪酬定位作为薪酬体系设计的关键环节，明确了单位的薪酬水平在市场上的相对位置，直接决定了单位薪酬水平竞争能力的强弱，是衡量单位薪酬体系有效性的重要特征之一。

（6）确定薪酬结构。薪酬结构的构成有着不同的意义，按照现行的国家政策规定，事业单位工作人员工资构成主要有基本工资、国家统一规定的津贴补贴、改革性补贴、绩效工资等。具体包括：①基本工资执行国家统一规定的标准，包括岗位工资和薪级工资。岗位工资按工作人员现聘岗位对应的岗位工资标准执行；薪级工资按工作人员套改年限、任职年限和所聘岗位，结合工作表现确定。②国家统一规定的津贴补贴项目包括特殊岗位津贴补贴、艰苦边远地区津贴、1993 年工改保留补贴等。③改革性补贴项目包括住房公积金、住房补贴、物业服务补贴等，具体根据国家或所在地区的政策确定。④绩效工资分为基础性绩效工资和奖励性绩效工资两部分。基础性绩效工资主要体现地区经济发展水平、物价水平和岗位职责等，奖励性绩效工资主要体现工作人员工作业绩和实际贡献等。

事业单位绩效工资分配目前主要有三种典型的结构，包括高弹性型薪酬结构、高稳定性薪酬结构和调和性薪酬结构。高弹性型薪酬结构中，绩效工资所占比例很高，各类人员级差较为明显，激励性很强，薪酬与职工业绩密切联系，但容易导致职工收入差距过大，影响收入水平的稳定；高稳定性薪酬结构中，绩效工资根据岗位、资历分配，职工收入波动很小，安全感很强，根据年限或职务逐级上升，但缺乏激励功能；调和性薪酬结构中，绩效工资和基本工资比例基本接近，对职工有一定的激励性，也能给职工一定的安全感，但是这类结构需要保证公平性，也需要设计科学合理的薪酬体系。

未来，农业科研机构还可以针对高层次人才，探索设计包括年薪制工资、协议制工资等多种形式在内的薪酬结构，建立更加合理的薪酬体系。

（7）明确薪酬水平。薪酬水平是指从某个角度按某种标准考察某一领域内职工薪酬的高低程度，决定着单位薪酬的外部竞争力，对职工队伍的稳定性有重要的影响。在确定某一具体岗位的薪酬水平时，单位可以通过岗位分析和岗位评价确定不同职级、不同岗位的薪酬水平、薪酬幅度、薪酬级差，并在此基础上确定各个具体岗位的薪酬水平。

（8）实施薪酬体系和修正。薪酬体系设计完成后，在正式实施前，单位需要事先和职工进行沟通，并考虑新的薪酬体系是否符合单位的经济实力，发展目标、分配导向等。在薪酬制度实施过程中，单位应定期调查职工薪酬需求及满意度，了解职工的想法与建议，收集离职职工薪酬意见，以便及时对薪酬体系进行相应的调整。

（三）岗位评价结果在薪酬管理中的运用

通过岗位评价确定薪酬体系解决了薪酬内部公平性的问题，使职工相信每个岗位的价值反映了其对单位的贡献。职工的劳动报酬是否能够体现“多劳多得、少劳少得、不劳不得、劳有所得”的原则，是影响职工积极性、主动性的一个关键因素。当职工按时、按质、按量完成本岗位的工作任务并获得了相应的薪酬，心理就会得到一定的满足，如果薪酬不能较好地体现劳动差别，不能达到公平合理的要求，薪酬激励性的重要功能就难以发挥。

从现阶段来看，事业单位在工资分配领域存在的“吃职级”“吃资历”“吃大锅饭”等平均主义现象还比较普遍。主要原因是单位可以自主决定的绩效工资分配办法对单位性质和各类人员岗位职责、工作性质上的差异考虑不够科学充分，实质上仍然按岗位等级进行分配，不仅与分类考核评价结果脱钩，且岗位之间的级差较小，未能体现“以绩取酬”，绩效工资无法充分发挥应有的“指挥棒”作用和价值。

通过分类评价，根据不同职业、不同岗位、不同层次人才特点和职责，坚持共通性与特殊性、水平业绩与发展潜力、定性与定量评价相结合，分类建立健全涵盖品德、知识、能力、业绩和贡献等要素，科学合理、各有侧重的人才评价标准，在此基础上建立起多样化的分配机制，强化绩效工资对科技创新的激励作用。

第三节　在选人用人中的运用

选人用人对一个单位尤为重要。根据国外研究机构的研究，如果在一个岗位上错误地选拔一个员工，给企业造成的直接经济损失，是该岗位年薪的50%，并且随着这个员工任职的时间增长、任职岗位升高，企业损失会越来越大，而如果在一个岗位上选择一个合适员工，比仅仅挑选一个一般性的员工要多创造20%～120%的效益。对农业科研机构而言，选择合适的各类人才，首先应对人才进行分类评价，将评价结果运用到选人用人中。

一、人才评价与选拔体系构建

一是明确科技人才的评价范围。科技人才是科学技术和人才的结合。科技人才的范围界定模糊，对科技人才评价和选拔以及科技资源的分配造成了先天性障碍。从广义上讲，实际从事或有潜力从事系统性科学和技术知识的产生、促进、传播和应用活动，并有可能做出贡献的人都应包含在科技人才概念里面。现有的科技人才定义多从统计角度出发，而忽视人才成长特征。确定科技人才范围，应首先将科技人才分层次，进行详细分析比较，从而更好地进行科技人才评价体系的构建和科技人才的培养。在确定科技人才评价对象的范围后，还需要考虑评价对象的个体性和团队性，从指标内容的团队化和设计团队性指标两个方面着手，实现评价对象个体性和团队性间的平衡。

二是构建三维度的多层次评价结构。科技人才评价应从科技人才自身特征和科技绩效两个维度出发进行分解和拓展。结合科技人才的科研绩效和人才成长，科技人才选拔和评价体系应从人才特征、科研积累和和课题特征 3 个维度来构建，在此基础上形成多层次评价指标体系。科技绩效可从科研成果和科技人才成长两个方面进行分解，科技人才（团队）自身因素从价值观、道德、人格、团队、自我发展和推动 5 个方面进行分解。

三是构建综合评价方法体系。目前，学术界提出的和工作实践中采用的每类科技人才评价方法都有各自的优点和局限性。单一的评价方法不能正确反映科技人才的评价结果，需要根据评价指标体系构建科学的评价方法体系。主要有通过科研积累与科技绩效之间的关联分析的结果，对评价对象的科研积累要素指标进行评价；通过专家评定法对评价的对象的课题特征指标进行评价；通过综合评价方法对评价对象的整体进行评价。在确定科技人才评价指标体系和评价方法体系基础上，设计科技人才评价方法指南、评价程序、评价制度和相关表格，形成系统的科技人才评价和选拔体系。

二、在选人用人中运用的实践案例

近年来，中国热科院积极转变用人方式，更加重视发挥青年人才的生力军作用，破除论资排辈的陈旧观念，打破各种利益纽带，为年轻人量身定制成长路线，支持更多青年人才担任项目负责人、组建团队承担重点课题，在重大科研任务中“挑大梁”；把关心年轻干部健康成长作为义不容辞的政治责任，及时发现、培养、起用优秀年轻干部。围绕选人用人建设的有关制度示例如下（附件 5–2 至附件 5–5）。

附件 5-2　中国热带农业科学院高层次人才分类标准（2019）

一、A 类高层次人才

符合下列条件之一：

1. 中国科学院院士；
2. 中国工程院院士；
3. 沃尔夫奖获得者；
4. 科技发达国家的国家科学院院士。

二、B 类高层次人才

符合下列条件之一：

1. 中组部“千人计划”创新人才长期项目入选者；
2. 中组部“万人计划”杰出人才、领军人才入选者；
3. 中国社会科学院学部委员；
4. 中华农业英才奖获得者；
5. 国家自然科学基金委杰出青年科学基金项目负责人；
6. 科技部“创新人才推进计划”入选者及入选团队负责人；
7. 人社部“国家百千万人才工程”国家级人选；
8. 教育部“长江学者奖励计划”特聘教授或讲座教授；
9. 近五年“国家三大奖”（自然科学奖、技术发明奖、科技进步奖）一等奖前 3 完成人或二等奖第 1 完成人；
10. 近五年以第一作者（并列第一作者）或通讯作者（并列通讯作者）在《Nature》《Science》《Cell》主刊上发表学术论文者；
11. 近五年中国科学院院士增选初步候选人、中国工程院院士增选第二轮候选人；
12. 中国专利金奖的专利发明人。

三、C 类高层次人才

符合下列条件之一：

中组部“青年千人计划”入选者；

中组部“万人计划”青年拔尖人才入选者；

中央直接掌握联系专家；

中国青年科学家奖获得者；

中国青年科技奖获得者；

全国农业科研杰出人才；

现任国家现代农业技术产业体系首席科学家；

在研国家重点研发计划、国家科技重大专项、国家自然科学基金重大研究计划、国家自然科学基金优秀青年科学基金项目、国家自然科学基金重点项目、科学技术部科技资源基础调查专项、国家重大科技成果转化项目、国防科工军品配套或一条龙项目的负责人；

现任国家（重点）实验室、国家技术创新中心、国家工程研究中心主任；国家科技资源共享服务平台和国家野外科学观测研究站负责人；

中科院“百人计划”入选者；

教育部“长江学者奖励计划”青年学者项目入选者；

近五年“国家三大奖”（自然科学奖、技术发明奖、科技进步奖）一等奖前5完成人或二等奖前3完成人；

正在国外著名高校、科研院所担任教授或相当职务，或在国际知名企业担任高级技术职务或掌握关键技术人员；

近五年取得业绩与上述相当的高层次人才。

四、D类高层次人才

符合下列条件之一：

现任国家（重点）实验室、国家技术创新中心、国家研究中心、国家工程实验室、国家工程技术研究中心、国家工程中心副主任；

现任国家现代农业技术产业体系岗位科学家；

近五年获得中国科学院青年科学家奖；

近五年入选中国农业科学院杰出人才；

近五年省级科技人才计划（工程）入选者（不含青年项目）；

在研省部级重大科技计划项目负责人；

近五年“国家三大奖”（自然科学奖、技术发明奖、科技进步奖）一等奖前9完成人或二等奖前6完成人；近五年省部级科技奖励一等奖第1完成人；

近五年以第一作者（并列第一作者）或通讯作者（并列通讯作者）在《自然》（Nature）子刊、《科学》（Science）子刊发表论文，或在中科院JCR分区系统1区期刊上发表论文3篇以上；

在中国科学院、中国工程院、中国社会科学院、中国改革发展研究院、中国农业科学院、“985”高校主要从事科技管理、社会科学研究等方向，在国内外享有较高知名度，现聘在专业技术三级及以上岗位的专家、学者；

近五年入选全国知识产权领军人才；

近五年取得业绩与上述相当的高层次人才。

五、E类高层次人才

符合下列条件之一：

正在承担国家科技支撑计划项目的课题、国家重点研发专项课题的负责人；正在承担国家自然科学基金国际合作项目的主持人；正在承担国家软科学研究计划面上项目的主持人；在研省部级科技计划项目经费在100万元以上的项目负责人；

现任国家现代农业技术产业体系综合试验站站长；

近五年省部级科技奖励一等奖前4完成人或二等奖前3完成人；中国热带作物学会科技奖励一等奖前2完成人；

现聘任在国内著名高校、科研院所（不含院内）专业技术四级岗位以上人员或在职在岗的省级以上学科学术或技术带头人；正在国内知名企业担任高级技术职务或掌握关键技术人员；

近五年以第一完成人获得已授权国家发明专利或育成作物新品种（植物新品种保护权）或发布国家标准合计3项，或已授权国际专利1件；

近五年以第一作者（并列第一作者）在中科院JCR分区系统1区期刊发表论文1篇或2区以上期刊上发表论文3篇；

现任国际或国家级期刊编委、党媒知名记者、一级律师；

近五年获得“全国优秀博士学位论文奖”；

近五年入选中国科协青年人才托举工程；

近五年入选农业农村部杰出青年农业科学家；

近五年其他省部级科技人才计划（工程）青年项目入选者；

正在承担国防科工局项目的科技人员；

近五年取得业绩与上述相当的高层次人才。

（资料来源：中国热带农业科学院内部资料）

附件 5-3　中国热带农业科学院热带农业青年英才培养办法（暂行）

第一章　总　则

第一条　为深化人才发展体制机制改革，加快实施院“十百千人才工程”，选拔培养一批热带农业青年英才，打造一批学科专业布局合理、自主创新能力较强、科研业绩贡献突出的热带农业科研创新团队，更好地支撑服务乡村振兴战略和农业“走出去”，特制定本办法。

第二条　遵循人才培养规律，按照“以用为本、分类管理、竞争择优”的原则，以培养创新团队的核心骨干成员为重点，分别开展杰出人才（十人计划培育人选）、拔尖人才（百人计划培育人选）、青年科技骨干（千人计划培育人选）选拔培养，为实施“十百千科技工程”提供人才保障。

第三条　青年英才选拔培养采取分级分类培养支持方式，其中杰出人才和拔尖人才由院选拔产生，进行重点培养；青年科技骨干由院属单位选拔产生，进行自主培养。

第四条　选拔培养坚持向科研一线人才倾斜，重点面向各级创新团队牵头或骨干专家、重点学科带头人、研究室负责人和留学回国科研人员。

第五条　建立“目标管理、协同推进、绩效评估、动态调整”的常态化遴选和滚动培育机制，遵循“走出去、引进来”培养思路，对培育人选实行协议管理，明确考核任务，分年度进行培养支持。对培育进展不明显、目标实现难度大或所在单位支持不力的培育人选，予以调整并停止培养支持。

第六条　经培养，杰出人才应达到院 C 类以上高层次人才认定条件之一或同等水平，成长为国内一流专家，具备主持国家基金委杰出青年科学基金等项目的能力；拔尖人才应达到院 D 类以上高层次人才认定条件之一或同等水平，成长为优秀学术骨干，具备主持国家自然科学基金优秀青年科学基金等项目的能力；青年科技骨干应达到院 E 类以上高层次人才认定条件之一或同等水平。

第二章　遴选条件

第七条　基本条件：

1. 院在编在岗职工；

2. 热爱热带农业科技事业，有冲劲、有潜力、有扎实的专业基础，已取得具有较高水平的创新成果；

3. 能够积极应对国家重大科技需求，掌握热带农业前沿发展动态，引领相关领域科技创新发展方向；

4. 研究工作属院重点创新学科领域，具备带领团队在本学科领域开展协同攻关的能力。

第八条　杰出人才选拔还需具备以下条件：

1. 年龄不超过 41 周岁；

2. 符合我院 D 类以上高层次人才认定条件之一。

第九条　拔尖人才选拔还需具备以下条件：

1. 男性年龄不超过 34 周岁，女性不超过 36 周岁；

2. 符合我院 E 类以上高层次人才认定条件之一。

第十条　青年科技骨干选拔还需具备以下条件：

1. 年龄不超过 32 周岁；

2. 聘用在专业技术岗位；

3. 近 3 年中，有 1 年年度考核优秀的博士或连续 2 年年度考核优秀的科技人员；或具有副高级职称人员。

第十一条　其他要求：

1. 业绩和能力特别突出，或具有 2 年以上访学经历，或正在承担国防科工局项目的科技人员年龄可放宽 1~2 岁；

2. 具有国外研究工作经历或获国家留学基金资助的人选优先支持。

第三章　遴选程序

第十二条　个人申报。个人提出申请，阐明其学术水平（提供代表性证明材料）、现有研究基础、培育期的发展目标、工作设想、支撑保障条件需求及团队成员基本信息，报所在单位审核。

第十三条　单位推荐。杰出人才、拔尖人才由申报人所在单位推荐，申报材料报送院人事处，并由单位出具廉政及科研诚信意见函；青年科技骨干由所在单位组织选拔，并将结果报院人事处备案。

第十四条　形式审查。院人事处对杰出人才和拔尖人才申报材料进行形式审查。

第十五条　专家评议。院人事处会同院科技处组织开展，采取同行专家通讯评审和现场答辩的方式组织评议。

同行专家通讯评审专家组原则上由不少于 5 位院外相关领域知名专家组成。重点评价申报人学术水平、科研基础、下一步研究目标的可行性及支持培育的必要性等，同意支持得票数超过 2/3 的申报人进入现场答辩。

现场答辩专家组由不少于 11 位相关领域具有正高级职称专家组成，综合评议申报人的学术操守、学术水平、科研基础、培养潜力及其研究内容与院重点学科领域贴合度、路径目标创新性等，得票数超过 2/3 的申报人列为考察对象。

第十六条　考察与公示。院人事处会同科技处对申报人进行考察，根据考察结果确定拟培育人选，并在院网公示 5 个工作日。

第十七条　院常务会研究。院人事处将经公示无异议的拟培育人选提请院常务会研究通过后，确定为培育人选。

第十八条　签订培养协议。所在单位与培育人选签订培养协议，明确培育期限、服务期、岗位待遇、经费支持、考核指标、考核方式等。一个培育周期原则上不超过 4 年。培育期满后，培育人选须全职在院内工作不少于 4 年。

第四章　支持措施

第十九条　科研项目经费支持。培养期内，原则上给予杰出人才及其团队、拔尖人才及其团队和青年科技骨干分别不少于 70 万元/年、40 万元/年、10 万元/年的科研项目支持经费，赋予项目经费调剂权。

科研项目支持经费来源于院基本科研业务费和科研启动费等渠道，实行年度总量控制，不重复支持。

第二十条　团队构建支持。赋予杰出人才、拔尖人才技术路线决策权、创新团队组建权，在单位内享受研究室负责人待遇，支持其面向院内组建团队，给予团队核心成员院内调动支持。处于协议期内的柔性引进人才可纳入团队成员。

第二十一条 访学项目经费支持。鼓励支持培育人选到国内外一流高校、科研院所、研发机构师从名家开展 8～12 个月的访学、项目课题研究等能力提升行动。如培养期内获国家留学基金资助，不再重复资助。

杰出人才、拔尖人才访学项目经费支持额度不超过 10 万元/人（国内）、16 万元/人（国外），用于访学需要的国内往返差旅费（可每月往返 1 次，访学期间不发放出差补助）、生活补助（参考院驻北京挂职借调干部标准在访学结束后发放）、国内租房费、培训费、学术交流会议费或国外访学需要的国际旅费、生活费用等。国外访学生活费用资助标准按照访学开始当年国家公派出国留学人员奖学金资助标准执行，在资助额度范围内一次性发放，在结束访学回国后一个月内申报，按照申报当日汇率计算，院国际合作处协助审核。

青年科技骨干访学项目由所在单位自行设立，具体可参考杰出人才、拔尖人才访学项目。

杰出人才、拔尖人才国内访学单位及师从专家人选，由培育人选提出书面申请，经院科技处审核同意后确定；国外访学单位及师从专家人选，由培育人选提出书面申请，经院科技处、国际合作处审核同意后确定。青年科技骨干访学单位及师从专家人选由所在单位审核同意后确定。

第二十二条 特岗绩效支持。培育期内，培育人选可享受特岗绩效，其中院层面给予杰出人才 10 万元/年、拔尖人才 5 万元/年，所在单位按照不低于院支持额度的 50%予以配套。青年科技骨干由所在单位根据实际情况发放适当额度的特岗绩效，原则上不少于 2 万元/年。

第二十三条 岗位聘任支持。培育期内，培育人选可不参与专业技术岗位聘用动态调整，不降低岗位等级聘用；晋升高一级职称的培育人选，由所在单位根据岗位聘用有关规定，在同等条件下优先聘任至相应的专业技术岗位。

院人事处设置专业技术四级、七级流动岗位，分别用于阶段性聘用培育期内具备正高级、副高级职称的培育人选。培育期满后流动岗位予以核销，受聘人员需参加所在单位的专业技术岗位聘用动态调整。

第二十四条 后勤保障支持。培育期内，培育人选租住院所公有住房的，予以免除月租。培育期内，培育人选在院内享有经济适用房等政策性保障住房的，杰出人才和拔尖人才由后勤予以免除物业费；青年科技骨干可享受物业费减免政策，具体由所在单位出台相关措施并为其缴纳相应减免费用。

第二十五条　其他支持。院属单位在科研条件、招聘指标、研究生指标需求上给予杰出人才、拔尖人才适当支持；在中国科协青年人才托举工程申报上给予青年科技骨干积极支持，并结合实际对需要自筹资金的项目予以支持。

第五章　考核管理

第二十六条　杰出人才和拔尖人才的考核由院人事处统筹协调、院学术委员会与所在单位具体配合组织。青年科技骨干由所在单位具体组织。

第二十七条　考核指标分为基本考核指标和创新考核指标。基本考核指标按本办法第六条执行。创新考核指标由所在单位根据院所创新目标定位提出，并经院学术委员会审核确定。

第二十八条　考核分为中期考核和培育期满考核，考核结果分为优秀、合格、不合格 3 个等次。

第二十九条　考核组由不少于 11 位相关领域具有正高级职称专家组成。

第三十条　中期考核。在培育期中段（一般为 2 年）开展，培育人选提交中期履职报告，并作现场汇报。考核组开展评议并进行无记名投票表决，获得合格及优秀票数合计超过考核组人数 3/5 的，通过中期考核。未通过中期考核的培育人选，自动解除培养协议，取消相关支持，退还已享有特岗绩效的 50%。

第三十一条　培育期满考核。在培育期满（一般为 4 年）开展，培育人选提交培育期满履职报告，并作现场汇报。考核组开展评议并进行无记名投票表决，获得合格及优秀票数合计超过考核组人数 2/3 的，考核等次确定为合格；获优秀票数超过考核组人数 1/2 的，考核等次确定为优秀。获得合格及优秀票数合计未超过考核组人数 2/3 的，考核等次确定为不合格。

第三十二条　培育期满考核等次为优秀的培育人选，经院常务会审议同意后，可直接纳入热带农业“十百千人才工程”相应层次人才。

第三十三条　培育期满考核等次为合格的培育人选，结束培育工作及相关支持。在结束培育期的首次参加专业技术岗位聘用动态调整中，同等条件下参加岗位竞聘，可优先聘任至相应的专业技术岗位。

第三十四条 对培育期满考核等次不合格的培育人选，要求其退还已发放全部特岗绩效的50%，且两年内院层面不支持其作为负责人申报科研项目。

第六章 监督管理

第三十五条 培育人选所在单位应在人才培养、使用和支持方面落实支撑保障条件，加强团队、项目、公共实验平台等配套支持。因单位管理不善、制度落实不到位等，导致培育人选不能按计划完成目标任务的，追究单位管理责任及其主要领导责任。

第三十六条 存在项目重复申报、学术失范、违反法律法规或党纪党规的培育人选，一经发现，解除对其培养协议，并要求其退还已享有的特岗绩效，且在五年内不再推荐其申报项目。

第三十七条 对于违反协议规定，不履行服务期义务的培育人选，要求其退还培育期享有的项目经费、访学经费、特岗绩效、房租物业费补贴等支持，并将不诚信行为记入个人人事档案。

第七章 附　则

第三十八条 培育期内，培育人选在院属单位之间发生人事关系调整的，原所在单位需将变动情况报院人事处备案；发生终止或解除聘用合同的，所在单位应及时向院人事处报告有关情况，停止相关支持，并要求其退还已享有的特岗绩效。

第三十九条 本办法由院人事处负责解释，自发布之日起实行。

（资料来源：中国热带农业科学院内部资料）

附件5-4　中国热带农业科学院青年研究员聘任管理办法

为贯彻深化人才发展体制机制改革精神，推动实施院“十百千人才工程”，大力培养和使用青年人才，加快为青年人才成才铺路搭桥，着力打造一支引领创新、作风过硬、积极进取的青年“突击队”，特制定本办法。

一、职数设置

青年研究员聘任分研究员和副研究员两个等级。职数设置坚持“总量控制、分级管理、动态调整、绩效考核”的原则，院根据人才队伍建设规划，每年度设立不超过10名青年研究员职数；院属单位根据优秀青年人才发展需求，每年度合理设立青年副研究员职数。

二、聘任条件

（一）青年研究员

1. 坚持科学精神，恪守职业道德；

2. 年龄不超过45周岁（截至聘任当年1月1日，下同）；

3. 具有副高级职称或博士学位；

4. 近五年业绩符合院正高级职称申报条件；

5. 从事一线科研工作，承担重点科研任务，具有主持省部级以上重大研究项目（课题）经历，或取得高水平创新成果；

6. 具有正常履行职责的身体条件。

（二）青年副研究员

1. 坚持科学精神，恪守职业道德；

2. 年龄不超过38周岁；

3. 近五年业绩符合院副高级职称申报条件；

4. 从事一线科研工作，符合院E类高层次人才条件；

5. 具有正常履行职责的身体条件。

三、受聘待遇

聘任青年研究员、青年副研究员期间可享受“青年研究员奖励绩效”“青年副研究员奖励绩效”，纳入其所在单位奖励性绩效工资发放。

青年研究员奖励绩效具体计算公式为：（专技四级岗的岗位工资+岗位激励绩效+责任激励绩效）－（现兑现的岗位工资+岗位激励绩效+责任激励绩效），其中岗位激励绩效不得重复享受。

青年副研究员奖励绩效具体计算公式为：（专技七级岗的岗位工资+岗位激励绩效+责任激励绩效）－（现兑现的岗位工资+岗位激励绩效+责任激励绩效），其中岗位激励绩效不得重复享受。

四、聘用程序

（一）青年研究员

1. 个人申报。申报人提供符合聘任条件的证明材料。

2. 单位推荐。院属单位对申报人员提交的材料开展形式审查，并经单位领导班子集体研究后推荐。

3. 专家评议。院人事处会同院科技处对院属单位推荐的申报人组织同行专家评议。

4. 院常务会研究。将申报及专家评议情况提请院常务会研究。

5. 人选公示。经院常务会研究确定的人选公示 5 个工作日。

6. 发文公布。公示无异议人选，由院发文公布，并由所在单位与其变更签订聘用合同，兑现有关待遇。

（二）青年副研究员

青年副研究员聘任由院属单位参照青年研究员聘任程序，自行组织开展，并报院人事处备案。

五、聘期与解聘

（一）符合聘任条件的人员原则上只能被聘一次，聘期不超 3 年；聘期内年度考核连续两年确定为优秀等次的，可向所在单位申请续聘一个聘期，且最多只能续聘一个聘期。

（二）从受聘时间开始计算，需全职在院内工作不少于 3 年，且年度考核达到合格以上等次，如违约需退回享受的相关待遇。

六、其　他

（一）受聘期间对外交流时可以使用“中国热带农业科学院青年研究员”“中国热带农业科学院青年副研究员”称号。

（二）已取得正高级职称未被聘至专技四级及以上岗位的科技人员，符合青年研究员聘任条件的，可参与竞聘；已取得副高级职称未被聘至专技七级及以上岗位的科技人员，符合青年副研究员聘任条件的，可参与竞聘。

（三）本办法由院人事处负责解释，自发布之日起实行。

（资料来源：中国热带农业科学院内部资料）

附件 5-5　中共中国热带农业科学院党组关于发现培养选拔优秀年轻干部的实施办法

为贯彻中央关于适应新时代要求大力发现培养选拔优秀年轻干部的意见精神，落实农业农村部党组《关于进一步激励农业农村部系统广大干部新时代新担当新作为的实施意见》《关于适应新时代要求大力发现培养选拔优秀年轻干部的实施意见》和我院《青年管理干部跟踪培养方案》有关要求，建设一支能力素质不断提高、结构比例不断优化和担当作为充分显现的年轻干部队伍，制定本实施办法。

一、指导思想

贯彻党的十九大、全国组织工作会议和习近平总书记关于年轻干部论述精神，落实新时代党的组织路线，着眼全院事业发展需要，全面落实好干部标准，加大优秀年轻干部发现培养选拔力度，推动年轻干部在实践中锻炼、在斗争中成长，为我院科技支撑热区乡村振兴、打赢脱贫攻坚战和“一带一路”国际合作注入新的生机和活力，为打造国家热带农业科学中心、加快院所改革创新发展提供坚强组织保证。

二、目标任务

遵循干部成长规律，按照拓宽来源、优化结构、改进方式、提高质量要求，紧密结合实际，以大力发现培养为基础，以强化实践锻炼为重点，以确保选准用好为根本，以从严监督管理为保障，以提升管理队伍专业水平和科技人才科研管理能力为主线，探索多样化、个性化和项目化管理机制，准确把握以下目标任务：

（一）能力素质不断提高

坚持把政治标准放在首位，按照忠诚干净担当好干部标准和科研事业单位领导人员资格条件要求，着力锻造年轻干部过硬能力本领，提升政治素养和专业素养，填补能力短板和经验盲区，发现培养选拔使用对党忠诚、堪当重任、作风优良的优秀年轻干部。特别是，遇到挫折撑得住，关键时刻顶得住，能够破解工作难题、处理复杂矛盾，并具有代表性工作业绩、口碑形象好的年轻干部。

（二）结构比例不断优化

规模上，既要满足今后5年处级领导班子和干部队伍建设需要，又要考虑今后10到20年乃至更长远发展需要。各单位、各部门要根据需要发现培养一批优秀年轻干部，院人事处组织院属单位遴选掌握一批35岁以下优秀年轻科级干部和青年学术骨干；院层面参照遴选掌握一批45岁以下优秀年轻处级干部。同时，加大优秀年轻干部的使用力度，逐步实现院属单位班子成员至少有1名45~50岁的正职、1名45岁以下的副职和1名35岁以下的处级干部，以及一定数量的30岁以下的科级干部。

（三）担当作为充分显现

以政治建设为统领，旗帜鲜明讲政治，教育引导广大年轻干部不忘初心、牢记使命。树立鲜明用人导向，从选拔任用上引导干部争相担当。完善考核评价机制，突出政治考核、作风考核，推进平时考核、专项考核，动态掌握一贯表现，开展评议结果反馈，从考核评价上鞭策干部主动担当。

三、组织发现

准确把握目标任务，通过组织推荐、谈话调研和分析研判相结合，大力发现优秀年轻干部。

（一）发现范围

1. 45岁以下处级干部，其中副处级一般不超过40岁；

2. 35岁以下科级干部（含聘用在管理七八级岗位的职员，下同），其中副科级一般不超过30岁；

3. 35岁以下具有副高级及以上专业技术职称人员。

能力业绩、德才表现和潜力专长突出的干部，可适当放宽年龄。

（二）储备掌握

1. 发挥单位部门主体作用。院属单位、院机关部门要聚焦主责主业和核心骨干梯队建设需要，担负起年轻干部培养主体责任，有针对性为年轻干部补短板、强弱项创造条件、搭建平台，切实将理想信念教育、知识结构改善、能力素质提升贯彻年轻干部岗位履职全过程。具体由院属单位、院机关部门组织实施。

2. 组织推荐、谈话调研和分析研判。院属单位党委根据干部德才表现和进一步培养使用需要，形成有理有据、可经推敲的人选推荐材料；院人事处适时组织开展谈话调研，对组织推荐情况进行统筹比选，通过查阅年轻干部跟踪培养成长档案，掌握推荐干部的政治品行、道德品质的一贯表现等情况；注重综合分析研判，形成生动清晰的干部现实表现材料，破解“千人一面”，为人岗相适、人事相宜提供参考依据。院人事处直接掌握一批优秀处级、科级年轻干部和青年学术骨干。具体由院属单位、院人事处组织实施。

3. 组织掌握与动态管理。通过组织推荐、谈话调研和分析研判，由组织掌握优秀年轻干部人选名单，不公开、不公示，防止标签化，综合年度考核、专项考核、任职考察与平时了解等，加强定期分析和跟踪管理，及时调整和更新补充，为关键部门、重要岗位和急需领域储备干部。具体由院人事处、院属单位组织实施。

四、培养锻炼

通过政治教育、多岗锻炼、专业培养、选派挂职、学术兼职和能力培训等形式，有计划地安排年轻干部开展多层次、多岗位、多领域的实践锻炼和模块化、精准化、常态化的培训教育，破除年轻干部岗位舒适心态、依赖心理和能力恐慌，增强年轻干部对工作岗位的胜任能力，切实为组织大力发现、储备掌握优秀年轻干部提供措施保障。

（一）政治教育

强化政治教育、党性教育和廉洁自律教育。注重从日常管理中警示年轻干部严守党的政治纪律和政治规矩，自觉抵制“四风”，强化日常教育引导、跟踪了解和思想动态分析，每半年至少开展一次专题活动，每月至少开展一次年轻干部谈心谈话活动。坚决防止政治上的两面人，口是心非、言行不一的人，处事圆滑、不敢担当的人，拉帮结派、搞小圈子的人，作风漂浮、热衷于自我设计、投机钻营的人，自律意识不强、不廉洁的人进入优秀年轻干部队伍。具体由机关党委、监察审计室和院属单位组织实施。

（二）多岗锻炼

按照“事业为上、人岗相适、人事相宜”等要求，破除“从眼前工作需要考虑多，从队伍长远建设考虑少”和“舍不得把使用顺手的年轻干部送出去或安排到更重要岗位”等现象，推动年轻干部在不同特点、不同要求的岗位得到全方位锻炼，以培养复合型管理干部为目标，有计划、常态化开展岗位交流，具体如下：

1. 同一岗位或负责同一业务工作满 2 至 3 年的，原则上要进行一次部门内业务轮岗。

2. 同一岗位等级工作满 4 至 5 年且已进行过部门内业务轮岗的，原则上要在单位内进行部门间轮岗交流，或提请党组（党委）研究进行单位间轮岗交流。

3. 同一岗位等级工作满 8 年且已在单位内进行过部门间轮岗交流的，或专业性较强、单位内难以进行轮岗交流且在同一单位、同一岗位等级工作满 5 年的，原则上要进行单位间轮岗交流。

同一干部不宜频繁进行轮岗交流。按照干部管理权限，加强对年强干部队伍全院统筹使用，满足不同时期阶段事业发展对年轻干部需求。具体由院人事处、院属单位组织实施。

（三）专业培养

一方面推动年轻干部主动学习国家创新驱动发展战略及农业科技发展规划，熟悉掌握热带农业发展前沿和关键领域，了解国家科技管理最新政策。另一方面推动科研骨干提升管理组织能力，优先选用青年学术骨干担任科技平台负责人或助理（秘书）、研究室或课题（研究）组负责人，在关键部门、吃劲岗位或重大任务中加快补齐管理能力短板。各单位、各部门要积极组织年轻干部参加各类学术交流活动，提升专业素养、专业能力和专业精神。具体由院科技处、院属单位组织实施。

（四）选派挂职

更加务实地选派年轻干部赴农业农村部、科技部等国家部委以及海南、广东等热区地方政府部门、业务合作单位、国际组织等挂职锻炼（含借调，下同），有序纳入组织人事部门干部培养锻炼计划；每年组织开展一次归口业务的挂职（借调）人员工作汇报交流，挂职（借调）结束后每人提交一份高质量调研报告，按照管理权限做好存档归档。丰富年轻干部挂职锻炼渠道平台，对具备进一步使用潜质的优秀年轻干部，探索开展挂任领导干部岗位副职，强化实践锻炼和角色适应。具体由院人事处、业务归口部门、院属单位组织实施。

（五）学术兼职

积极推荐青年学术骨干到国家级学会等组织兼职，兼任院（所）学术委员会、专业委员会秘书，兼职要与本人研究专业相关，杜绝无实质性工作内容的各种兼职和挂名；青年学术骨干每年在本领域重要学术活动中作一次大会交流，协助组织2~3次学术活动，完成一篇综述性学术报告，并由所在单位组织推荐参加各级各类有关交流活动。具体由院科技处、院属单位组织实施。

（六）能力培训

加强年轻干部组织调训，每年组织开展年轻干部管理能力专题培训，鼓励支持年轻干部根据工作需要在职攻读学位，组织安排年轻干部赴国内外科教单位开展为期7~10天的短期培训或跟班学习，有计划地选派优秀年轻干部赴国内外高校接受管理学专业知识教育、进修或到相关机构实践学习1~3个月的管理经验；按不同培训方式进行考核，考核重点课程学习情况，要求完成一篇学习报告，或发表相关研究论文，注重在培训考核中发现识别年轻干部。鼓励和支持年轻干部参加在职学历教育和社科理论学习，提升年轻干部专业理论水平和系统管理思维。具体由院人事处、研究生处、机关党委、院属单位组织实施。

五、适时使用

树立正确的选人用人导向，坚持德才兼备、以德为先、任人唯贤，坚持事业为上、公道正派、人岗相适、人事相宜、注重实绩和群众公认，破除论资排辈、平衡照顾、求全责备等观念，既要看资历、经历、条件，更要注重能力、潜力和资质。

（一）加强干部资源统筹

切实把年轻干部工作融入日常、抓在日常，注重对领导班子、关键部门、重要岗位的进退情况及配备需求、优秀年轻干部的储备情况、整体干部队伍的年龄专业结构等日常分析研判，对有发展潜力、需要递进培养的年轻干部有计划、有目的、有紧迫感地放到关键岗位加以历练，防止干部资源配置不均衡、不合理。必要时，要强化在不同单位之间统一调配使用，通过干部交流解决队伍问题。

（二）大胆择优选拔年轻干部

对各方面比较成熟的优秀年轻干部，特别是在关键时刻、艰苦复杂环境或者应对急难险重任务中经受住考验、表现突出的，要打破隐性台阶，大胆提拔使用。要辩证把握快与慢的关系，做到遵循干部成长规律、提高干部成长质量。要防止拔苗助长，不能单纯为干部补经历而频繁调整其工作岗位。

（三）构建合理专业结构和年龄结构

着眼打造高素质专业化和适应院所事业发展需要的优秀年轻干部队伍，形成不同单位不同部门分布大致均衡、专业平台基本合理的良好局面。要防止唯年龄倾向，不能简单为了年龄结构而降低标准。要正确处理发现培养选拔优秀年轻干部和用好各年龄段干部的关系，发挥好老中青传帮带，形成合理梯次配备结构。

六、强化落实

推动干部年轻化、专业化和高素质化，需要坚持干部工作一盘棋布局，全院自上而下行动起来，发扬久久为功的“钉钉子”精神，加强组织管理、工作联动和监督落实。

（一）建立协调机制

成立由院人事处牵头，院办公室、科技处、国际合作处、开发处、机关党委、监察审计室等部门负责人、院属单位党组织负责人组成的年轻干部培养工作协调小组，加强对每年度和阶段性的年轻干部培养工作的统筹协调，加强日常从严监督和协同联动管理保障，对年轻干部的日常表现、一贯表现、廉洁表现等做到心中有数，确保各项工作顺利进行。具体由院人事处牵头，院机关部门、院属单位配合实施。

（二）加强动态管理

院人事处要完善年轻干部考核评价机制，不仅要注重考察年轻干部在平时是否用得上、做得好，还要深入了解其思想品德，特别是在逆境时的精神状态和大局观念，遇到挫折时的定力和态度，在关键时刻的表现和担当。对年轻干部实行动态考核、跟踪管理，注重在培养使用前强化对成长档案的调研了解，全面掌握年轻干部的成长轨迹。具体由院人事处、院属单位组织实施。

（三）狠抓责任落实

将年轻干部发现培养选拔工作实效列入单位部门党建工作考核、绩效考核、领导班子年度考核、选人用人专项检查、干部选拔任用工作“一报告两评议”、一把手选人用人离任检查等重要内容，设计相关考核指标和考核要求，落实经费和保障条件。院机关有关部门、院属单位和年轻干部之间通过充分讨论、近距离谈心谈话等，研究确定发现培养选拔工作的目标任务和主要内容，制定年度计划和进度安排，为发现培养选拔工作奠定扎实基础。具体由院人事处、机关党委、监察审计室和院属单位组织实施。

（资料来源：中国热带农业科学院内部资料）

参考文献

蔡林 . 2015. 运地区农业科研单位职工绩效考核评价指标体系研究 [D]. 南京：南京农业大学 .

池敏清 . 2010. 福建省属公益科研院所基本科研专项绩效评价研究 [J]. 福建农业学报 (25)：651-665.

丑勇萍，张云英，陈岳堂 . 2007. 发达国家农业科技人才培养机制的特点及其启示 [J]. 农业科研经济管理 (11)：1-3.

代涛 . 2012. 国立科研机构科技评价比较研究：基于机构战略定位的视角 [J]. 科技促进发展 (5)：81-87.

单成俊，吴云良，戴云云，等 . 2013. 基于 BSC 和 AHP 的农业科技创新团队绩效评价模型构建 [J]. 农业科技管理, 32 (3)：84-86.

范文耀，张伟 . 2003. 英国高等教育的评估和大学拨款 [J]. 理工高教研究 (12)：4-12.

高伟，彭军，吴建勇，等 . 2016. 农业科技创新团队的绩效评价策略 [J]. 农业科研经济管理 (1)：2-5.

顾海兵，李慧 . 2005. 美国国立科研机构研究与借鉴 [J]. 科学中国人 (3)：52-54.

顾海兵，李讯 . 2005. 日本科技成果评价制度及借鉴 [J]. 科学中国人 (6)：37-39.

郭婷婷 . 2015. 农业科技人才绩效评价研究 [D]. 长沙：湖南农业大学 .

侯廷永 . 2017. 美国现代农业发展及其经验借鉴 [J]. 上海农村经济 (3)：37-42.

胡秉安，胡广远，张小可 . 2012. 基于基层农业科研院所科技人才的培养与管理——以甘肃省酒泉市农业科学研究所为例 [J]. 农业科技管理, 31 (5)：86-88.

胡玥 . 2015. 湖南现代农业科技人才培养现状及对策研究 [D]. 长沙：湖南农业大学 .

还红华 . 2016. 开展分类评价提高农业科研人员工作积极性 [J]. 农业科技管理, 35 (5)：79-82.

黄金辉 . 2010. 中美大学教师教职制度（Tenure-Track）的比较探讨——兼谈教师队伍的流动性问题 [J]. 中国高校师资研究 (6)：45-48.

贾连奇，李巨光，朱雪梅，等 . 2013. 农业科技创新团队绩效评价体系研究 [J]. 第一资源（5）：40–50.
贾赵伟，包献华，屈宝强，等 . 2013. 创新型科技人才分类评价指标体系构建［J］. 科技进步与对策（8）：113–117.
孔春梅，王文晶 . 2016. 科技创新团队的绩效评估体系构建［J］. 科研管理（S1）：517–522.
雷朝滋，高俊山，王维 . 2005. 关于高等学校科研评价问题的几点认识［J］. 研究与发展管理，17（5）：92–96.
李晨光，李子和，夏亮辉 . 2004. 试论高校科研团队的评估［J］. 科技管理研究（2）：73–77.
李敬锁，牟少岩，赵芝俊 . 2014. 国外经验对中国农业科技计划绩效评价的启示［J］. 世界农业（2）：14–16.
李巨光 . 2010. 基于科研人员特点的绩效评价方法研究［J］. 农业科技管理，29（2）：93–96.
李梦韵，郭胜伟 . 2016. 德国大学科研评价体系发展沿革分析［J］. 科技视界（24）：21–22+9.
李攀，雷二庆 . 2015. STAR METRICS—美国色彩浓厚的科技评价框架［J］. 科研管理，36（S1）：390–395.
李思宏，罗瑾琏，张波 . 2007. 科技人才评价维度与方法进展［J］. 科学管理研究，25（2）：76–79.
刘仁义，陈士俊 . 2007. 高校教师科技绩效评价指标体系与权重［J］. 统计与决策（3）：135–137.
刘文达，郤忠智，李光泽 . 1999. 浅谈高校科研评估体系的构建［J］. 科技管理研究（1）：16–18.
刘学文 . 2014. 农业科技人才队伍对海南省农业经济增长的影响研究［D］. 海口：海南大学 .
刘颖 . 2019. 构建多元化创新科技人才评价体系［J］. 中国行政管理（5）：90–95.
刘永，王继娜 . 2007. 科研人才评价研究综述［J］. 河南图书馆学刊（3）：43.
卢苇 . 2014. 国内外高校科研绩效评价体系比较研究［J］. 南京财经大学学报（6）：73–77.
陆雄文 . 2013. 管理学大辞典［M］. 上海：上海辞书出版社 .
马晶 . 2014. S 研究所科研人员评价体系优化设计［D］. 广州：华南理工大学 .
彭蕾 . 2014. 我国科技人才评价方法论研究［D］. 北京：北京化工大学 .
乔杉 . 2018. 如何进一步推进高校科研人员分类评价改革的思考［J］. 管理纵横（7）：132–133.

阮小葭 . 2018. 基于模糊综合评价法的高职院校科研团队建设评价［J］. 大众科技（10）：95.

沈璋 . 2016. 湖南省农业科技人才培育研究［D］. 长沙：湖南农业大学 .

孙浩然 . 2006. 国外建设现代农业的主要模式及启示［J］. 社会科学家（2）：61-64.

唐慧君 . 2006. 大学科研评价体系及应用研究［D］. 长沙：湖南大学 .

王斌，梅秀英，汪阳东，等 . 2013. 林业科研人员评价指标体系构建及权重分析［J］. 科研管理（12）：148-152.

王聪颖 . 2017. 员工招聘管理［M］. 南京：南京大学出版社 . 404.

王攀 . 2006. 高校教师科研评价研究［D］. 武汉：武汉理工大学 .

王守栋 . 2010. 高校科技创新团队绩效评价研究［D］. 天津：天津大学 .

王松梅 . 2005. 我国科技人才评价中存在的问题及对策研究［J］. 科技与管理（6）：129.

翁伯琦，张伟利，蔡素星 . 2005. 关于完善农业科研人员评价体系的若干思考建议［J］. 农业科研经济管理（2）：28-30.

吴林妃，陈丽君，庄俐，等 . 2014. 从激励机制视角探析农业科研院所人力资源管理［J］. 农业科技管理，33（4）：84-88.

吴林妃 . 2014. 基于需求特征的农业科技人才激励对策研究［D］. 杭州：浙江大学 .

习近平 . 2017. 决胜全面建成小康社会夺取新时代中国特色社会主义伟大胜利——在中国共产党第十九次全国代表大会上的报告［M］. 北京：人民出版社 .

闫晓丽 . 2016. 新时期中国农业科技人才激励机制探析［J］. 农业科技展望（11）：68-74.

闫妍 . 2013. 河南省农业科技人才培养问题研究［D］. 郑州：河南农业大学 .

阎婧祎 . 2006. 大学学术团队绩效评价研究［D］. 大连：大连理工大学 .

杨道剑，赵喜仓，陈海波，等 . 2007. 科技计划项目绩效评价指标体系的构建［J］. 江苏农业学报（9）：87-92.

杨月坤，路楠 . 2019. 基于知识价值的创新型科技人才评价模型构建［J］. 领导科学（1）：101-102.

叶邱婷 . 2017. 南雄市农业科技人才培育问题的研究［D］. 广州：仲恺农业工程学院 .

袁锐锷，胡安娜 . 2003. 英国高等教育的科研评估［J］. 比较教育研究（10）：72-76.

袁雪，刘敏娟，王婷，等 . 2016. 农业科研机构作物学科科技竞争力评价研究［J］. 科技管理研究（5）：57-60.

张阿李 . 2009. 高校科研创新团队绩效评价研究［D］. 南京：江苏大学 .

张宝生 . 2008. 我国高校科研创新团队绩效评价问题研究［D］. 哈尔滨：哈尔滨工业大学 .

张桃林 . 2017. 加快推进科研机构和人员分类评价的思考［J］. 民主与科学（2）：6-7.

张喜爱 . 2009. 高校科研团队绩效评价指标体系的构建研究—基于 AHP 法［J］. 科技管理研究（2）：225 -227.

张旭红 . 2004. 美国高校评审之评介［J］. 首都经济贸易大学学报（3）：74-76.

张艳，彭颖红 . 2006. 高校科研创新团队的绩效评估［J］. 中原工学院学报，17（5）：61-65.

张洋 . 2008. 我国高校科研创新团队绩效评价研究［D］. 上海：上海交通大学 .

张晔 . 2018. 农业科研事业单位人力资源管理实践与探索［M］. 北京：中国农业科学技术书出版社：73-74.

张烨 . 2013. 法国构建科研环境吸引人才［J］. 全球科技经济瞭望（3）：21-28.

张振华，黄俊 . 2014. 公益性农科院所科研绩效评价指标体系的构建与应用［J］. 农业科研经济管理（3）：5-10.

赵鹏飞，朱雪梅，庄众 . 2015. 农业青年科技人才培养机制研究——以农业部部属三院为例［J］. 中国渔业经济，33（5）：47-52.

赵戎 . 2015. XX 研究院绩效考核指标设计［D］. 天津：天津工业大学 .

赵勇，张灵阁、韩明杰，等 . 2015. 澳大利亚科研评价体系的演变特点与启示［J］. 农业科研经济管理（12）：149-155.

郑志刚 . 2014. 农业科技人才培养机制研究［D］. 长沙：湖南农业大学 .

周述宏 . 2013. 我国高等农业院校农业科技人才培养模式研究［D］. 长沙：湖南农业大学 .

朱斌 . 2001. 当代美国科技［M］. 北京：社会科学文献出版社 .

朱嫣，李章华 . 2002. 模糊集重心法在评估科研院所绩效素质中的应用［J］. 清华大学学报（自然科学版）（6）：828-831.

朱永跃，马志强，陈永清 . 2009. 基于 BSC 和灰色模糊理论的高校科技创新团队绩效评价［J］. 科技管理研究（12）：431-433.

H F Moed，W J Mburger，*et al*. 1985. A comparative study of bibliometric past performanceanalysis and peer judgement［J］. Scientometrics（8）：149-159.

Ronald N. 2002. Kostoff. Citation analysis of research performer quality［J］. Scientometrics（1）：49-71.

Thed N Vanleeuwen，Martin S Visser，*et al*. 2003. The holy grail of science policy：exploring and combining bibliometric tools in search of scientific excellence［J］. Scientometrics（2）：257-280.